ФЭМІНІЗАЦЫЯ БЕЛАРУСКАЙ МОВЫ

УЛАДЗІСЛАЎ ГАРБАЦКІ

ФЭМІНІЗАЦЫЯ БЕЛАРУСКАЙ МОВЫ

Сацыялінгвістычнае дасьледаваньне

SKARYNA PRESS

Uladzislaŭ Harbacki
Feminisation in the Belarusian language. Sociolinguistic Investigation.

Skaryna Press, London, 2024

First published in 2019 by Gudų kultūros draugija Lietuvoje,
Vilnius, Lithuania

Манаграфія рэкамэндаваная Дэпартамэнтам сацыяльных навук ЭГУ (пратакол № 37S-04 ад 13.03.2019)

Рэцэнзэнты: Міраслаў Янковяк, PhD у мовазнаўстве (Інстытут славісты-кі Акадэміі навук Чэскай Рэспублікі); Бэнжамін Коўп, PhD у сацыяльных навуках (Эўрапейскі гуманітарны ўнівэрсытэт, Вільня, Летува)

Тэхнічны рэдактар: Данатас Акманавічус

ISBN 978-1-915601-41-4

Прысьвячаю...

Прысьвячаю працу маёй аршанскай бабульцы, вясковай настаўніцы, якая абуралася, калі менскія дыктаркі па радыё казалі на Церашкову “жанчына-касманаўт”. Бабулька сама сабе гаварыла, не заўважаючы мяне: “Яны там у Менску зусім ня ўмеюць па-беларуску, у іх нейкія жанчыны-касманаўты, а ў нас касманаўткі”. Шмат год таму пачутая мною бабулькава развага падштурхнула мяне заняцца пазьней тэмай, вядомай сяньня як фэмінізацыя мовы.

Падзяка

Сардэчную падзяку выказваю спадарыні прафэсарцы Ніне Баршчэўскай, кіраўніцы маёй працы падчас PhD-навучаньня ў Варшаве, дбайнай і адданай лінгвістцы тарашкевічаўскай традыцыі, той, якая дыхтоўна асучасьнівае тарашкевіцу і не кампрамісьнічае з русіфікаванай традыцыяй. Шаноўнай прафэсарцы ўдзячны за безупынную падтрымку, натхненьне, а таксама за моўную і акадэмічную дысцыпліну.

Зьмест

Адсутнасьць жаночага роду ў слоўніках вядзе да
адсутнасьці жаночых правоў у кодэксах.
К. Нюрап, дацкі лінгвіст

Час мяняе кожную рэч: няма ніякай прычыны,
каб мова пазьбегла гэтага ўнівэрсальнага закону.
Ф. дэ Сасюр

Фэмінізацыя мовы – яскравае сьведчаньне
ўзбагачэньня і ўдасканаленьня сучаснай
беларускай мовы.
У. Піскун

Уступ

У мовазнаўстве і сацыялінгвістыцы здаўна насьпела неабходнасьць тэарэтычнага асэнсаваньня і ўніфармізацыі, гарманізацыі разнашэрсных тэндэнцыяў у апісаньні і перадачы агентыўна-прафэсіных назваў і эпіцэнаў у беларускай мове, а таксама іншых эўрапейскіх мовах. Гэта абумоўлена нутранымі і зьнешнімі чыньнікамі разьвіцьця мовы, моваў, а перадусім істотным зьмяненьнем ролі і статусу кабеты ў грамадзтве за апошнія стагодзьдзі. Традыцыйнае мовазнаўства не пасьпявае, не рэагуе на важныя сацыяльна-палітычныя выклікі грамадзтву і мове. Аднак крытычнае, альтэрнатыўнае кола мовазнаўцаў, сацыялінгвістаў і іншых спэцыялістаў у гуманістыцы здаўна канстатуе, аналізуе разнабежыцу паміж нязьменлівасьцю, закрытасьцю, ідэалягізмам пазыцыяў афіцыйных моўных інстытуцыяў і адкрытасьцю альтэрнатыўных, хоць і змаргіналізаваных узусаў (тарашкевіца, напрыклад) у пытаньні моўнай гендарнай роўнасьці, напрыклад. Да ўсяго гістарычны аналіз беларускай мовы адкрывае і дэманструе моцны патэнцыял фэмінізацыі старабеларускай мовы, задзейнічаны ўжо ў XVI–XVII ст. і актыўна падтрыманы ў XIX – пачатку XX ст.

Зрэшты, кампаратывісцкае рэчышча дасьледаваньня выкрывае яшчэ адзін важны вэктар актуальнасьці тэмы: ідэалягічны, палітычны. У сучасным беларускім мовазнаўстве і, у сацыялінгвістыцы ў прыватнасьці, не зусім выразна вызначана стаіць пытаньне русіфікацыі беларускай мовы і ўплыву расейскай мовы на беларускую і наагул на моўную сытуацыю ў краіне. Праз далікатнасьць і палітычную карэктнасьць дадзеная праблема не набывае глыбіні і крытычнасьці, застаецца маладасьледаванай. Праз далікатнасьць уплыў расейскай мовы, як важнага, а часам галоўнага чыньніка і прычыны істотных зьменаў у сучаснай беларускай мове ігнаруецца, замоўчваецца бальшынёю дасьледнікаў. Якраз пытаньне фэмінізацыі назваў пасадаў у беларускай мове, як яно актыўна выкарыстоўвалася ў мінулым, і як паступова вымываецца з ужытку, раскрывае ідэалягічны чыньнік моўных зьменаў і дэманструе ступень русіфікацыі мовы і пранікненьня разам з нормамі мовы іншых мадэляў думаньня (бо навязаньне адной мовы павадуе навязаньне іншай манеры думаньня).

Такім парадкам, у цэнтры дасьледаваньня ляжыць фэмінізацыя мовы. Адразу пададзім шырокае і вузкае значэньне панятку і вызначым, якое значэньне мы ахопліваем у дадзеным дасьледаваньні. Вышэй ужо была пазначаная фэмінізацыя назваў пасадаў – *Nomina agentis*. Гэта вузкае, хоць і вельмі важнае і паказальнае значэньне фэмінізацыі мовы. Пры гэтым пазначым, што жаночыя назвы пасадаў (фэмінітывы-агентывы) – гэта ня ўся фэмінізацыя мовы: акрамя ўласна назваў пасадаў у рэчышчы фэмінізацыі разглядаюцца такія тэмы, як моўныя сэксізмы, функцыянаваньне словаў супольнага роду (эпіцэнаў), выпрацоўка карэктнай мовы і ўжываньне нэўтральных, палітычна-карэктных формаў, асымэтрычная альбо дыскрымінацыйная падача жаночых прозьвішчаў, дамінаваньне патронімаў і рэдкае цяпер ужываньне матронімаў і пад. То бок пад фэмінізацыяй мовы падразумяваецца комплекс пытаньняў і захадаў, якія ахопліваюць апісаньне, рэпрэзэнтацыю палоў – жанчынаў і мужчынаў – у мове. Інакш кажучы, фэмінізацыя мовы – гэта пэўная гендарная сытуацыя ў мове: адначасова моўная, але і сацыяльная, эканамічная, гістарычная. Стан гендарнага апісаньня і рэпрэзэнтацыі ў мове – гэта заўсёды сацыяльна-эканамічны і палітычны стан адносінаў паміж паламі, клясамі, народамі, мовамі, рэлігіямі і пад. І гэта будзе ўжо шырокае значэньня пытаньня фэмінізацыі мовы. У працы мы спынімся на вузкім разуменьні фэмінізацыі мовы (назваў пасадаў і званьняў), але ў аналізе і параўнаньні будзе задзейнічанае і шырокае значэньне фэмінізацыі мовы (пытаньне эпіцэнаў ці словаў супольнага роду, як спроба задзейнічаньня нутранага рэсурсу мовы і вырашэньня пытаньня карэктнага і ўнівэрсальнага апісаньня жанчынаў і мужчынаў; пытаньне „жаночага падданства” ці жаночых прозьвішчаў).

1 Асноўная частка

1.1 Аб'ект, прадмет дасьледаваньня

Мэта працы – дасьледаваць кола праблемаў, зьвязаных як з лексыкаграфічным, словатворным, так і сацыяльным (сацыяльна-палітычным, глётапалітычным) апісаньнем і абгрунтаваньнем агентыўна-прафэсійных назваў жанчынаў (*Nomina agentis*) і эпіцэнаў (словаў супольнага роду), іх функцыянаваньнем у старабеларускай мове і ў двух узусах сучаснай мовы (тарашкевіцы і наркамаўцы) з улікам моўных і пазамоўных чыньнікаў. Акрамя таго ў кола дасьледаваньняў трапляе больш шырокае разуменьне гендарнай моўнай роўнасьці – пытаньне выпрацоўкі карэктнай і гендарна-роўнай мовы, а таксама гэтак званае пытаньне „жаночага падданства” ў мове і грамадзтве.

Задачы:

1. Высьвятліць і вылучыць агентыўна-прафэсійныя назвы жанчынаў у слоўніках, газэтах, перакладах, мастацкіх творах, прамовах старабеларускай мовы і двух узусаў сучаснай беларускай мовы.
2. Ахапіць і вылучыць асноўныя нутрамоўныя, зьнешнемоўныя і пазамоўныя чыньнікі, якія ўплываюць, вызначаюць стан і дынаміку разьвіцьця жаночых формаў *Nomina agentis*.
3. Абгрунтаваць тэрміналягічны статус агентыўна-прафэсійных назваў жанчынаў у мове.
4. Выявіць прынцыпы і прычыны ўключэньня і выключэньня назваў жаночых формаў *Nomina agentis* у слоўнікі, з слоўнікаў, у тэксты, прамовы, з тэкстаў, прамоваў у беларускай мове, а таксама ва ўкраінскай, польскай, расейскай, летувіскай і францускай.
5. Шляхам сацыялінгвістычнага (глётапалітычнага) аналізу, гістарычнай рэканструкцыі і інтэрвію з экспэртамі мовы выявіць асноўныя тэндэнцыі у функцыянаваньні і разьвіцьці сыстэмы жаночых формаў *Nomina agentis* у старабеларускай і сучаснай беларускай мове.
6. Апрабаваць тэарэтычныя палажэньні дасьледаваньня падчас экспэрымэнтаў-гульні з носьбітамі мовы, а таксама падчас інтэрвію.
7. Зафіксаваць вынікі ў слоўніку фэмінізацыі назваў прафэсіяў, а таксама ў слоўніку эпіцэнаў і маскулінізацыі назваў пасадаў і пэўных іншых катэгорыяў.

Аб'ектам дасьледаваньня зьяўляюцца мовазнаўчыя, лексыкаграфічныя, мастацкія, публіцыстычныя і сацыяльна-палітычныя працы, тэксты, дыскурсы розных узусаў беларускай мовы (тарашкевіца, наркамаўка, дзеясловіца, дыялекты) і як яны адлюстроўваюць агентыўна-прафэсійныя назвы жанчынаў, а таксама, як разглядаюць тэму эпіцэнаў у мове. У параўнаўчай пэрспэктыве ў поле аб'екту дасьледаваньня трапляюць таксама тэксты, працы аналягічнай скіраванасьці ў такіх мовах, як украінская, польская, расейская, летувіская і француская.

Прадметам дасьледаваньня зьяўляюцца канкрэтныя роўні, клястры фэмінізацыі мовы і моўнай гендарнай роўнасьці шырэй гледзячы:

1) жаночыя формы *Nomina agentis* старабеларускай і сучаснай беларускай мовы, іх стан, функцыянаваньне, тэндэнцыі разьвіцьця;
2) эпіцэны і іх ужываньне ў розных узусах.

1.2 Матэрыялы дасьледаваньня

Гістарычны слоўнік беларускай мовы

Слоўнік субстантыўнай лексікі старабеларускай мовы, у двох тамох

Беларускі тлумачальны слоўнік

Беларуска-перакладныя слоўнікі (беларуска–расейскі, беларуска–украінскі, беларуска–польскі, беларуска–ангельскі, беларуска–нямецкі)

Дыялектныя слоўнікі: *Лексічны атлас беларускіх народных гаворак*, Мінск, 1993–1998; М. Касьпяровіч, *Віцебскі краёвы слоўнік*; М. Шатэрнік, *Краёвы слоўнік Чэрвеньшчыны*; У. Дабравольскі, *Смаленскі абласны слоўнік*, 1914; П. Сцяцко, *Народная лексіка*; П. Сьцяцко, *Дыялектны слоўнік. З гаворак Зэльвеншчыны*; Р. Барадулін, *Вушацкі словазбор*; *Рэгіянальны слоўнік Віцебшчыны*, 2012–2014; *Тураўскі слоўнік*, 1982–1987; С.С. Клундук, *Слова да слова – будзе мова*: *Дыялектны слоўнік в. Фядоры*, 2010.

Слоўнік Язэпа Ціхінскага (*Беларуска–польска–расейскі слоўнік*) 1906 году з фондаў Летувіскай акадэмічнай бібліятэкі імя Ўрублеўскіх

Спэцыялізаваныя слоўнікі (аўтарскія слоўнікі Ф. Янкоўскага, А. Цыхуна, А. Каўруса, В. Ластоўскага)

Газэта „Звязда" (таксама Інтэрнэт-бачынка газэты), 2000–2015

Газэта „Настаўніцкая газета"

Газэта „Наша Ніва" (таксама Інтэрнэт-бачынка газэты), 2000–2015

Газэта „Ніва" (Польшча)

Газэта „Новы Час" (таксама Інтэрнэт-бачынка газэты), 2015–2016

Газэта „Новы шлях", 1942

Газэта „Савецкая Беларусь", 1925

Газэта „Чырвоная Змена"

Часопіс „ARCHE" (таксама Інтэрнэт-бачынка газэты)

Часопіс „Беларуская лінгвістыка"

Часопіс „Работніца і Сялянка", 1931–1941, 1946

Часопіс „Роднае слова"

Часопіс „Чырвоная Беларусь", 1930–1933

Дыяспарныя газэты і часопісы: „Бацькаўшчына", 1947–1953; „Баявая Ўскалось", 1962–1971; „Беларус", 1949–1971; „Беларускі Голас", 1952–1988; „Беларускі Эмігрант"; „Беларускія навіны", 1945–1947; „Водгаласы" 1949–1992; „Na Šlachu", 1951

Беларускія газэты Вільні: „Барацьба”, 1922; „Беларус”, 1919–1920; „Беларуская думка”, 1919; „Беларуская Крыніца”, 1936; „Беларускі кліч”, 1930; „Беларуская справа”, 1926; „Беларускі Фронт”, 1936–1939; „Віленская праўда”, 1939; „Грамадзянін”, 1919; „Грамадзянін”, 1928–1929; „Змаганьне”, 1921–1924; „Bielaruskaja Krynica”, 1921, 1931–1937

Інтэрнэт-бачына „Радыё Свабода”

Тэксты беларускага прыгожага пісьменства: Вінцук Адважны, Францішак Аляхновіч, Уладзімір Арлоў, Рыгор Барадулін, Данута Бічэль, Янка Брыль, Васіль Быкаў, Зьмітрок Бядуля, Алена Васілевіч, Юрка Віцьбіч, Максім Гарэцкі, А. Жменя (Леў Гарошка), Міхась Зарэцкі, Валянціна Коўтун, Аляксей Кулакоўскі, Людміла Рублеўская, Цётка, Кузьма Чорны, Фёдар Янкоўскі.

Успаміны, мэмуары: Антон Адамовіч, Зоська Верас, Барыс Данілюк, Вітаўт Кіпель, Зора Кіпель, Юры Сабалеўскі, Лявон Савёнак, Пётра Татарыновіч, Павал Урбан)

Спэцыялізаваныя працы (мовазнаўчыя, сацыялінгвістычныя, літаратуразнаўчыя)

1.3 Стан дасьледаваньня тэмы

1.3.1 Мовазнаўчыя працы

У беларускім мовазнаўстве савецкага пэрыяду пытаньне фэмінітываў разглядалася спэцыялістамі. З аднаго боку, гэта былі дасьледаваньні фэмінітываў у гістарычнай пэрспэктыве, то бок у старабеларускай мове і ў беларускай мове XIX ст. (М. Паўленка[1], М. Булахаў[2]), з другога боку, дасьледаваньні ахоплівалі і XX ст. у межах гісторыі словатворчасьці і аналізу, напрыклад, спартовай лексыкі ў прэсе 20–30-ых гадоў XX ст. (У. Піскун[3]). Праца прафэсара Паўленкі зьяўляецца найбольш поўнай спробай ахопу і аналізу працэсу фэмінізацыі назваў пасадаў у гістарычнай пэрспэктыве.

Паралельна ў дыяспары актыўна працаваў плённы і надзвычай творчы мовазнаўца Я. Станкевіч. Апрача актыўнай слоўнікавай і граматычнай працы ў сваіх артыкулах ён таксама закранаў пытаньне фэмінізацыі мовы – як у старабеларускай, так і ў сучаснай мове[4]. Між іншым, у

[1] М. Паўленка, *Нарысы па беларускаму словаўтварэнню. Жаночыя асабовыя намінацыі ў старабеларускай мове*, Мінск 1978.

[2] М. Булахаў, *Аб словаўтварэнні скарынінскіх выданняў*, [у:] *450 год беларускага кнігадрукавання*, Мінск 1968.

[3] В. Пискун, *Женские личные номинации в современном белорусском литературном языке* (*на материале спортивной лексики*), автореферат диссертации, Минск 1972.

[4] Я. Станкевіч, *Аб некаторых словах і хормах нашае мовы*, [у:] Я. Станкевіч, *Збор твораў у двух тамах*, Том 2, Энцыклапедыкс, Менск 2002, с. 153; Таксама Я. Станкевіч, *Асаблівасьці мовы вялікалітоўскае (беларускае) у назіраньнях Адама Варлыгі*, [у:] Я. Станкевіч, *Збор твораў...*, тамсама, с. 516.

ягоным вялікім і вядомым слоўніку таксама месьціцца цікавы і багаты матэрыял з пункту гледжаньня фэмінізацыі мовы (напрыклад, *гістарыца*, *філёзафка* і г.д.)[5].

На сучасным этапе варта пазначыць працы такіх лінгвістаў, як М. Гурскі[6], Л. Кузьміч[7], Ю. Пацюпа[8], З. Усьцінкова[9], Т. Юха[10]. Акрамя гэтага варта пазначыць заўвагі і парады спэцыялістаў у культуры мовы што да актыўнага ўжываньня фэмінітываў у мове (Ю. Бушлякоў[11], В. Вячорка[12], З. Саўка[13], П. Сьцяцко[14]). Па-за межамі Беларусі варта яшчэ адзначыць крытычны погляд на тэму граматычнага роду ў сучаснай беларускай мове польскай дасьледніцы, лінгвісткі Я. Казлоўскай-Доды[15]. Апрача аналізу родавых формаў мовы на матэрыялах газэты „Звязда" за першыя чатыры месяцы 2014 году, мовазнаўца падае вельмі аналітычныя і крытычныя разважаньні аб стане фэмінізацыі беларускай мовы наагул і аб стане дасьледаваньня фэмінізацыі беларускімі дасьледнікамі. Да ўсяго аўтарка прыўнесла слушныя і часам нячутыя ўнутры краіны тлумачэньні што да маргіналізацыі тэмы, якая выкліканая ня толькі і не перадусім уплывам расейскай мовы, а таксама нутраным кансэрватызмам саміх беларусаў.

Апрача ўзгаданых працаў і аўтараў асобна неабходна пазначыць працы па гісторыі беларускай мовы, якія зьявіліся ў Інстытуце мовазнаўства імя Я. Коласа Нацыянальнай Акадэміі навук Беларусі. Гэта перадусім *Гістарычны слоўнік беларускай мовы*[16], *Кароткі гістарычны слоўнік беларускай мовы*[17], *Падручны гістарычны слоўнік субстантыў-*

[5] Я. Станкевіч, *Белорусско–русский* (*Великолитовско–русский*) *словарь / Беларуска–расійскі* (*Вялікалітоўска–расійскі*) *слоўнік / Byelorussian–Russian* (*Greatlitvan–Russian*) *Dictionary*, Lew Sapieha Greatlitvan (Byelorussian) Foundation, New York 1989.

[6] М. Гурскі, *Параўнальная граматыка рускай і беларускай моў*, Мінск 1972, с. 119–124.

[7] Л. Кузьміч, *Жаночыя намінацыі ў мове паэтычнага фальклору*, „Беларуская мова", 19, 1991, с. 36–40.

[8] Ю. Пацюпа, *Жанчына і мова*, [у:] *Роля жанчыны ў беларускім грамадстве*, Гродна 2001, с. 46–50.

[9] З. Усцінкова, *Катэгорыя граматычнага роду назоўнікаў у беларускіх гаворках*, [у:] *Беларуская мова*, Мінск 1980, с. 75–83.

[10] Т. Юхо, *Словаўтваральныя варыянты назоўнікаў са значэньнем асобы жаночага полу ў сучаснай беларускай літаратурнай мове*, [у:] *Пытанні беларускага і славянскага мовазнаўства*, Мінск 1980, с. 100–111.

[11] Ю. Бушлякоў, *Жывая мова*, Радыё Свабода, Мінск 2013, с. 83–84.

[12] В. Вячорка, *„Беларусіца" – знявага ці камплімент*?, http://nn.by/?c=ar&i=173937 [доступ: 23.12.2016].

[13] З. Саўка, *Моўны мануал*, http://dobrapis.info/files/Manual.pdf [доступ: 15.01.2017].

[14] П. Сцяцко, *Культура мовы*, Тэхналогія, Мінск 2002.

[15] Я. Казлоўская-Дода, *Родавыя формы сучаснай беларускай мовы на матэрыялах газеты „Звязда"*, [у:] *Беларуска–польскія моўныя, літаратурныя, гістарычныя і культурныя сувязі*, пад рэд. І.Э. Багдановіч, Кнігазбор, Мінск 2015, с. 46–69.

[16] *Гістарычны слоўнік беларускай мовы*, Беларуская навука, Мінск 1982–2016.

[17] *Кароткі гістарычны слоўнік беларускай мовы*, склад. А.М. Булыка, Беларуская навука, Мінск 2015, 1038 с.

най лексыкі[18], *Лексіка старабеларускай літаратурна-пісьмовай мовы XIV – сярэдзіны XVII ст.*[19]. Аўтары прыгаданых працаў скрупулёзна і ўсёахопна апісалі, прааналізавалі і клясыфікавалі лексыку старабеларускай мовы, у тым ліку асобна пазначылі багаты пласт фэмінітываў як у агульным лексычным арсэнале, так і ў канкрэтных аўтараў, Ф. Скарыны, напрыклад. Сам *Гістарычны слоўнік беларускай мовы*, які выдаецца з 1982 году па сяньня, зьяўляецца адной з галоўных першакрыніцаў дадзенай працы.

Нарэшце, варта пазначыць яшчэ адну важную першакрыніцу дадзенага дасьледаваньня ў вывучэньні фэмінізацыі беларускай мовы другой паловы XIX – пачатку XX ст. – гэта *Беларуска–польска–расейскі слоўнік* Язэпа Ціхінскага[20]. Слоўнік застаецца маладасьледаваным, недаступным у Беларусі, а таму аналіз дадзенай крыніцы, ажыцьцёўлены ў межах нашага дасьледаваньня, прынцыпова ажыўляе працу і прыўносіць у яе сьмелыя, разнастайныя і багатыя на фэмінітывы лексычныя прыклады з тлумачэньнямі (больш за 600 фэмінітываў). Такім парадкам, аналіз мовы ахоплівае ўсе пэрыяды існаваньня беларускай мовы: старабеларуская мова (XIII–XVIII ст.), беларуская мова сучаснага пэрыяду (XIX – пачатак XX ст. і гэтак званая навачасная беларуская мова XX–XXI ст.).

Тут неабходна пазначыць два кшталты падыходу да фэмінізацыі. **Першы** – спрыяльны фэмінізацыі, заклікае да актыўнага ўжытку такога рэсурсу, як фэмінітывы. Да гэтай катэгорыі належаць мовазнаўцы, якія трактуюць мову, як сацыяльны факт, як канструкт сацыяльны, які адлюстроўвае і ахоплівае сацыяльныя, у тым ліку гендарныя зьмяненьні ў грамадзтве (Г. Арашонкава, Ю. Бушлякоў, М. Паўленка, У. Піскун, Ф. Піскуноў, П. Сьцяцко). Таксама да гэтай „прафэмінітыўнай” ці эгалітарысцкай катэгорыі належаць мовазнаўцы і пісьменьнікі этналінгвістычнага натхненьня (З. Верас[21], дыяспарныя спэцыялісткі В. Пашкевіч[22], З. Кіпель[23]), якія досыць актыўна фэмінізавалі назвы пасадаў.

Другі падыход ахоплівае мовазнаўцаў прарасейскай арыентацыі, якія сьмела пазычалі стылістычныя нормы расейскай мовы і апісалі фэмінізацыю, як уласьцівасьць размоўнай ці дыялектнай мовы (М. Цікоцкі[24],

[18] *Падручны гістарычны слоўнік субстантыўнай лексікі*: у 2 т., склад.: І.У. Будзько [і інш.], пад рэд. А.М. Булыкі, Беларуская навука, Мінск 2013. [Т. 1. – 531 с.], [Т. 2. – 515 с.].

[19] *Лексіка старабеларускай літаратурна-пісьмовай мовы XIV – сярэдзіны XVI ст.*, І.У. Будзько [і інш.], Беларуская навука, Мінск 2016, 558 с.

[20] Я. Ціхінскі, *Biełaruska–polska–rasijski słoŭnik*, Аддзел рукапісаў Бібліятэкі ім. Урублеўскіх Летувіскай АН, Вільня, F21.

[21] З. Верас, *Выбранае*, Мінск 2015, с. 367.

[22] Гл. ейны *Ангельска–беларускі слоўнік*, Мінск 2006. Таксама У. Гарбацкі (псэўданім У. Іванова), *Беларуская дыяспарная мова і ейны досьвед супрацьстаяньня англіцызмам, русізмам ды іншым барбарызмам*, http://news.arche.by/by/page/ideas/cultura-idei/10208 [доступ: 21.01.2017].

[23] У. Гарбацкі, *Мова жыцця Зоры Кіпель*, „Новы Час”, 23.04.2016, http://novychas.by/poviaz/mova-zyccja-zory-kipel [доступ: 21.01.2017]; Таксама З. Кіпель, *Дні аднаго жыцьця... Успаміны, артыкулы, дзёньнікі*, Мінск 2010.

[24] М. Цікоцкі, *Стылістыка беларускай мовы*, Вышэйшая школа, Мінск 1976, с. 153–154.

А. Наркевіч[25]). Адзначым, што гэты падыход паўстаў у выніку дзьвюх правапісных „рэформаў" 1933 і 1957–1959 гадоў, у выніку гэтак званага „зьбліжэньня моваў" і змаганьня з нацдэмаўшчынай. У незалежнай Беларусі падчас удакладненьня правілаў беларускай мовы 2008 году, хоць і вялася спроба дэбатаў і пэўнай адкрытасьці, перамагла г.зв. наркамаўка ці яшчэ „школьны правапіс". Што да фэмінізацыі, то яна збольшага адхіленая ў межах новых правілаў і працягваецца трактавацца з пункту зору расейскай мовы: *„Да размоўных адносяцца найменні асоб жаночага роду па прафесіі, якім у кніжных стылях адпавядаюць агульнапрафесіянальныя найменні – брыгадзірка–брыгадзір, дактарка–доктар"*[26].

Аналіз беларускамоўнай прэсы Беларусі (як папяровай, так і віртуальнай) за апошнія 5 гадоў дэманструе значнае зьніжэньне выкарыстаньня фэмінітываў. На прыкладзе аналізу газэты „Звязда" гэтая тэндэнцыя асабліва навідавоку[27]. Тое ж датычыць і газэты „Наша Ніва", якая таксама адышла ад ранейшай больш актыўнай фэмінізацыі. Дарэчы, і ў цяперашняй тарашкевіцы, на якую пераходзяць некаторыя былыя „наркамаўцы", заўважаецца заняпад фэмінізацыі. Што неабходна тлумачыць якраз чыньнікам расейскай мовы, якая вынішчыла ці значна змаргіналізавала дадзены рэсурс у наркамаўцы і цяпер, уплывае на тарашкевіцу. Інакш кажучы, носьбіты наркамаўкі пры пераходзе на тарашкевіцу прымаюць вонкавыя рысы новага для сябе узусу, але пры гэтым пераносяць з сабою і пэўныя наркамаўскія элемэнты (напрыклад, мінімальнае выкарыстаньне фэмінітываў, актыўнае ўжываньне адсутнага ў тарашкевіцы суфіксу *-чык*, *-шчык*). Аналіз цяперашніх дыяспарных сайтаў (напрыклад, Інтэрнэт-бачына беларусаў Вялікабрытаніі – belarusians.co.uk), якія зачастую рэдагуюцца беларусамі новай хвалі эміграцыі, а таксама інтэрвію з новымі дыяспарнікамі пацьвярджаюць дадзеную зьяву.

Падрабязьней аб фэмінізацыі ў наркамаўцы і тарашкевіцы глядзіце далей.

1.3.2 Сацыялінгвістычныя працы

Акрамя ўласна мовазнаўчых дасьледаваньняў, прысьвечаных фэмінізацыі мовы, дадзенай тэмай займаліся таксама нелінгвісты, спэцыялісты з сумежных гуманітарных дысцыплінаў: літаратуразнаўства, этналёгіі, сацыялёгіі, паліталёгіі, гендарных штудыяў. І падыход гэтых аўтараў можна апісаць, як сацыялінгвістычны, бо ўводзіць у мовазнаўства прынцыповае, шматвызначалае сацыяльнае, палітычнае і гендарнае вымярэньне. Хоць клясычная акадэмічная лякальная сацыялінгвістыка не

[25] А. Наркевіч, *Назоўнік. Граматычныя катэгорыі і формы*, Мінск 1976, с. 57.

[26] *Лексікалогія сучаснай беларускай літаратурнай мовы*, пад рэд. А. Баханькова, Мінск 1994, с. 363.

[27] У. Гарбацкі, *Маскулінная Звязда*, „ARCHE", 11.02.2013, http://news.arche.by/by/page/ideas/hramadstva-idei/10744 [доступ: 12.12.2016].

займаецца тэмай фэмінітываў па прычыне ейнай адноснай маргіналізаванасьці, можна ўсё ж такі вылучыць альтэрнатыўныя сацыялінгвістычныя падыходы такіх дасьледнікаў, як Вольга Гапеева[28], Кацярына Кедрон[29], Аляксандар Пяршай[30], Уладзіслаў Гарбацкі[31]. Узгаданыя аўтары ў артыкулах і эсэ пазначаюць сацыяльны і ідэалягічны характар неўжываньня-ужываньня фэмінітываў у сучаснай беларускай мове. Яны не задавольваюцца, як многія лінгвісты проста патлумачыць моўнымі чыньнікамі маргіналізацыю ў афіцыйнай мове агентываў-фэмінітываў – яны выкрываюць перадусім ідэалягічныя чыньнікі – расейскі і расейскамоўны (бяздумнае калькаваньне стылістычных нормаў мовы-суседкі), а таксама гендарны (афармленьне назваў пасадаў праз пасярэдніцтва нібыта нэўтральнага мужчынскага роду).

Якраз гэты альтэрнатыўны падыход прыўносіць новы штуршок для крытычнага разьвіцьця новай мясцовай сацыялінгвістыкі, а таксама для разьвіцьця зусім новай у Беларусі дысцыпліны – гендарнай лінгвістыкі.

1.4 Тэарэтычная і канцэпцыйная асновы працы

1.4.1 Тэарэтычная аснова працы

У працы я абапіраюся на шматлікія сацыялінгвістычныя падыходы і канцэпты, сярод якіх хацеў бы вылучыць і абгрунтаваць наступныя:

1. Сацыяльная канцэпцыя мовы (пачынаючы ад Эміля Д'юркайма, Антуана Мэйэ, Шарля Байі да П'ера Бурд'ё[32]). Адразу адзначым, што адпраўным пунктам сацыялінгвістычнага дасьледаваньня будзе разуменьне мовы, як сацыяльнага факта. Э. Д'юркайм у сацыяльных навуках[33], А. Мэйэ ў лінгвістыцы[34], у дасацыялінгвістыцы задалі тон: мова – сацыяльнае стварэньне, якое месьціцца на скрыжаваньні навукі і палітыкі, сацыяльнага і ідэалягічнага. Мова не існуе аўтаномна без чалавека, яна – прадукт чалавечай дзейнасьці, яна стварэньне чалавека. Яна мяня-

[28] В. Гапеева, *Да гісторыі пытання: феміністкая крытыка мовы*, http://artaktivist.org/da-gistoryi-pytannya-feminisckaya-krytyka-movy/ [доступ: 26.01.2017].

[29] K. Kedron, *Genderové aspekty ve slovanské frazeologii* (*na materiálu běloruštiny, polštiny a češtiny*), https://www.kosmas.cz/knihy/195556/genderove-aspekty-ve-slovanske-frazeologii-na-materialu-belorustiny-polstiny-a-cestiny/ [доступ: 26.01.2017].

[30] А. Першай, *Колонизация наоборот: гендерная лингвистика в бывшем СССР*, „Гендерные исследования", 7–8, Харьков 2002, с. 236–249.

[31] У. Гарбацкі, *Аб фэмінізацыі беларускай мовы: фэмінізацыя nomina agentis і пэўных іншых катэгорыяў у сучаснай беларускай мове*, эсэ, belarusians.co.uk, Лестэр 2012.

[32] M. Leroy, *Les grands courants de la linguistique moderne*, Editions de l'Université de Bruxelles, 1980, p. 125–126.

[33] É. Durkheim, *Les règles de la méthode sociologique*, Nouvelle Édition, Éditions Flammarion, Paris 2010, p. 108.

[34] L.-J. Calvet, *La sociolinguistique*, PUF, http://197.14.51.10:81/pmb/Que%20sais%20je/Communication/La%20sociolinguistique%20-%20Calvet%20Louis-Jean.pdf [доступ: 22.01.2017].

ецца разам з разьвіцьцём, прагрэсам і/ці рэгрэсам, рэагуе на зьмены і ўвасабляе своеасаблівае люстра грамадзтва. Нельга разглядаць мову саму па сабе, саму ў сабе, на яе заўсёды дзейнічае сацыяльны кантэкст, мова і моўныя адносіны заўсёды ёсьць адносінамі ўлады, сымбалічнай улады, паводле П. Бурд'ё[35]. Далей пабачым, як адна з моцных францускіх сацыялінгвістычных плыняў – глётапалітычная – пачне трактаваць мову на ўсіх этапах разьвіцьця, як зьяву выключна палітычную. Сацыялінгвістыка тлумачыць лінгвістычныя дадзеныя экстралінгвістычнымі чыньнікамі і не задавольваецца моўнымі і тым больш толькі нутрамоўнымі тлумачэньнямі. Напрыклад, фэмінізацыю мовы клясычная лінгвістыка тлумачыць досыць вузка з пазыцыі проста наяўнасьці катэгорыі роду. Але гэтага не дастаткова, каб зразумець гістарычную і сацыяльную маргіналізацыю жаночага роду, у тым ліку ў мове. А вось сацыялінгвістыка, якая ўводзіць сацыяльна-палітычны, гістарычны і гендарны аналіз мовы, прапануе досыць поўны аналіз зьявы.

1.1. Глётапалітычны падыход (Жан-Батыст Марсэлезі, Люі Геспэн)[36]. У пэўнай ступені глётапалітычны падыход упісваецца ў сацыяльнае, сацыяльнадэтэрмініcцкае бачаньне мовы і працягвае традыцыі, закладзеныя ў працах Э. Д'юркайма і А. Мэйэ, якія сыходзяць з таго, што мова – гэта сацыяльны факт, сацыяльны прадукт, люстра грамадзтва. Сам панятак „глётапалітыка" азначае ўсе вядомыя падыходы, уплывы, якія грамадзтва сьвядома ці не задзейнічвае, выкарыстоўвае ў дачыненьні да мовы: гэта і вялікая моўная палітыка, і кпіны, абразы ў бок маргінальнай ці мінарытарнай мовы, і выбар тэкстаў для чытаньня на курсе літаратуры, і сорам размаўляць на пэўнай мове на публіцы і пад. То бок пад глётапалітыкай трэба разумець усе моўныя зьявы, якія набываюць палітычнае вымярэньне. Аўтары канцэпту „*глётапалітыка*" Л. Геспэн і Ж.-Б. Марсэлезі прапануюць унівэрсальны, пашыраны панятак, які можа быць адначасова і сацыяльнай практыкай (уласна глётапалітыка), і мэтадам аналізу (глётапалітычны аналіз)[37]. Глётапалітыка-практыка ахоплівае ўсіх: і міністра, і простага грамадзяніна. Каштоўнасьць і важнасьць гэтага панятку, падыходу палягае ў тым, што ён дазваляе паўней аналізаваць моўныя зьявы, моўныя факты, бо здымае элітысцкі падыход да трактоўкі мовы. Важна прызнаць ролі ня толькі элітаў у прыняцьці моўных рашэньняў, але і простых грамадзянаў, носьбітаў мовы, настаўнікаў мовы, напрыклад, ці саміх мовазнаўцаў, як адных з галоўных моўных агентаў і/ці інстанцыяў моўнай палітыкі. Якраз такія важныя панятркі глётапалітычнага падыходу, як „моўны агент", „моўная інстанцыя", „інстытуцыя нормы" і/ці „інстытуцыя антынормы", „актыўныя моўныя інстанцыі", „пасыўныя моў-

[35] П. Бурдьє, Л. Вакан, *Рефлексивна соціологія*, Медуза, Київ 2015, с. 113–114.
[36] L. Guespin, J.-B. Marsellesi, *Pour la glottopolitique*, „Langages", 21 (83), 1986, p. 5–34; J.-B. Marsellesi, *Glottopolitique* : *ma part de verité*, „Glottopol", 1, janvier 2003, p. 156–158.
[37] Тамсама, с. 16.

ныя інстанцыі" дапамагаюць крытычна прааналізаваць сацыямоўную сытуацыю ў Беларусі наагул і, у прыватнасьці, ровень фэмінізацыі мовы.

2. Для аналізу моўнай разнастайнасьці я абапіраюся на такі канцэпт як „дыглёсія". З улікам неадназначнасьці панятку мушу ўдакладніць, якую вэрсію дыглёсіі ўжываю я. Бо на дадзены момант у сацыялінгвістыцы вядомыя пяць розных азначэньняў дыглёсіі.

2.1. Першае азначэньне, было прапанаванае яшчэ ў 1928 годзе францускім эленістам грэцкага паходжаньня Янісам Псыхарысам[38]. Дасьледнік апісваў з дапамогай гэтага наватвора канкурэнцыю паміж двума варыянтамі грэцкай мовы – *katharevoussa*, літаратурнай мовай, створанай пурыстамі, мовай мяньшыні і *demotiki*, звычайнай мовай бальшыні. Дыглёсія тут паўставала, як канфлікт паміж двума варыянтамі адной мовы. Важна тое, што эленіст дадаваў да аналізу чыньнік дамінаваньня і сілы: мінарытарная, але ўладатрымалая эліта навязвае бальшыні свой стандарт мовы.

2.2. Другое азначэньне паўстала пасьля Другой сусьветнай вайны ў 1959 годзе ў ЗША з-пад пяра вядомага лінгвіста А. Фэргюсана[39]. Аўтар прызнаў, што панятак быў запазычаны ў эўрапейскіх калегаў. Тым ня менш, А. Фэргюсан уклаў у яго адрознае значэньне: на прыкладзе арабскіх краінаў ён прааналізаваў функцыянаваньне двух узусаў адной мовы, якія не канкуруюць, не канфліктуюць, а ўзаемадапаўняюць адзін адное.

2.3. Трэцяе азначэньне было прапанаванае амэрыканскім сацыялінгвістам Дж. Фішманам у 1971 годзе[40]. І тут зьявіўся прынцыпова адрозны момант: размова больш ня йшла пра узусы адной мовы, а пра розныя мовы, якія ў няроўнай сытуацыі суіснавалі і запаўнялі адрозныя нішы (гішпанская мова і гуарані ў Парагваі, напрыклад)[41].

2.4. Чацьвертае азначэньне дыглёсіі было выпрацавана швайцарскім колам сацыялінгвістаў (Жорж Людзі, Бэрнар Пі)[42], як вынік аналізу шматмоўнай сытуацыі ў Швайцарыі. Фішманава трактоўка дыглёсіі пазбаўлялася канфліктнасьці і чыньніка прэстыжнасьці мовы: так, у Швайцарыі дыялектную нямецкую мову і пісьмовую літаратурную нельга ўспрымаць праз прызму прэстыжнасьці/непрыстажнасьці. Бо гэтыя два узусы суіснуюць побач і кожны нямецкамоўны швайцарац карыстаецца ў пэўных сытуацыях тым ці іншым узусам. Гэта проста выбар мовы і узусу ў залежнасьці ад сытуацыі.

2.5. Зрэшты, апошняе пятае азначэньне дыглёсіі, як абавязкова канфлікту, было распрацавана гэтак званым колам каталёнскіх сацыя-

[38] H. Boyer, *Introduction à la sociolinguistique*, Dunod, 2001, p. 48.
[39] Тамсама, с. 49.
[40] Тамсама, с. 49–50.
[41] Дж. Фішман, *Не кидайце свою мову напризволяще*, Київ 2009, с. 97.
[42] H. Boyer, *Introduction…*, *op.cit*., p. 50–52.

лінгвістаў (Люіс Вісэнт Арасіл, Рафаэль Нінёліс)[43], а таксама францускімі сацыялінгвістамі з Манпэлье (Філіп Гардзі, Рабэр Ляфон)[44]. Гэта альтэрнатыўны і крытычны погляд на пытаньне моўных кантактаў з пэрыфэрыі так бы мовіць. Дасьледнікі з рэгіёнаў змаргіналізаваных моваў (каталёнскай, аксытанскай) прапанавалі гістарычны аналіз і прызму адвечнага канфлікту паміж мовамі: дамінантнай і змаргіналізаванай, цэнтральнай і лякальнай, мовай і дыялектам, „вялікай” і „малой” мовай. То бок, любы моўны кантакт – гэта заўсёды канфлікт. Да ўсяго дадзены аналіз падразумявае дыяхранічны і макрасацыялягічны падыход, канфлікт разглядаецца ўва ўсёй сукупнасьці і на працягу ўсёй вядомай гісторыі. Такі падыход дастаткова ідэалягічны, актывісцкі, але пры гэтым цалкам навуковы, унівэрсальны, бо ахоплівае гісторыю амаль усіх вядомых існавалых і існых моваў (у гісторыі кожная мова, нават гэтак званыя сяньня „вялікія мовы”, разьвіваліся і разьвіваюцца ў канфлікце і канкурэнцыі да іншай ці іншых моваў).

У сваёй працы я абапіраюся пераважна на першую і пятую вэрсіі тлумачэньня дыглёсіі. То бок дыглёсія ў Беларусі ахоплівае як нутранае вымярэньне беларускай мовы (канфлікт на грэцкі манер, апісаны Я. Псыхарысам, які закранае тарашкевіцу і наркамаўку), а таксама вонкавае вымярэньне, якое задзейнічвае беларускую і расейскую мовы, якія разьвіваюцца як супэрніцы, канкурэнткі, у рэчышчы канфлікту – адна, як мова дамінаваньня (расейская), а другая, як мова падпарадкаваная, маргінальная, у стане вынішчэньня ці яшчэ эрозіі (беларуская). Такім парадкам, размова ў цяперашнім беларускім выпадку йдзе пра складаную дубальтовую дыглёсію, якая ахоплівае два узусы беларускай мовы і дзьве мовы краіны.

3. Таксама для аналізу моўнай разнастайнасьці важны такі канцэпт, як моўная палітыка, якая рэглямэнтуе, скіроўвае моўную рэчаіснасьць. І тут панятак „моўная палітыка” бярэцца ў вэрсіі Люі-Жана Кальвэ, які трактуе любую моўную палітыку, як „грамадзянскую форму вайны паміж мовамі”[45]. То бок, моўная палітыка – гэта заўсёды пэўны канфлікт, гэта своеасаблівая грамадзянская вайна як мінімум паміж дзьвума мовамі.

4. Этналінгвістычны падыход (Эдвард Сапір, Бэнжамін Лі Ворф, Язэп Лёсік, Янка Станкевіч, Зоська Верас, Ніна Гілевіч, Ганна Вежбіцка, Ежы Бартміньскі, Мікіта Талстой). На сусьветным, а таксама выключна беларускім узроўні дадзены падыход хоць і зьведваў заняпад, сяньня зноў аднаўляецца і адказвае на пытаньні, зьвязаныя з тэмай мовы, грамадзтва і своеасаблівасьцямі мысьленьня. Клясычнае пасланьне этна-

---

[43] Тамсама, с. 52–56.

[44] Тамсама, с. 56.

[45] L.-J. Calvet, *La guerre des langues et les politiques linguistiques*, Payot, 1987.

лінгвістыкі, закадаванае ў вядомай гіпотэзе Сапіра-Ворфа[46] (1. *Кожная мова прапануе вельмі адрозную схему, мадэль сьветаўспрыманьня, дзеяньня, часу і прасторы*; 2. *Мова вызначае пэўны лад мысьленьня*; 3. *Людзі думаюць і ўяўляюць час і прастору па-рознаму*) ставілася ў другой палове XX ст. пад сумнеў псыхалягічнымі школамі, а таксама падыходам Наама Чомскага аб глыбінных структурах мовы, якія папярэднічаюць культуры[47]. Тым ня менш, у СССР, Польшчы, потым у цяперашніх Беларусі, Расеі, Польшчы, Аўстраліі этналінгвістычны падыход быў вернуты навукоўцамі ў акадэмічнае жыцьцё[48]. Сяньня, напрыклад, такі вядомы францускі лінгвіст-паліглёт, прафэсар Калеж дэ Франс, Клёд Ажэж падкрэсьлівае цалкам у асучасьненым этналінгвістычным рэчышчы, пры гэтым без перабольшваньня і без увальваньня ў містычныя тлумачэньні, што мова – гэта цэлая адмысловая манера думаньня, уяўленьня, ахопу рэчаіснасьці. Мовазнаўца лічыць, што „навязаць камусьці пэўную мову (ангельскую, напрыклад) азначае навязаць пэўную манеру думаньня і паводзінаў”[49]. Ягоная апошняя кніга прысьвечаная якраз гэтай повязі паміж мовамі і адмысловымі мадэлямі ўяўленьняў і паводзінаў, якія абумоўліваюць мовы[50]. Таксама этналінгвістычны падыход дасюль досыць папулярны ў Беларусі – значная частка мовазнаўцаў (Я. Лёсік, Я. Станкевіч, І. Крамко, Ф. Янкоўскі, Н. Гілевіч, Г. Цыхун, А. Рудэнка) і літаратарак, публіцыстак (З. Верас, З. Кіпель) у мінулым, а таксама ў цяперашні час тлумачаць моўную зьяву, моўныя кантакты і разьвіцьцё мовы наагул праз прызму спэцыфікі мовы і абавязковага ды заўсёдашняга ўплыву мовы на псыхалёгію, мэнталітэт, а таксама, як пісаў у 1924 годзе Язэп Лёсік „на думаньне і выкладаньне думак”[51]. Мясцовыя дасьледнікі этналінгвістычнага падыходу ці натхненьня апэруюць такімі паняткамі, як „дух”, „сіла”, „геній мовы”. Гісторыкі мовы (І. Крамко[52], Н. Гілевіч[53] і іншыя), а таксама дасьледнікі сучаснай беларускай мовы пазначаюць, што ў мове ня толькі захоўваецца гісторыя народу, але і ягоная адвечная спэцыфіка сьветаўспрыманьня (Л. Лыч[54], А. Каўка[55], Р. Барадулін[56]). Напрыклад, аналіз твораў і спробы перакладу творчасьці

---

[46] N. Journet, *L'hypothèse Sapir-Whorf. Les langues donnent-elles forme à la pensée ?*, „Sciences Humaines”, 95, juin 1999, http://www.scienceshumaines.com/l-hypothese-sapir-whorf-les-langues-donnent-elles-forme-a-la-pensee_fr_10888.html [доступ: 26.01.2017].
[47] Тамсама.
[48] Е. Руденко, *Этнолингвистика без границ*, Минск 2014, с. 5–6.
[49] C. Hagège, *Imposer sa langue, c'est imposer sa pensée*, http://www.lexpress.fr/culture/livre/claude-hagege-imposer-sa-langue-c-est-imposer-sa-pensee_1098440.html [доступ: 25.01.2017].
[50] C. Hagège, *Contre la pensée unique*, Odile Jacob, 2012.
[51] Я. Лёсік, *Мы перш за ўсё беларусы*, Мінск 2004, с. 49.
[52] І. Крамко, *Забытыя скарбы*, „Беларуская лінгвістыка”, 41, 1993, Мінск, с. 84–86.
[53] Н. Гілевіч, *Гісторыя народа – у яго мове*, Мінск 2007; Н. Гілевіч, *Напачатку было слова*, Мінск 2008.
[54] Л. Лыч, *Беларуская нацыя і мова*, Мінск 1994.
[55] *Letter to a Russian friend*, London 1979.
[56] Р. Барадулін, *Вушацкі словазбор*, Мінск 2013.

такіх пісьменьнікаў, як Л. Калюга, А. Мрый, М. Зарэцкі ці М. Гарэцкі сьведчаць на карысьць адмысловай карціны сьвету, які перадаецца якраз праз мову гэтых аўтараў. Немажлівасьць лёгка перакласьці лексыку твораў Л. Калюгі і наагул ня вельмі простае разуменьне ягоных тэкстаў сучаснымі расейскамоўнымі і расейскадумнымі беларусамі таксама сьцьвярджае трапнасьць гіпотэзы Сапіра-Ворфа. Наагул пераклад твораў з беларускай мовы на іншыя раскрывае праблему ня толькі адсутнасьці дзяржаўнай падтрымкі перакладніцкай дзейнасьці, а перадусім адрознадумнасьць і адрознавобразнасьць беларускай мовы, як, між іншым, любой іншай мовы. Этналінгвістычны падыход тлумачыць, напрыклад, у беларускай мове амаль немагчымую адаптацыю многіх іншамоўных паняткаў, якія застаюцца ў мове ў выглядзе барбарызмаў (*гендар*, *дэмакратыя*, *інтэрнэт*), а часам і ксэнізмаў (*public policy*, *wi-fi*, *vip*, *IT*).

Зрэшты, моўныя кантакты ўнутры беларускай мовы дэманструюць дзейнасьць і актуальнасьць асучасьненага этналінгвістычнага пастуляту. Так, ідэя стварыць слоўнік беларускай дыяспарнай мовы ўзьнік якраз з разуменьня таго, што беларусы Беларусі не зусім добра разумеюць мову дыяспарную альбо беларускую клясычную мову. Так сталася якраз у выніку русіфікацыі мовы мэтраполіі, калі беларуская мова была зьмененая як па форме, так і па зьмесьце. Разам з зьменамі лексычнымі адбыліся зьмены зьмястоўныя, сэмантычныя, была зьмененая на расейскі капыл карціна сьвету беларусаў. У дыяспарнай беларускай мове захаваліся, а часам і закансэрваваліся больш старыя, архаічныя ці проста іншыя „крыптатыпы"[57]. Іншы прыклад таго, што этналінгвістычны мэтад працуе і апісвае, а таксама аналізуе моўныя зьявы, паходзіць з кантакту паміж дыялектнай беларускай мовай і расейскай мовай Беларусі. Беларускі расейскамоўны лекар, які прыбыў па выкліку, ня мог зразумець беларускамоўную бабулю, якая на пытаньне: „*Бабушка, что у вас?*", адказала проста: „*Клуб зварушыла*". Беларускі мовазнаўца і пісьменьнік Фёдар Янкоўскі таксама прыводзіць шмат прыкладаў моўных самацьветаў, якія складаюць цымус беларускага сьветапогляду і, якія вынішчаюцца ў выніку русіфікацыі і няроўнай моўнай палітыкі (*кнігарня* становіцца *кніжным магазінам* ці *кніжнай крамай*, *сьцізорык* становіцца *раскладным ножыкам*, *зьнічка – падаючай зоркай*, *мілавіца – ранкавай зоркай і г.д.*)[58]. Таксама варта ўзгадаць невядомыя сацыялінгвістычныя зацемкі Зоські Верас у зьвязку з этналінгвістычным тлумачэньнем моўных працэсаў. Вядомая пісьменьніца і батаніца пакінула ў мэмуарах невядомыя бальшыні мовазнаўцаў развагі[59]. Яна лічыла, што моўная непаўторнасьць і багацьце вынішчаюцца расейскай мовай, словы беларускія замяняюцца расейскімі і падаюцца, як узоры літаратурнай мовы. У вы-

[57] N. Journet, *L'hypothèse Sapir-Whorf…, op.cit.,* http://www.scienceshumaines.com/l-hypothese-sapir-whorf-les-langues-donnent-elles-forme-a-la-pensee_fr_10888.html [доступ: 26.01.2017].
[58] Ф. Янкоўскі, *Роднае слова*, Мінск 1967, с. 33.
[59] З. Верас, *Выбранае…,* тамсама, с. 367.

ніку распаўсюджваецца іншая, чужая манера думаньня, а потым гэтая манера становіцца роднай беларусам, тады як беларуская мова з уласьцівай ёй спэцыфікай і карцінай сьвету вынішчаецца. На прыкладзе складзенага ёю батанічнага слоўніка яна прадэманстравала прынцыповыя адрозьненьні ў вобразах, апісаньнях і перадачы формы, колера ў беларускай, польскай, расейскай і лацінскай мовах. Я. Лёсік, З. Верас хоць і не належалі да этналінгвістычнай школы, але значна раней за ейнага паўстаньня ў рэгіёне, разьвілі пастуляты, падобныя да тых, якія будуць прапанаваныя клясыкамі этналінгвістыкі.

У пытаньні фэмінізацыі мовы этналінгвістычны падыход з улікам аналізу старабеларускай мовы, сучасных дыялектаў, узусаў мовы (тарашкевіца, наркамаўка) выкрывае прынцыповую спэцыфіку беларускай мовы што да ўжываньня фэмінітываў-агентываў у XVII–XIX ст., а потым у XX–XXI ст. і, такім чынам, падкрэсьлівае адрозьненьне ад тэндэнцыяў, якія закранալі мову расейскую і, наадварот, пэўнае падабенства да працэсаў, адбывалых у польскай і ўкраінскай мовах. А гэта азначае, што і многія фэмінітывы-агентывы, уласьцівыя толькі беларускай мове (стара- і новабеларускай адначасова) зьяўляюцца непаўторным, спэцыфічным рэсурасам, вынікам адрознай манеры думаньня, апісаньня рэчаіснасьці (напрыклад, *пэдагогіца* ў дыялектах і ў Я. Брыля[60], *караліца*, *рабаса*, *цэсарыца* ў старабеларускай мове, *аўта-вадатайка*, *балетніца*, *выканаўчыня*, *забароньніца* (=*дысыдэнтка*), *ірцярка* ў дыяспарнай мове). Адна з крытыкаў у бок этналінгвістычнага падыходу палягае ў хвальбе, апраўданьні эсэнсэалізму, містычнасьці паходжаньня мовы. Тут неабходна патлумачыць пазыцыю: выпрацоўка спэцыфікі мовы і адпаведна спэцыфікі перадачы вобразаў, спэцыфікі мысьленьня наагул у той ці іншай мове зьвязаныя перадусім з умовамі сацыяльна-гістарычнага, таксама экалягічнага разьвіцьця. Так сталася не таму, што мова – містычная інстанцыя, богам дадзеная і вызначаная, не, так сталася ў выніку спэцыфічнага разьвіцьця кожнай з моваў. Дзясяткі азначэньняў сьнегу ў паўночных народаў, альбо шматлікія азначэньні балота ў беларускай мове былі выкліканыя ўсяго толькі кліматычнай, геаграфічнай спэцыфікай. А, напрыклад, існаваньне фэмінітываў *пастарка*, *сьвятарка* ў некаторых мовах (нарвэскай, дацкай ці фінскай) абумоўліваецца проста – доступам кабетаў у некаторых пратэстанцкіх краінах да гэтага званьня. Таму этналінгвістычны падыход у нашай працы пазбаўлены цьмянасьці і містыкі і тлумачыць спэцыфікі мовы, зьвязаныя з цэлым комплексам чыньнікаў: гістарычных, рэлігійных, сацыяльных, геаграфічных і нават кліматычных.

Да ўсяго асучасьнены этналінгвістычны падыход, у вэрсіі Ганны Вежбіцкай[61] напрыклад, ня так радыкальна сьцьвярджае аб прынцыповай

[60] Я. Брыль, *Дзе скарб ваш*, Мінск 1997, с. 197.
[61] A. Wierzbicka, *Słowa klucze. Różne języki – różne kultury*, Wydawnictwa Uniwersytetu Warszawskiego, 2007.

адрознасьці кожнай мовы і кожнай культуры. Польска–аўстралійская дасьледніца праз такі важны панятак ейнай тэорыі, як ключавыя словы культуры і мовы, дэманструе, што можна зразумець кожную культуру, калі вядомыя спэцыфічныя ключавыя словы гэтай культуры. Напрыклад, у расейскай культуры і мове яна вылучае такія ключавыя словы, як *душа*, *тоска*, *судьба*. Але ня толькі расейскай культуры ўласцівыя гэтыя паняткі, падобныя паняткі, словы важныя ў скандынаўскіх культурах ці суседніх беларускай, украінскай ці летувіскай культурах. Сапраўды, можна вылучыць спэцыфічныя паняткі, моманты, якія цяжка перадаць, перакласьці на іншыя мовы, тым ня менш глябальна ня бачыцца паўстаньня прынцыповай адрознай культуры: збольшага ўсё адно культуры ўнівэрсальныя і іх больш зьядноўвае, чымся разьядноўвае. Таму ў дасьледаваньні, абапіраючыся на этналінгвістычныя тлумачэньні беларускіх і замежных дасьледнікаў, я прызнаю мінімалісцкі этналінгвістычны падыход: наяўнасьць цяжкаперакладных на іншыя мовы паняткаў, уласьцівых кожнай культуры, збольшага ж кожны панятак можна перакласьці і патлумачыць без прынцыповай страты сэнсу. Напрыклад, у беларускай мове і культуры ёсьць паняткі, якія не зусім проста перадаць на іншыя мовы: *тутэйшы*, *тутэйшасьць*. З францускай на шматлікія мовы, у тым ліку на беларускую, складана, але мажліва прыблізна перадаць панятак *laïcité* (сьвецкасьць, сэкулярнасьць, арэлігійнасьць, ляічнасьць). Фэмінізацыя і пэўныя фэмінітывы ў гэтым рэчышчы таксама ўвасабляюць цікавы моўны, але і этналінгвістычны, філязофскі пласт: татальная фэмінізацыя назваў пасадаў у летувіскай мове, актыўная і амаль усюльмагчымая фэмінізацыя ў беларускай мове ці, наадварот, праблемная ці немажлівая фэмінізацыя ў расейскай мове, усё гэта сьведчыць пра спэцыфіку як мовы, так і манеры думаньня, перадачы і апісаньня розных катэгорыяў людзей.

5. Гендарны аналіз мовы (на прыкладзе і аналізу, прапанаванага францускай лінгвісткай Марынай Ягело[62], а таксама сацыялёгіі і этналёгіі П'ера Бурд'ё). З беларускіх дасьледнікаў у гэтым кірунку варта прыгадаць артыкулы Фёдара Піскунова[63] і Ганны Арашонкавай[64]. Калі зусім сьцісла, то гендарны аналіз і фэміністкая крытыка традыцыйнай мовы і мовазнаўства палягае ў тым, што мова захоўвае, рэгіструе сацыяльныя няроўнасьці. На прыкладзе якраз фэмінізацыі мовы (мінімізаваньне фэмінітываў і значна часьцейшае ўжываньне маскулінітываў у абодвух узусах беларускай мовы, а таксама ў шматлікіх іншых эўрапейскіх мовах) выразна адлюстроўваюцца гендарныя няроўнасьці. Альбо, наадварот, актыўнае пашырэньне фэмінітываў апошнім часам у францускай, польс-

[62] M. Yaguello, *Les mots et les femmes*, Payot, 1992; M. Yaguello, *Petits faits de langue*, Seuil, 1998.
[63] Ф. Піскуноў, *Гендарная роўнасць і граматычная схема*, [у:] Ф. Піскуноў, *Мова як сістэма*, Мінск 2014, с. 102–120.
[64] Г. Арашонкава, *Пра назоўнікі тыпу вынаходца, дарадца, стараста*, „Беларуская лінгвістыка", 33, 1988, с. 66–70.

кай, украінскай, чэскай ды іншых мовах выклікана, няма сумневу, пад уплывам палітыкі па эгалітарызацыі, сьведчыць аб тым, што мова рэагуе на палітыку, мяняецца разам зь зьменамі сацыяльнымі, гендарнымі. Канечне, не сама мова мяняецца, а асноўныя моўныя агенты, інстытуцыі рэагуюць на зьмяненьні. То бок, гендарны аналіз ці падыход – дзейны, эфэктыўны ў ацэньваньні моўнай сытуацыі. Гендарная ці фэмінісцкая лінгвістыка на прыкладзе працаў францускай мовазнаўкі Марыны Ягело ў гістарычнай, этналягічнай ды філялягічнай пэрспэктывах дэманструе, як мова была адкрытай у пытаньні фэмінізацыі назваў пасадаў у XVI–XVII ст. і як стварэньне патрыярхальнай Францускай акадэміі спыніла гэты натуральны працэс, штучна надаўшы мужчынскаму (граматычнаму) роду ролю ўнівэрсалу[65]. Аб нечым падобным у (стара)беларускай мове напісаў манаграфію лінгвіст М. Паўленка, прадэманстраваўшы, як неспрыяльныя сацыяльна-палітычныя ўмовы абумовілі няроўнае разьвіцьцё фэмінітываў[66]. У дадатак, аналіз сацыяльнага, у тым ліку і мовы, прапанаваны П. Бурд'ё[67], зьвязаўшы таксама такія паняткі як гендар і сымбалічны гвалт, натуральна ўпісваецца ва ўнівэрсальны сацыялінгвістычны падыход, які падразумявае, што ня толькі мова, але і гендар – гэта заўсёды ўладныя і палітычныя адносіны. Гендарнае дамінаваньне і гендарная асымэтрыя ў працы П. Бурд'ё прыраўніваецца да своеасаблівай формы сымбалічнага гвалту. А таму фэмінізацыя мовы, напрыклад, *Nomina agentis* і ейнае ігнараваньне, мінімізаваньне – гэта таксама пэўны сымбалічны гвалт, ігнараваньне і дэвалярызацыя кабетаў наагул.

6. Зрэшты, дапаможнай і крытычнай зьяўляецца „каляніялісцкая" прызма аналізу мовы. Тут зноў мне дапамагае аналіз Л.-Ж. Кальвэ і ягоны адмысловы канцэпт „глётафагіі" (мовапаглынаньня ці паглынаньня мовы, моваў)[68]. Мова і каляніялізм звычайна апісваюць пазаэўрапейскую рэчаіснасьць, факт зьмяненьня і/ці паглынаньня цэнтральнымі мовамі моваў ці часта „дыялектаў" пэрыфэрыйных. Але ж прыклад беларускай мовы ў Эўропе дэманструе каляніялісцкую лёгіку ў разьвіцьці адносінаў паміж мовай расейскай (імпэрскай, цэнтральнай, дамінантнай) і беларускай мовай (пэрыфэрыйнай, падпарадкаванай, калянізаванай, зачастую апісалую, як „дыялект"). Шэраг дасьледнікаў і дасьледніцаў аналізуюць у гістарычнай пэрспэктыве беларуска–расейскі моўны кантакт праз прызму каляніялізму, імпэрыялізму ці глётафагіі (К. Ажэж[69], Л. Лыч[70], П. Сьцяцко[71], Г. Цыхун[72], В. Шыманец[73] і іншыя).

[65] *Du sexe des mots*, entretien avec M. Yaguello, https://www.jstor.org/stable/40620376?seq=1#page_scan_tab contents [доступ: 26.01.2017].

[66] М. Паўленка, *Нарысы па беларускаму...*, тамсама.

[67] П. Бурдьє, Л. Вакан, *Рефлексивна соціологія*...тамсама, с. 113–114; P. Bourdieu, *De la domination masculine*, „Le Monde diplomatique", août 1998, p. 24.

[68] L.-J. Calvet, *Linguistique et colonialisme. Petit traité de glottophagie*, Payot, 1974, p. 48.

[69] C. Hagège, *Le Souffle de la langue* : *voies et destins des parlers d'Europe*, Odile Jacob, 1992.

[70] Л. Лыч, *Беларуская мова як аб'ект дзяржаўнай дыскрымінацыі*, http://knihi.com/anon/Aniamiennie_Z_kroniki_zniscennia_bielaruskaj_movy.html#chapter8 [доступ: 26.01.2017].

Фэмінізацыя мовы (фэмінізацыя *Nomina agentis*), фэмінітыў, маскулінітыў, эпіцэн ці слова супольнага роду, моўная палітыка, моўная гендарная роўнасьць, русіфікацыя, каляніялізм, білінгвізм, дыглёсія, згуба моўнай кампэтэнцыі, моўная небясьпека, выміраньне мовы, мова і гендар, гендараваная мова, узус, тарашкевіца, наркамаўка, старабеларуская мова, глётапалітыка, маскулінізацыя мовы.

1. **Фэмінізацыя мовы (*Nomina agentis*)** – гэта сукупнасьць моўных захадаў, скіраваных на ўстанаўленьне роўнасьці паміж паламі шляхам стварэньня альбо распаўсюджаньня жаночых формаў назоўнікаў, якія ахопліваюць прафэсіі, род занятку. У сучаснай сацыялінгвістыцы фэмінізацыя мовы мае значна шырэйшае значэньне: гэта ня толькі захады па распаўсюджваньні фэмінітываў-агентываў, а таксама актыўнае ўжываньне эпіцэнаў (словаў супольнага роду), ужываньне нэўтральнай, палітычна-карэктнай мовы, змаганьне з сэксізмамі, перагляд падыходаў і традыцыі жаночых прозьвішчаў (палітыка падтрымкі кабетамі дзявочых прозьвішчаў, напрыклад) і пад.
2. **Палітыка фэмінізацыі мовы** – рэфармаваньне мовы, якое палягае ў пасьлядоўным і паўсюдным ужываньні фэмінітываў і адпаведна пазьбяганьні агульнага мужчынскага роду (можа праяўляцца ў законах, дэкрэтах, як у францускай мове, ці ў парадах, стылістычных патрабаваньнях, як у летувіскай мове).
3. ***Nomina agentis*** – назвы прафэсіяў і пасадаў (*лекарка*, *доктар*, *фэльчарка*, *прыбіральнік* і пад.).
4. **Фэмінітыў** – слова жаночага роду, альтэрнатыўнае ці часта аналягічнае мужчынскаму панятку (напрыклад, *прэзыдэнтка*).
5. **Маскулінітыў** – слова мужчынскага роду, альтэрнатыўнае ці часта аналягічнае жаночаму панятку (напрыклад, *прыбіральнік*, *прэзыдэнт*).
6. **Фэмінітыў-агентыў** – слова жаночага роду, якое азначае прафэсію, пасаду. Гэта жаночая форма *Nomina agentis* (напрыклад, *фэльчарка*, *санітарка* ці *япіскапка*).
7. **Эпіцэн** – назоўнік супольнага роду (напрыклад, *плакса*, *дарадца*, *творца* ці *староста*). У працы нас цікавяць пераважна эпіцэны-агентывы, то бок, назоўнікі супольнага роду, якія азначаюць прафэсію, пасаду, званьне (напрыклад, *староста*, *ваявода*, *лістаноша* і пад.). З грэцкае ἐπίκοινος (epikoinos) – супольны; у францускай мове назоўнік

[71] П. Сцяцко, *Русіфікацыя беларускай мовы як праява лінгвацыду*, [у:] *Аняменне. З кронікі знішчэння беларускай мовы*, Мінск 2000, с. 121–124.
[72] Г. Цыхун, *Дэфармацыя ў сістэме беларускай літаратурнай мовы ў гады таталітарызму*, [у:] *Аняменне. З кронікі знішчэння беларускай мовы*, Мінск 2000, с. 102–111.
[73] V. Symaniec, *La construction idéologique slave orientale. Langues, races et nation dans la Russie du XIXe siècle*, Petra, 2012.

супольнага роду завецца éрicène, у гішпанскай – epiceno, у ангельскай – epicene, у каталёнскай – epicè. Неабходна пазначыць, што панятак „эпіцэн” у беларускай мове новы, а таму ў пэўнай ступені штучны, тым ня менш, можна паспрабаваць увесьці яго замест ці нароўні з больш груваcткім „назоўнік агульнага роду” ці „назоўнік супольнага роду”. Афіцыйна мы сустракаем панятак „назоўнік агульнага роду”, у Я. Станкевіча сустракаецца як „слова агульнага”, так і „супольнага роду”.

8. **Узус (моўны)** – ужываньне словаў і формаў, што замацаваліся ў мове. А таксама пэўны стандарт, варыянт мовы, прыняты ў пэўным грамадзтве, у пэўнай супольнасьці, групе. У беларускім выпадку маюцца на ўвазе два узусы – тарашкевіца і наркамаўка.
9. **Старабеларуская мова** – дзяржаўная і пісьмовая мова ВКЛ XIII–XVII ст.
10. **Тарашкевіца** – правапіс (варыянт, узус, стандарт) беларускай мовы, заснаваны на літаратурнай норме сучаснай беларускай мовы і яе правілах да палітычнай рэформы беларускай артаграфіі 1933 году і пэўных акадэмічных прапановах 1930, 1933 і 1993 гадоў. Як сынонім выступае панятак „*клясычны правапіс*”.
11. **Наркамаўка** – варыянт правапісу беларускай мовы, сфармаванай у выніку рэформы правапісу 1933 году, замацаваны пазьней у 1943, 1957 і 2008 гадах. У выніку ў мову былі ўведзеныя 30 фанэтычных і марфалягічных асаблівасьцяў расейскай мовы. Іншыя назовы гэтага варыянту, узусу мовы – *наркомаўка*, *беларускі афіцыйны правапіс*, *школьны правапіс*.
12. **Маскулінізацыя мовы** – Сьцісла пазначым двухсэнсоўнасьць панятку маскулінізацыя мовы. Зьява адначасова азначае дзьве супрацьлеглыя тэндэнцыі ў рэчышчы гендарнай моўнай роўнасьці: з аднаго боку, гэта зьява выроўніваньня мовы і маскулінізацыі некаторых словаў, пераважна фэмінітываў, якія па розных, і часьцей за ўсё зусім не па моўных прычынах, не маскулінізуюцца (напрыклад, *прач* ад прачка, *даяр* ад даярка, *какет* ад какетка, *пакаёвец* ад пакаёўка і г.д.). З другога ж боку, маскулінізацыя мовы азначае пэўную традыцыю маскулінізацыі назваў пасадаў, якія займаюць кабеты: шофэр Ванькова, прэзыдэнт Грыбаўскайце, канцлер Мэркель. Да ўсяго маскулінізацыя мовы праяўляецца яшчэ выразьней у распаўсюдзе такой формы, як *жанчына-шофэр*, *жанчына-касманаўт*, *жанчына-хірург* і пад.
13. **Глётапалітыка** – усе вядомыя падыходы, уплывы, якія грамадзтва сьвядома ці не задзейнічвае, выкарыстоўвае ў дачыненьні да мовы: гэта і вялікая моўная палітыка, і кпіны, абразы ў бок маргінальнай ці мінарытарнай мовы, і выбар тэкстаў для чытаньня на курсе літаратуры, і сорам размаўляць на пэўнай мове, на пэўным дыялекце на публіцы і пад. То бок, пад глётапалітыкай трэба разумець усе моўныя зьявы, якія набываюць палітычнае вымярэньне. Панятак уведзены

францускімі сацыялінгвістамі – Люі Геспэнам і Жан-Батыстам Марсэлезі[74].

14. **Моўная палітыка** – упарадкаваньне дзяржавай, урадам, інстытуцыяй мовы моўных зносінаў. Адсутнасьць захадаў ці пасыўнасьць ураду, уладных інстытуцыяў у дачыненьні да той ці іншай мовы таксама можна назваць (адсутнай) моўнай палітыкай. У францускай сацыялінгвістыцы (Ж.Л. Кальвэ, В. Шыманец) моўную палітыку часта азначаюць, як „цывілізаваную форму вядзеньня грамадзянскай вайны" ці „грамадзянскую форму моўнай вайны"[75].
15. **Каляніялізм і мова** – паняткі, якія паўстаюць у аналізе некаторых сацыялінгвістаў (напрыклад, Л.-Ж. Кальвэ[76]). Перадусім гэтая повязь можа азначаць уплыў адной мовы (дамінанткі) на дзейнасьць іншай мовы (падпарадкаванай, маргіналізаванай, калянізаванай). Уплыў мае пераважна нэгатыўны сэнс – да г.зв. *глётафагіі* (паглынаньне адной мовы іншай). Зьяву неабходна разглядаць шырэй – каляніялізм наагул, які ахоплівае ўсе сфэры, моўную ў прыватнасьці. Францускі сацыялінгвіст разглядае паняткі ў дачыненьні да былых мэтраполіяй і іх калёніяў (Францыя – Альжыр, Туніс, Вялікабрытанія – ПАР, Ямайка). Аналіз можна пашырыць да іншых падобных прыкладаў: Расея – Беларусь, Францыя – Брэтань, Праванс і пад.). Акрамя гэтага повязь паняткаў – каляніялізм і мова – можа азначаць такую зьяву, як уплыў адной мовы на іншую і зьмену, эрозію моўнай сыстэмы адной мовы (напрыклад, беларускай) у выніку навязаньня нормаў, правілаў іншай (расейскай мовы). Таксама паняткі раскрываюць іншую важную тэму – уплыў лінгвістыкі, лінгвістаў краіны-дамінанткі на лінгвістыку, лінгвістаў падпарадкаванай, калянізаванай краіны. Якраз тэма фэмінізацыі мовы можа аналізавацца на ўсіх трох пералічаных роўнях. На прыкладзе фэмінізацыі беларускай мовы выразна адчуваецца сьлед расейскай калянізатарскай культуры, якая ў выніку стагодзьдзяў дамінаваньня выклікала моўную эрозію беларускай мовы, пераход на стылістычныя нормы мовы суседзкай, маргіналізацыю ўласных канонаў. Да ўсяго многія мясцовыя лінгвісты перайшлі на рэйкі расейскай, прарасейскай лінгвістыкі не на карысьць уласнай аўтаномнай традыцыі. Таксама дзейнасьць альтэрнатыўнай – дыяспарнай – лінгвістыкі дэманструе спробу дэкалянізацыі.
16. **Мова і дыялект** – повязь гэтых паняткаў упісваецца ў дэбаты вакол каляніялізму і мовы, калі ў выніку каляніялісцкай моўнай палітыкі мова калянізаваная маргіналізуецца, дыскрэдытуецца і падаецца, як залежная ад мовы калянізатарскай. І тады мова калянізаваная пазбаўляецца назову мова, а трактуецца, як дыялект, „наречие", „говор" і

[74] L. Guespin, J.-B. Marsellesi, *Pour la glottopolitique…*, *op.cit.*, p. 5–34; J.-B. Marsellesi, *Glottopolitique…*, *op.cit.*, p. 156–158.
[75] L.-J. Calvet, *La guerre des langues…*, *op.cit.*
[76] L.-J. Calvet, *Linguistique et colonialisme…*, *op.cit.*, p. 54.

пад.[77]. Так было ў гісторыі беларускай мовы ў Расейскай імпэрыі: беларуская мова не прызнавалася, а лічылася за „наречие” расейскай мовы. **Моўны імпэрыялізм** – гл. **каляніялізм і мова.**

17. **Генэрычны** (унівэрсальны, недыфэрынцыяваны ці яшчэ абагульняльны) **род** – род, які для некаторых мовазнаўцаў выконвае функцыю ўнівэрсалу (мужчынскі род у афіцыйнай беларускай мове выконвае функцыю генэрычнага роду, напрыклад: грамадзяне! пасажыры! таварышы!) У беларускай мове дадзеная катэгорыя не распрацаваная, таму існуе разнабежыца ва ўжываньні панятку.
18. **Інклюзыўная мова** – (ад inclusion – уключэньне), то бок гендарнакарэктная, палітычна-карэктная ці яшчэ несэксісцкая мова. Інклюзыўная мова падразумявае комплекс правілаў і практык, скіраваных на вынішчэньне ці прынамсі мінімізацыю дыскрымінацыі пэўных носьбітаў мовы: кабетаў перадусім. Інклюзыўная мова складаецца з такіх практык, як актыўная фэмінізацыя назваў пасадаў, пошук нэўтральных словаў, выкарыстаньне г.зв. “эпіцэнаў”, словаў супольнага роду і пад. Наагул інклюзыўная мова ахоплівае лексыку, сынтаксыс, граматыку і тыпаграфіку. Тэндэнцыя апошняга часу – дэмаргіналізацыя інклюзыўнай мовы і ўваход яе ў акадэмічнае вымярэньне.
19. **Гендараваная мова – (мова і гендар) –** мова праз прызму гендару, гендарнага аналізу, падыходу, як вынік патрыярхальнай культуры і асымэтрычнай (аднабаковай) моўнай палітыкі ў мінулым і, як вынік аспрэчваньня гэтага фэмінісцкімі, гендарнымі падыходамі.
20. **Білінгвізм** і **дыглёсія** – панятак дыглёсіі ўведзены ў 1928 годзе францускім эленістам грэцкага паходжаньня Янісам Псыхарысам[78]. Дасьледнік апісваў з дапамогай гэтага наватвора канкурэнцыю паміж двума варыянтамі грэцкай мовы – *katharevoussa*, літаратурнай мовай, створанай пурыстамі, мовай меншыні і *demotiki*, звычайнай мовай бальшыні. Дыглёсія тут паўставала, як канфлікт паміж двума варыянтамі адной мовы. Важна тое, што эленіст дадаваў да аналізу чыньнік дамінаваньня і сілы: мінарытарная, але ўладатрымалая эліта навязвала бальшыні свой стандарт мовы. Другое азначэньне паўстала пасьля Другой сусьветнай вайны ў 1959 годзе ў ЗША з-пад пяра вядомага лінгвіста Чарльза Фэргюсана[79]. Аўтар прызнаў, што панятак быў запазычаны ў эўрапейскіх калегаў. Тым ня менш, Ч. Фэргюсан уклаў у яго адрознае значэньне: на прыкладзе арабскіх краінаў ён прааналізаваў функцыянаваньне двух узусаў адной мовы, якія не канкуруюць, не канфліктуюць, а ўзаемадапаўняюць адзін аднаго. Трэцяе азначэньне было прапанаванае амэрыканскім сацыялінгвістам Джошуа Фішманам у 1971 годзе[80]. І тут зьявіўся прынцыпова адрозны момант:

[77] Тамсама, p. 48–49.
[78] H. Boyer, *Introduction..., op.cit.*, p. 48.
[79] Тамсама, с. 49.
[80] Тамсама, с. 49–50.

размова больш ня йшла пра узусы адной мовы, а пра розныя мовы, якія ў няроўнай сытуацыі суіснавалі і запаўнялі адрозныя нішы (гішпанская мова і гуарані ў Парагваі, напрыклад)[81]. Чацьвертае значэньне дыглёсіі было выпрацавана швайцарскім колам сацыялінгвістаў (Жорж Людзі, Бэрнар Пі)[82], як вынік аналізу шматмоўнай сытуацыі ў Швайцарыі. Фішманава трактоўка дыглёсіі пазбаўлялася канфліктнасьці і чыньніка прэстыжнасьці мовы: так, у Швайцарыі дыялектную нямецкую мову і пісьмовую літаратурную нельга ўспрымаць праз прызму прэстыжнасьці/непрыстажнасьці. Бо гэтыя два узусы суіснуюць побач і кожны нямецкамоўны швайцарац карыстаецца ў пэўных сытуацыях тым ці іншым узусам. Гэта проста выбар мовы і узусу ў залежнасьці ад сытуацыі. Зрэшты, апошняе пятае азначэньне дыглёсіі, як абавязкова канфлікту, было распрацавана гэтак званым колам каталёнскіх сацыялінгвістаў (Люіс Вісэнт Арасіл, Рафаэль Нінёліс)[83], а таксама францускімі сацыялінгвістамі з Манпэлье (Філіп Гардзі, Рабэр Ляфон)[84]. Гэта альтэрнатыўны і крытычны погляд на пытаньне моўных кантактаў з пэрыфэрыі, так бы мовіць. Дасьледнікі з рэгіёнаў змаргіналізаваных моваў (каталёнскай, аксытанскай) прапанавалі гістарычны аналіз і прызму адвечнага канфлікту паміж мовамі: дамінантнай і змаргіналізаванай, цэнтральнай і лякальнай, мовай і дыялектам, „вялікай" і „малой" мовай. То бок, любы моўны кантакт – гэта заўсёды канфлікт. Да ўсяго, дадзены аналіз падразумявае дыяхранічны і макрасацыялягічны падыход, канфлікт разглядаецца ўва ўсёй сукупнасьці і на працягу ўсёй вядомай гісторыі. Такі падыход дастаткова ідэалягічны, актывісцкі, але пры гэтым цалкам навуковы, унівэрсальны, бо ахоплівае гісторыю амаль усіх вядомых існавалых і існых моваў (у гісторыі кожная мова, нават гэтак званыя сяньня „вялікія мовы", разьвіваліся і разьвіваюцца ў канфлікце і канкурэнцыі да іншай ці іншых моваў). У сваёй працы я абапіраюся пераважна на першую і пятую вэрсіі тлумачэньня дыглёсіі. То бок, дыглёсія ў Беларусі ахоплівае як нутранае вымярэньне беларускай мовы (канфлікт на грэцкі манэр, апісаны Я. Псыхарысам, які закранае тарашкевіцу і наркамаўку), а таксама вонкавае вымярэньне, якое задзейнічвае беларускую і расейскую мовы, якія разьвіваюцца як суперніцы, канкурэнткі, у рэчышчы канфлікту – адна, як мова дамінаваньня (расейская), а другая, як мова маргінальная, у стане вынішчэньня ці яшчэ эрозіі (беларуская). Такім парадкам, размова ў цяперашнім беларускім выпадку йдзе пра складаную дубальтовую дыглёсію, якая ахоплівае два узусы беларускай мовы і дзьве мовы краіны.

---

[81] Дж. Фішман, *Не кидайце свою мову напризволяще*, Київ 2009, с. 97.
[82] H. Boyer, *Introduction..., op.cit.*, p. 50–52.
[83] Тамсама, с. 52–56.
[84] Тамсама, с. 56.

1.5 Навуковая навізна

Упершыню ў мовазнаўчым і сацыялінгвістычным полі Беларусі прадпрымаецца глябальная, шматвэктарная і міждысцыплінарная спроба сыстэматызацыі і пашырэньня веды аб фэмінізацыі мовы. Зьява фэмінізацыі назваў пасадаў разглядаецца ўпершыню, як праблема, пытаньне ня толькі і не перадусім моўнае, а як праблематыка пазамоўных ці зьнешнемоўных чыньнікаў.

Навізна ў задзейнічаньні такіх раней ігнараваных крыніцаў папаўненьня веды аб дадзенай зьяве, як эпісталярныя тэксты, мастацкая літаратура, мэмуары пісьменьнікаў, сучасныя этналягічныя экспэдыцыі (да старавераў Паўночнай Беларусі, у прыватнасьці), інтэрвію і экспэрымэнтгульня.

Фэмінізацыя назваў пасадаў не застаецца адзіным вузкім крытэрам моўнай гендарнай роўнасьці, а разглядаецца, аналізуецца нароўні з важнымі дадатковымі крытэрамі, як эпіцэны ці словы супольнага роду.

1.6 Тэарэтычнае значэньне

1. Падаецца першая глябальная, шматвэктарная і міждысцыплінарная спроба сыстэматызацыі і пашырэньня веды аб фэмінізацыі мовы.
2. Клясыфікуюцца падыходы ў пытаньні моўнай гендарнай роўнасьці ў беларускай мове.
3. Абагульняецца, рэканструюецца і абгрунтоўваецца сучасны стан фэмінізацыі назваў пасадаў.
4. Актуалізуецца і пашыраецца тэма эпіцэнаў, як другі пасьля фэмінізацыі назваў пасадаў важны элемэнт моўнай гендарнай роўнасьці.
5. Упершыню разглядаецца і тэарэтызуецца пытаньне маскулінізацыі пэўных нераспрацаваных агентываў. Бо гендарная моўная роўнасьць азначае ня толькі фэмінізацыю (хоць і перадусім), але і маскулінізацыю там, дзе гэта неабходна.

1.7 Практычнае значэньне

Створаны слоўнік фэмінітываў мае на мэце вырашыць, урэгуляваць праблему сымбалічнай, моўнай гендарнай няроўнасьці і прапанаваць носьбітам мовы поўны сьпіс агентываў-фэмінітываў, якія функцыянавалі ў старабеларускай мове, а таксама ў розных узусах сучаснай беларускай мовы. Такім парадкам, практычны бок дасьледаваньня мае на мэце стварыць своеасаблівы рэестар, слоўнік, каб слова было прапісанае і называла, азначала і рабіла рэальнай дзейнасьць кабетаў, якая дасюль часьцяком ігнаруецца і ня мае ў сілу перадусім пазамоўных чыньнікаў афіцыйнай назвы.

Дасьледаваньне, такім парадкам, можа стаць інструкцыяй, гідам для карыстальнікаў беларускай мовай, для журналістаў, гуманітараў, у тым ліку мовазнаўцаў, у сфэры больш поўнай і роўнай перадачы назваў прафэсіяў, званьняў у беларускай мове.

1.8 Апрабацыя вынікаў дасьледаваньня

1. Сэмінар *Мова і пол* па ініцыятыве Інстытуту нямецкіх дасьледаваньняў, Менск, 09.02.2008. Выступоўцы *Аб фэмінізацыі беларускай мовы* – лектары – Уладзіслаў Іваноў і Кляўс Ота Шнэльцэр.
2. Выступ на Першым міжнародным Кангрэсе дасьледнікаў Беларусі ў Коўне, кастрычнік 2011, выступ *Ад (нутры)моўных праблемаў да праблемаў мовы (глётапалітычны падыход да разуменьня моўнага разнагалосься ў Беларусі)*.
3. Прэзэнтацыя эсэ *Аб фэмінізацыі беларускай мовы* і дэбаты вакол тэмы фэмінітываў у беларускай і ўкраінскай мовах, Кіеў, 24.12.2012.
4. Прэзэнтацыя эсэ *Аб фэмінізацыі беларускай мовы* і дэбаты вакол тэмы фэмінітываў у беларускай мове, Вільня, 18.12.2012.
5. Прэзэнтацыя эсэ *Аб фэмінізацыі беларускай мовы* і дэбаты вакол тэмы фэмінітываў у беларускай мове, Менск, 27.12.2012.
6. Прэзэнтацыя эсэ *Аб фэмінізацыі беларускай мовы* і дэбаты вакол тэмы фэмінітываў у беларускай мове, Віцебск, 01.03.2013.
7. Вядзеньне курсу *Палітыка і гендар*, праграма палітолягаў, ЭГУ, сакавік–чэрвень 2015. У межах курсу праведзенае заданьне–гульня–экспэрымэнт *Фэмінізацыя і маскулінізацыя назваў прафэсыяў у сучаснай беларускай мове*.
8. Выступ на Шостым міжнародным Кангрэсе дасьледнікаў Беларусі ў Коўне, 7–9 кастрычніка 2016, выступ *Стварэньне гіду па фэмінізацыі беларускай мовы*.
9. Выступ на Міжнароднай навуковай канфэрэнцыі ў Варшаве *Польска-беларускія літаратурныя, моўныя і культурныя сувязі*, 1 сьнежня 2016, выступ *Аб фэмінізацыі Nomina agentis у беларускай і польскай мовах (сацыялінгвістычны аналіз)*.

1.9 Апублікаванасьць вынікаў дасьледаваньня

1. *Фемінізацыя nomina agentis беларускай мовы і праблема каланізацыі*, „Палітычная сфера” (ISSN 1819-3625), 16–17, 2011, с. 73–86.
2. *Аб фэмінізацыі беларускай мовы: фэмінізацыя nomina agentis і пэўных іншых катэгорыяў у сучаснай беларускай мове*, эсэ, belarusians.co.uk, Лестэр 2012, 99 с., ISBN 978-0-9567951-0-6.
3. *Ад (нутры)моўных праблемаў да праблемаў мовы (глётапалітычны падыход да разуменьня моўнага разнагалосься ў Беларусі*, Працоўныя матэрыялы, Першы міжнародны кангрэс дасьледнікаў Беларусі,

Том 1, 2011, Каўнас: Vytautas Magnus University Press, 2012, с. 268–272, ISBN 978-9955-12-803-8.

4. *Пра геній старабеларускай мовы*, „ARCHE”, 08.01.2014, http://news.arche.by/by/page/reviews/navuka-ahliady/13649.
5. *Гендар ці ўсё ж-такі род?*, „ARCHE”, 14.02.2013, http://news.arche.by/by/page/ideas/siaia-idei/10796.
6. *Маскулінная „Звязда”*, „ARCHE”, 11.02.2013, http://news.arche.by/by/page/ideas/hramadstva-idei/10744.
7. *Не пакідайце мову сваю без дагляду*, „ARCHE”, 04.01.2013, http://news.arche.by/by/page/reviews/gramadstva-ahliady/10366.
8. *Чалавек з запасной душой*, „ARCHE”, 21.12.2012, http://news.arche.by/by/page/works/natatki-tvory/10271.
9. *Беларуская дыяспарная мова і ейны досьвед супрацьстаяньня англіцызмам, русізмам ды іншым барбарызмам*, „ARCHE”, 13.12.2012, http://news.arche.by/by/page/ideas/cultura-idei/10208.
10. *Англіцызм, вось дзе вораг!*, „ARCHE”, 19.09.2012, http://news.arche.by/by/page/works/narysy-tvory/9352.
11. *Аб гэтак званых „эпіцэнах”*, „ARCHE”, 17.07.2012, http://news.arche.by/by/page/science/filialogia-navuka/8771.
12. *Прабуджаць мову з патрыярхатнага сну*, „ARCHE”, 21.11.2012, http://news.arche.by/by/page/talks/cultura-gutarki/9995.
13. *За дэкалянізацыю беларускай мовы*, „ARCHE”, 04.10.2010, http://news.arche.by/by/page/works/narysy-tvory/2928.
14. *Новыя дозы барбарызмаў у беларускай мове*, „ARCHE”, 27.03.2013, http://news.arche.by/by/page/ideas/cultura-idei/11182.
15. *Гід па фэмінізацыі беларускай мовы* (*Nomina agentis і некаторых іншых асабовых намінацыяў*), Вільня 2016, 144 с., ISBN 978-0-9567951-6-8.

1.10 Гіпотэзы

1. Фэмінізацыя *Nomina agentis* была ўласьцівая старабеларускай мове і застаецца ўласьцівай сучаснай беларускай мове, хоць, трэба прызнаць, усёй паўнаты зьява дасюль так і не атрымала праз няроўны сацыяльны статус жанчыны. Тым ня менш, у параўнаньні з суседнімі мовамі, перадусім расейскай і польскай, фэмінізацыя *Nomina agentis* у беларускай мове была больш пашыраная праз маргіналізаванасьць самой беларускай мовы і, як вынік, адсутнасьць моцнага кантролю з боку дзяржавы, уладных інстытуцыяў.
2. Пытаньне гендарнай моўнай роўнасьці, у прыватнасьці пытаньне фэмінізацыі назваў пасадаў разьвівалася ў Беларусі перадусім у мовазнаўчым рэчышчы, а не фэміністкім, грамадзкім ці палітычным. Трэба адзначыць, што фэмінісцкага дыскурсу па-беларуску доўгі час не існавала, нават сяньня інтарэсы беларускага фэмінізму хутчэй абыходзяць

беларускую мову, бо мясцовыя фэміністы і фэміністкі застаюцца пераважна расейска- і англадумнымі.

3. Досьвед старабеларускай мовы, цяперашніх дыялектаў і тарашкевіцы, і нават у пэўнай ступені наркамаўкі, сьведчыць аб тым, што рэсурс словатворнай фэмінізацыі актыўна задзейнічаны носьбітамі мовы, а таксама спэцыялістамі (мовазнаўчае кола, пісьменства перадусім). Тарашкевіца больш адкрытая фэмінізацыі назваў пасадаў, часьцей і актыўней задзейнічвае рэсурс фэмінізацыі мовы наагул, бо ў адрозьненьне ад наркамаўкі, якая зьведала і зьведвае моцны ўплыў расейскай мовы і думаньня, чэрпае ў дыялектах і дарэформных крыніцах, адкрытых фэмінізацыі *Nomina agentis*. Пры гэтым не зважаючы на разыходжаньні узусаў беларускай мовы ў пытаньні фэмінізацыі назваў пасадаў досьвед і практыка пісьменьнікаў і мовазнаўцаў, якія працавалі і працуюць на абодбух узусах, сьведчаць аб тэндэнцыі да фэмінізацыі. Тут адрозьненьні канстатуюцца ня толькі паміж наркамаўкай і тарашкевіцай, але наркамаўкай і расейскай мовай.
4. Ва ўмовах русіфікацыі і згубы моўнай кампэтэнцыі большай часткай насельніцтва адбываецца моўная эрозія, размываюцца межы паміж расейскай і беларускай мовамі (пашырэньне зьявы, вядомай, як трасянка). У выніку згубы моўнай кампэтэнцыі фэмінізацыя *Nomina agentis* пачынае ўспрымацца, як парушэньне, адхіленьне ад нормы, як зьява ўласьцівая гутарковаму стылю, а часам яна пачынаецца проста ігнаравацца. Носьбіты мовы ва ўмовах моўнай небясьпекі, сумненьня адмаўляюцца ад натуральнага рэсурсу і замяняюць яго нормай мовы-дамінанткі (расейскай). Прыклад фэмінізацыі назваў пасадаў у беларускай мове зьяўляецца лініяй разлому, лякмусавай паперай моўнага ўмяшаньня нормы расейскай мовы ў нормы беларускай.
5. Зрэшты, аналіз беларускай сытуацыі і параўнаньне з іншымі мовамі (украінскай, польскай, расейскай, летувіскай і францускай) выразна сьведчаць аб тым, што праблемы, перашкоды на шляху да фэмінізацыі і моўнай гендарнай роўнасьці наагул месьцяцца ня ў мове, ня ў моўных чыньніках, а ў чыньніках перадусім пазамоўных (палітычных, ідэалягічных). Калі мова адкрытая, гатовая фэмінізаваць *Nomina agentis*, то зачастую людзі (спэцыялісты-манапалісты веды, кампэтэнцыі) з пэўнымі кансэрватыўнымі ўстаноўкамі не гатовыя прыняць гэтага. Ва ўмовах русіфікацыі і адарванасьці беларускай мовы ад практыкі, ад рэальнага жыцьця, ужытку значны, багаты і досыць поўны рэсурс фэмінізацыі назваў пасадаў, зафіксаваны ў слоўніках як афіцыйных, так і альтэрнатыўных, не выкарыстоўваецца менавіта па ідэалягічна-палітычных прычынах.

1.11 Мэтадалягічная частка

1. **Мэтад экспрэс-апытанкі** *Пэрспэктывы фэмінізацыі мовы* (апытаньне спэцыялістаў мовы (пісьменства, перакладніцкае, рэдактарскае і мовазнаўчае кола). Экспрэс-апытанка – своеасаблівае сьціслае інтэрвію, навуковае дасьледаваньне з дапамогай вэрбальнай камунікацыі, якое дапамагае сабраць інфармацыю па вузкай тэме[85] – фэмінізацыі мовы. Мэта экспрэс-інтэрвію – перадусім выявіць праблемы і пэрспэктывы фэмінізацыі мовы ў вачох спэцыялістаў. Потым на аснове адказаў спраўдзіць ці адхіліць гіпотэзу/гіпотэзы дасьледаваньня. Дадзеная экспрэс-апытанка кола спэцыялістаў складалася з шасьці канкрэтных пытаньняў (гл. пытаньні і адказы ў дадатку 9). Мэта – даведацца хутка, але глыбока думку спэцыялістаў мовы наконт сучасных практыкаў фэмінізацыі і іх пэрспэктываў.

Кола спэцыялістаў складалася з розных спэцыялістаў: перакладнікі (3), мовазнаўцы (5), рэдактары (2), іншыя гуманітарныя навукоўцы (3), пісьменьнікі, паэты (3).

2. **Аналіз зьместу** (*кантэнт-аналіз*) з улікам фэмінізацыі мовы (газэты „Бацькаўшчына", „Беларус", „Беларускі Голас", „Звязда", „Настаўніцкая газета", „Наша Ніва", „Ніва", „Чырвоная Змена", часопісы „Баявая Ўскалось", „Работніца і Сялянка", „Чырвоная Беларусь" + аналіз зьместу навінаў на „Радыё Свабода"). Для аналізу зьместу былі выбраныя газэты і інтэрнэт-бачынкі, якія выходзілі як на тарашкевіцы, так і на наркамаўцы. Аналіз зьместу адбываўся наступным чынам: праглядваецца ўся газэта, выяўляюцца шыльды, у якіх фігуруюць жанчыны. У такім выпадку аналізуецца шапка артыкулу на прадмет фэмінізацыі, таксама аналізуецца ўвесь артыкул. У выніку фіксуюцца словы-маркеры, якія апісваюць і азначаюць кабетаў. Пры гэтым у некаторых выданьнях – „Звязда", „Чырвоная Беларусь" і „Чырвоная Змена" – аналізуюцца шматлікія фоты і іх подпісы. Падчас аналізу зьместу часопісу „Работніца і Сялянка" чытаўся і аналізаваўся ўвесь масыў артыкулаў. Вынікі аналізу зьместу газэтаў і часопісаў прэзэнтаваныя ў частках працы, прысьвечаных моўнаму дыскурсу аб фэмінізацыі мовы, а таксама ў частцы 3. Да ўсяго аналіз зьместу газэтаў значна ўзбагаціў слоўнік фэмінітываў.

3. **Параўнаўчы мэтад** (параўнаньне сытуацыі з фэмінізацыяй назваў пасадаў у блізкароднасных і чужароднасных мовах). Усяго ў працы ў параўнаньні задзейнічаны 6 моваў: беларуская, польская, украінская, расейская, а таксама француская і летувіская мовы. Мовы параўноўваліся на прадмет фэмінізацыі назваў пасадаў, таксама выяўляліся іншыя гендарныя аспэкты няроўнасьці, уласьцівыя той ці іншай мове. Перадусім параўноўваецца моўная палітыка гэтых краінаў у сфэры фэмінізацыі мовы, разглядаюцца асноўныя моўныя інстанцыі (палітычныя, спэцыялі-

[85] F. Dépelteau, *La démarche d'une recherche en sciences sociales*, De Boek, 2010, p. 314.

заваныя (напр. Акадэмія навук), літаратурныя, фэмінісцкія), якія ўплываюць на моўную палітыку і практыку, улічваецца наяўнасьць законаў ці дэкрэтаў, якія рэглямэнтуюць пытаньне. Да ўсяго ў параўнаньні сьцісла ўлічваецца гістарычная пэрспэктыва фэмінізацыі (ці гэта зьява новая, ці была вядомая раней). Зрэшты, параўноўваюцца сучасныя практыкі фэмінізацыі назваў пасадаў, у прыватнасьці такія назвы *Nomina agentis*, да якіх раней кабеты ня мелі доступу (канцлерка, акадэміня, маршалка, генэралка ці япіскапка). Прапануецца экспрэс-параўнаньне назваў пасадаў праз такі рэсурс, як Вікіпэдыя (у шасьці прыгаданых вышэй мовах).

Акрамя гэтага параўнаньне ахоплівае ня толькі розныя мовы, але два узусы беларускай мовы – наколькі адрозьніваецца фэмінізацыя мовы ў выданьнях наркамаўскіх („Звязда”, „Настаўніцкая газета”, „Наша Ніва” з 2009 году, „Ніва”, „Чырвоная Змена”, часопіс „Работніца і Сялянка”) ад выданьняў тарашкевічаўскіх („Бацькаўшчына”, „Баявая Ўскалось”, „Беларус”, „Беларускі Голас”, „Наша Ніва” да 2008 году). Таксама параўноўваецца зьмест адной газэты за розныя гады („Звязда” і „Наша Ніва”) і высьвятляецца, як зьмянілася практыка фэмінізацыі мовы ўнутры адной газэты з улікам зьменаў сацыяльна-палітычных, а таксама ў выніку пераходу на іншы правапіс.

Унутры параўнаўчага мэтаду было праведзена экспэрымэнтальнае параўнаньне з дапамогаю Вікіпэдыі – г.зв. **Вікіпэдыя-параўнаньне фэмінітываў**. Спэцыфіка гэтага кшталту параўнаньня палягае ў тым, што звычайна ў Вікіпэдыі прэзэнтаваныя апошнія, найбольш актуальныя, сьвежыя падыходы, лексычныя нормы. Таксама спэцыфікай Вікіпэдыі зьяўляецца тое, што там працуюць маладыя генэрацыі спэцыялістаў – адміністратары, стыль-рэдактарства і г.д. Таму гэтае параўнаньне дазваляе выявіць ня толькі актуальныя лексычныя, тэрміналягічныя напрацоўкі розных моваў, у прыватнасьці наяўнасьць і ўжытак фэмінітываў, але ў дадатак дазваляе выявіць, наколькі важны і актуальны рэсурс фэмінізацыі мовы для маладых, віртуальных носьбітаў мовы. У дадзеным параўнаньні былі выбраныя важныя жаночыя постаці розных культураў (Алаіза Ажэшка, Сымона дэ Бавуар, Даля Грыбаўскайце, Аляксандра Калантай, Эўфрасіньня Полацкая, Надзея Саўчанка, Леся Украінка, Цётка, Маргрыт Юрсёнар). Неабходна было сабраць фэмінітывы і маскулінітывы, з дапамогаю якіх апісваліся выбраныя кабеты ў Вікіпэдыі.

4. **Экспэрымэнт-гульня** ў словатворчасьць, у фэмінізацыю і маскулінізацыю мовы (**словатворны ці нэалягічны экспэрымэнт**). Падчас сэмінараў *Мова і гендар* (сакавік 2008, Менск), таксама ў межах курсу *Палітыка і гендар* (2014–2016 гады) удзельнікам, студэнцтву была прапанаваная гульня *Фэмінізацыя і маскулінізацыя мовы* (потым яна атрымала назоў *Пэрспэктывы фэмінізацыі мовы*). Умова гульні – валоданьне мовай, таму ў гульні бралі ўдзел беларускія студэнты, якія навучаліся ў розных ВНУ Беларусі, а таксама ў ЭГУ (Вільня) – усяго 55 чалавек. Удзельнікам былі прапанаваныя найбольш складаныя для фэмінізаваньня

словы: *акадэмік*, *багаслоў*, *гісторык*, *драматург*, *стаматоляг*, *стратэг*, *тэарэтык*, *філёзаф*, *хімік*, *чалец-карэспандэнт*, *этноляг*. Акрамя гэтага ўсім была прапанаваная адваротная гульня ў маскулінізацыю пэўных званьняў: *какетка*, *манікюрка*, *павітуха*, *пакаёўка*, *прачка*, *швачка*. Вынікі гульні, экспэрымэнту прэзэнтаваныя ў працы ў частцы 3.4. У слоўнік вынікі нэалягічнага экспэрымэнту не ўвайшлі, бо ў слоўніку пазначаныя словы вядомыя і ўжытыя без дапамогі нэалягізмаў.

5. **Мадэляваньне і гістарычная рэканструкцыя**: фармаваньне на аснове матэрыялу гістарычнай граматыкі, на аснове працаў гісторыкаў мовы словаў, мадэляў мажлівай фэмінізацыі і перанос здабыткаў мінулага ў сучасны кантэкст (напрыклад, выкарыстаньне шляхоў, мэханізмаў фэмінізацыі мовы ў мінулым – мадэль з распаўсюдам суфіксу *-іц-а* ці мадэль субстантываваных назоўнікаў тыпу *анархістая*, *арфістая* і пад., альбо выкарыстаньне словаў старабеларускай мовы і надацьцё ім сяньня новага, пашыранага значэньня (*рабаса* – раней жонка рабіна, цяпер сама рабінка, *ваяводзіна*(*я*) – раней жонка ваяводы, цяпер сама ваявода і пад.)). Дадзены мэтад, між іншым, выкарыстоўваецца ў гендарнай лінгвістыцы і на практыцы іншамоўных краінаў (Францыя, Польшча[86]).

6. **Складаньне слоўнікаў** (*Поўны слоўнік фэмінітываў беларускай мовы*, *Беларуска–французскі слоўнік*, *Слоўнік беларускай дыяспарнай мовы*). Прынцып фэмінізацыі мовы ў слоўнікатворнай працы. Перадусім уласна кажучы слоўнік фэмінітываў беларускай мовы, у які ўваходзяць усе вядомыя слоўнікавыя, а таксама аўтарскія фэмінітывы, даступныя як на тарашкевіцы, так і наркамаўцы. У іншай слоўнікатворнай дзейнасьці прынцып фэмінізацыі падразумявае актыўнае ўключэньне ў лексычны рэестар фэмінітываў побач з маскулінітывамі з мэтай узбагачэньня мовы, а таксама з мэтай сымбалічнай і моўнай роўнасьці.

---

[86] K. Kłosińska, *Język władzy. Kobieta wójt może też o sobie mówić wójtka, wójcina lub wójcini*, http://samorzad.pap.pl/depesze/redakcyjne.rozmaitosci/121868/JEZYK-WLADZY--Kobieta-wojt-moze-tez-o-sobie-mowic-wojtka--wojcina-lub-wojcini [доступ: 26.01.2017].

2 Асноўныя дыскурсы аб фэмінізацыі мовы

2.1 Мовазнаўчы дыскурс

2.1.1 Гістарычная граматыка

Як ужо ўзгадвалася вышэй, у гісторыі мовы дамінуюць два мовазнаўцы, якія дасьледавалі фэмінітывы-агентывы і жаночыя намінацыі наагул – гэта М. Паўленка і Я. Станкевіч. У пэўнай ступені тэмай займаўся такі дасьледнік, як М. Булахаў[87]. Акрамя гэтага каштоўнай крыніцай дасьледаваньня фэмінітываў у старабеларускай мове зьяўляецца *Гістарычны слоўнік беларускай мовы*[88], якія выдаецца з 1982 году па цяперашні час Інстытутам мовы і літаратуры пры Акадэміі навук. Для працы і падліку фэмінітываў у старабеларускай мове карысным стаўся двухтомны *Падручны гістарычны слоўнік субстантыўнай лексікі*[89], у якім налічваюцца 123 фэмінітывы[90], якія абазначаюць дзейнасьць, род занятку ці клясавую прыналежнасьць беларускі XIV–XVIII ст. Для прыкладу пералічым некаторыя найбольш цікавыя і павучальныя для беларусаў XXI ст.: *дакторка*, *зьвяздарка*, *зямянка*, *казнадзейка* (*прапаведніца*), *павеліцельніца*, *пасрэднічка*, *пасэсарка*, *патронка*, *правіцельніца*, *рыкуньня* (*даглядніца жывёлы*), *саверсьніца* (*дарадца*), *султанка*)[91] і г.д. Да ўсяго варта пазначыць такую новую і маладасьледаваную да сяньня крыніцу, як *Слоўнік Язэпа Ціхінскага*[92], у якім налічваюцца сотні фэмінітываў (больш за 600). Важнасьць гэтага слоўніка месьціцца ня толькі ў вялікай колькасьці фэмінітываў, але і ў пададзеных тлумачэньнях, што адразу здымае праблему інтэрпрэтацыі і додуму. Праца мовазнаўцы Я. Ціхінскага мае ня толькі гістарычную, але і вялікую лексычную, гендарную каштоўнасьць, у тым ліку ў актуальных дэбатах вакол аднагучча пэўных фэмінітываў (гл. частку 2.1.7. Праблемнае поле фэмінізацыі *Nomina agentis*: аднагучча, немілагучнасьць, насьмешлівасьць і зьневажальнасьць).

Манаграфія мовазнаўцы М. Паўленкі і ягоныя артыкулы (1978)[93] ўяўляюць сабою адзіны сучасны грунтоўны мовазнаўчы падыход, які

---

[87] М. Булахаў, *Аб словаўтварэнні скарынінскіх выданняў*, [у:] *450 год...*, тамсама, с. 315–344.

[88] *Гістарычны слоўнік беларускай мовы*, Беларуская навука, Мінск 1982–2016.

[89] *Падручны гістарычны слоўнік...*, тамсама.

[90] У. Гарбацкі, *Пра геній старабеларускай мовы*, 08.01.2014, http://news.arche.by/by/page/reviews/navuka-ahliady/13649 [доступ: 26.01.2017].

[91] Тамсама.

[92] Я. Ціхінскі, *Biełaruska–polska–rasijski sloŭnik...*, тамсама.

[93] М. Паўленка, *Нарысы па беларускаму...*, тамсама. Таксама М. Паўленка, *Жаночыя асабовыя намінацыі на -іца ў беларускай мове XIX – пачатку XX стст.*, „Беларукая мова”, 6, Мінск, 1978,

цалкам прысьвечаны пытаньню ўтварэньня і функцыянаваньня фэмінітываў. Гэтая праца рэвалюцыйная для сучаснасьці і замацаваньня фэмінісцкіх пазыцыяў у мове. Бадай, сам аўтар не падазраваў, што закладзе сур'ёзныя асновы для рэфармаваньня мовы ў пытаньні эгалітарызацыі і сацыяльнага карэктаваньня. Праўда, слабасьць фэмінісцкага руху ў Беларусі і малая цікавасьць мясцовага фэмінізму да беларускай мовы пакуль не дазваляюць напоўніцу ацаніць важнасьць, рэвалюцыйнасьць працы М. Паўленкі.

У кнізе М. Паўленка зьвяртаецца перадусім да найбольш актыўнага пэрыяду фармаваньня фэмінітываў у старабеларускай мове – XVI–XVII ст. Нашая мова не разьвівалася ізалявана, але ў повязі з мовамі суседнімі, таму многія фэмінітывы ў мове нашых продкаў, а таксама ўкраінцаў і расейцаў, падобныя: *княгиня*, *княжна*, *пасербица*, *царица* й г.д. Пры гэтым яна мела шэраг асаблівасьцяў: напрыклад, на ўласнабеларускай і польскай моўнай глебе сфармаваліся гэткія словы, як: *братанка*, *воеводиная*, *выволанка*, *господарина*, *корчмитка*, *папежничка*, *старостянка*, *шинкарка* ды іншыя. Таксама старабеларускай мове было ўласьціве (і, дарэчы, застаецца ўласьцівым па сяньня) досыць шырокае выкарыстаньне заходніх словаў (*абатиса*, *дьякониса*), абумоўленае геаграфічным і геапалітычным чыньнікамі. А таксама ў мове паўсталі словы лякальныя, уласьцівыя выключна беларускамоўнаму арэалу: *породеля*, *пороженица*, *рабаса* (жаночая форма да слова „рабін"[94]) ды іншыя.

Такім парадкам, зьява, якую мы называем фэмінізацыяй мовы, сустракалася ўжо ў сярэднявеччы і была натуральнай для нашай мовы. І, як заўважаў М. Паўленка, „не зважаючы на складанае ўзаемадзеяньне ў старабеларускай мове ў мясцовай моўнай стыхіяй"[95] усё сьведчыць аб тым, што граматычны жаночы род быў „функцыянальна раўнапраўным"[96] і актыўна задзейнічаным. Акрамя старабеларускага пэрыяду лінгвіст дасьледваў разьвіцьцё мовы і, у прыватнасьці фэмінізацыі мовы, у XIX – пачатку XX ст. Цікавыя назіраньні і высновы лінгвіста дапамагаюць зразумець пэўную блытаніну ў цяперашніх тэндэнцыях фэмінізацыі мовы. Так, дасьледнік выявіў расейскі сьлед суфіксу *-ш* у распаўсюдзе пэўных ненатуральных у беларускай мове фэмінітываў (*генеральша*, *губернатарша*). У старабеларускай мове зрэдчас трапляліся фэмінітывы на *-ша* (*канцлерша*, напрыклад)[97]. Але менавіта пад уплывам расейскай мовы ў XIX ст. суфікс *-ш* пачаў распаўсюджвацца і, які сяньня часта падаецца, як беларускі (*адвака(т)ша*, *дырэктарша*, *прэзыдэнша* і пад.).

с. 58–67; М. Паўленка, *Аднакарэнныя жаночыя Nomina agentis у старабеларускай мове*, „Беларуская лінгвістыка", 8, 1975, с. 3–9.

[94] Жонка рабіна, ня рабінка. На сучасным этапе разьвіцьця мовы можна было б увесьці гэтае слова і азначаць рабінку, галаварку жыдоўскай лібэральнай суполкі (заўвага–прапанова аўтара).

[95] М. Паўленка, *Аднакарэнныя жаночыя Nomina agentis...*, тамсама, с. 3.

[96] М. Паўленка, *Жаночыя асабовыя намінацыі на -ица...*, тамсама, с. 66.

[97] М. Паўленка, *Аднакарэнныя жаночыя Nomina agentis...*, тамсама, с. 5.

Мовазнаўца Ю. Бушлякоў трапна падкрэсьліў, што „формы тыпу гэнеральша, дырэктарша, міністэрша ці рокерша – нелітаратурныя”[98] і прыйшлі да нас з мовы расейскай.

Іншы важны момант, вылучаны лінгвістам, – гэта факт адрознага значэньня новаўтвораных фэмінітываў на аснове мужчынскіх адпаведнікаў (*алейнік–алейніца*, *спраўнік–спраўніца*, *палкоўнік–палкоўніца*, *кашнік–кашніца*)[99]. Дадзеная цікавая заўвага актуальная і важная ў XXI ст., бо падчас стварэньня новых словаў, фэмінітываў у прыватнасьці, варта ўлічваць адрознасьць значэньняў у гістарычнай пэрспэктыве, што не абавязкова прымушае адмаўляцца ад ідэі зьмены ці папаўненьня значэньняў: напрыклад, слова *рабаса* з старабеларускай мовы, якое азначала жонку рабіна. Сяньня можна зьмяніць і дапоўніць сэнс слова – рабаса можа быць сынонімам рабінкі. Тое ж датычыць і шматлікіх іншых словаў: *палкоўніца* – раней жонка палкоўніка, цяпер кабета ў чыне палкоўніка, *генэралка* – раней жонка генэрала, цяпер жанчына ў чыне генэрала. Дарэчы, падобная тэндэнцыя назіраецца ў іншых мовах, напрыклад, у францускай мове (générale – раней азначала генэраліху, цяпер азначае генэралку і г.д.)[100]. Падобная тэндэнцыя апошнім часам назіраецца і ў польскай мове, дзе лінгвісткі прапануюць пашырыць фэмінізацыю, у тым ліку коштам надацьця старым фэмінітывам новых значэньняў (напрыклад, *wójcina*, *sędzina*, *wojewodzina* і г.д.)[101].

Далей лінгвіст пазначыў, што ў старабеларускай мове даволі распаўсюджанымі былі жаночыя намінацыі на *-іц(а)* (*каралица*, *кармилица*, *ключница*, *нявольница*, *паплечница*, *работница*, *служебница*, *тонкапрадзица*, *цэсарыца*, *чалядница* і пад.)[102]. Але ў зьвязку з маргіналізацыяй мовы і выкідам яе з публічнай прасторы ў канцы XVII ст., стварэньне фэмінітываў на *-іц(а)* замарудзілася і сталася ў XIX – пачатку XX ст. малапрадуктыўным, хоць у беларускай мове XIX ст. і зьявіліся новыя словы *бабица*, *кумица*, *майстрыца*, *мамица*, *скамарыца*, *чалавица*, напрыклад[103]. У XX–XXI ст. словатворчасьць на *-іц(а)* стала зусім маргінальнай передусім у зьвязку з заняпадам беларускай мовы і адсутнасьцю рэальных беларускамоўных суполак і моўных агентаў, якія б маглі задзейнічаць дадзены рэсурс. Тым ня менш, гісторыя мовы і высновы

---

[98] Ю. Бушлякоў, *Жывая мова...*, тамсама, с. 84.

[99] М. Паўленка, *Жаночыя асабовыя намінацыі на -ица...*, тамсама, с. 63–64. *Алейнік* – ‘той, хто выціскае алей’, *алейніца* – ‘прадавачка алею’, *спраўнік* – ‘начальнік земскага суду’, *спраўніца* – ‘жонка спраўніка’, *кашнік* – ‘саўдзельнік’, *кашніца* – ‘сужыцелька, жонка’.

[100] *Femme, j'écris ton nom...* : *guide d'aide à la féminisation des noms de métiers, titres, grades et fonctions*, La documentation française, 1999, p. 89.

[101] A. Małocha-Krupa (red.), *Słownik nazw żeńskich polszczyzny*, Wrocław 2015; K. Kłosińska, *Język władzy... op. cit.* http://samorzad.pap.pl/depesze/redakcyjne.rozmaitosci/121868/JEZYK-WLADZY--Kobieta-wojt-moze-tez-o-sobie-mowic-wojtka--wojcina-lub-wojcini [доступ: 26.01.2017].

[102] М. Паўленка, *Жаночыя асабовыя намінацыі на -ица...*, тамсама, с. 58.

[103] Тамсама.

М. Паўленкі дэманструюць адну з наяўных мадэляў патэнцыйнай фэмінізацыі.

У падобным рэчышчы аб фэмінізацыі мовы ў старабеларускі пэрыяд разважаў дыяспарны мовазнаўца Я. Станкевіч, які даводзіў, што назвы пасадаў у старабеларускай мове часта падаваліся ў жаночай форме[104]. Акрамя вядомых формаў і словаў, апісаных М. Паўленкам, дыяспарны спэцыяліст трымаўся пурысцкай лініі і пазначаў, што ў сучаснай беларускай мове ня можа быць (расейскіх) суфіксаў *-чык/-чыца*, *-шчык/-шчыца*, а толькі *-нік/-ніца*, вядомыя з старабеларускай мовы[105]: *дагляднік–даглядніца* (а не даглядчык–даглядчыца), *перакладнік–перакладніца* (а не перакладчык–перакладчыца), *прашэньнік–прашэньніца* (а не прасільшчык–прасільшчыца) і пад. Насамрэч, мовазнаўца закрануў тут вельмі важнае пытаньне, актуальнае і балеснае для сучаснай тарашкевіцы: прыхільнікі тарашкевіцы падзяляюцца ў гэтым пытаньні, бо карыстальнікі тарашкевіцы старой генэрацыі амаль ніколі не выкарыстоўваюць суфіксы *-чык/-чыца*, *-шчык/-шчыца*, а восьноватарашкевічаўцы, прыйшоўшы да мовы праз наркамаўку, прынесьлі з сабою суфіксы *-чык/-чыца*, *-шчык/-шчыца.*

Зрэшты, яшчэ адзін варыянт фэмінізацыі некаторых званьняў і катэгорыяў быў актыўна агучаны Я. Станкевічам, які падахапіў вядомую ў першай палове XX ст. зьяву: утварэньне назоўнікаў накшталт прыметнікаў з суфіксамі *-істы*, *-істая*, напрыклад *анархісты*, *анархістая*, *драматысты*, *драматыстая*,[106] і г.д. З аднаго боку, як ужо заўважалася вышэй, гэта цудоўная магчымасьць разьвязаць гендарную няроўнасьць у мове. З другога боку, зразумела, вяртаньне гэтай мадэлі стварэньня словаў мае нэгатыўны аспэкт унясеньня дадатковае сумятні ў сучасны словатворчы працэс, а разам з тым – чарговы ўздым моўнага валюнтарызму. Але дзеля гістарычнай разнастайнасьці й паўнаты неабходна ўзгадаць гэтую мадэль і мець яе на ўвазе. Зрэшты, дадзеная мадэль, як вынік субстантывацыі, увасабляе, пачынаючы з пэрыяду старабеларускай мовы, яшчэ адну мадэль, паводле якой фармаваліся і працягваюць фармавацца жаночыя назвы пасадаў. Мовазнаўцы В Бекіш[107], В. Вайтовіч[108], М. Паўленка[109], Ю. Пацюпа[110] дасьледавалі зьяву субстантывацыі

[104] Я. Станкевіч, *Аб некаторых словах і хормах нашае мовы*, [у:] Я. Станкевіч, *Збор твораў у двух тамах*, Том 2, Энцыклапедыкс, Менск 2002, с. 153.

[105] Я. Станкевіч, *Падручнік крывіцкае (беларускае) мовы. Часьць I–III*, Рэгенсбург 1947, с. 58.

[106] Я. Станкевіч, *Асаблівасьці мовы вялікалітоўскае (беларускае) у назіраньнях Адама Варлыгі*, [у:] Я. Станкевіч, *Збор твораў...*, тамсама, с. 516.

[107] В. Бекіш, *Субстантываваныя прыметнікі ў ролі назваў асобы*, [у:] *Праблемы беларускай філалогіі: тэзісы дакладаў рэсп. канф., прысвечанай 50-годдзю БССР і КПБ*, БДУ, Мінск 1968, с. 14–42.

[108] В. Вайтовіч, *Марфолага-сінтаксічнае ўтварэнне канцылярска-справаводчай лексікі старабеларускай мовы*, http://elib.bsu.by/bitstream/123456789/27315/1/Вайтовіч-Марфолага-сінтаксічнае ўтварэнне-79-84.pdf [доступ: 26.01.2017].

[109] М. Паўленка, *Нарысы...*, тамсама.

прыметнікаў ў старабеларускай мове: *возны*, *гуменны*, *лаўнічы*, *лоўчы*, *лажнічы*, *падчашы*, *піўнічы*, *радны*, *скарбны* і пад[111]. Так, В. Бекіш пазначаў, што „ужыванне прыметнікаў у якасці асабовых назваў у старажытнай беларускай мове было прыкметна больш пашыраным, чым гэта назіраецца ў нашай сучаснай мове"[112]. Асабовыя намінацыі жаночага роду *-ов-ая* мелі ў старабеларускай мове агульнае значэньне 'жонка пэўнай асобы': *канцлеровая* (*канцелеровая*), *лекаровая*, *писаровая*[113]. Пазьней у XIX ст. пэўныя словы на *-ов-ая і* іншыя субстантываваныя формы, як пазначаў Я. Ціхінскі, ужо азначалі ня толькі жонку пэўнай асобы, а кабету, якая самастойна выконвала прафэсію, функцыю ці мела аўтаномнае званьне: *авангаліста* і *авангалістая*, *адзьверная*, *барановая*, *гардарабяна*, *думная*, *калянiстая*, *маршалковая* і пад[114]. У XXI ст. патэнцыял субстантывацыі, то бок не суфіксальнага спосабу словаўтварэньня і адначасова фэмінізацыі, а пераходу, напрыклад, прыметніка ў назоўнік (сучасныя прыклады) навідавоку, хоць і застаецца малапрадуктыўным: 'адказная асоба' – *адказная*, 'беспартыйная грамадзянка' – *беспартыйная*, 'беспрацоўная кабета' – *беспрацоўная*, 'вартавая кабета' – *вартавая*, 'дзяжурная кабета' – *дзяжурная*, 'клясная настаўніца' – *клясная*, 'працоўная жанчына' – *працоўная* і пад.

Асобна ў вывучэньні лексыкі старабеларускай мовы неабходна адзначыць працы супрацоўнікаў Інстытуту беларускай мовы Я. Коласа Акадэміі навук Беларусі. Дадзены інстытут цягам апошніх трыццаці гадоў выдае вынікі дасьледаваньняў і апісаньня лексыкі старабеларускай літаратурна-пісьмовай мовы XIV – сярэдзіны XVII ст. Акрамя *Гістарычнага слоўніку беларускай мовы*, які выходзіць з 1982 году, у 2014–2016 гадах супрацоўнікі Інстытуту выдалі фундамэнтальныя апісальна-аналітычныя працы па функцыянаваньні лексыкі старабеларускай мовы. Асобна ў працы дасьледнікі падаюць пласт фэмінітываў старабеларускай мовы. У адрозьненьне ад працаў і цьверджаньняў М. Паўленкі, аўтары працаў Інстытуту мовазнаўства не вылучаюць асобна прычынаў разьвіцьця ці, наадварот, неразьвіцьця фэмінітываў у пэўных сфэрах (рэлігійнай, напрыклад), аднак яны прапануюць дыфэрэнцыйны падзел фэмінітываў у лексыцы рэлігійнай пісьмовасьці, у лексыцы справаўніцкай (дзелавой) і ў лексыцы сьвецка-мастацкай пісьмовасьці, асобна падаюцца словатворы, у тым ліку фэмінітывы ў лексыцы Ф. Скарыны.

Перадусім аўтарамі вызначаюцца найбольш актыўныя варыянты фэмінізацыі ў старабеларускі пэрыяд. Як у працы М. Паўленкі, вылучаюцца тры найбольш актыўныя і прадуктыўныя мадэлі:

---

[110] Ю. Пацюпа, *Культура беларускай мовы*, http://old.belcollegium.org/lekcyji/litaratura/pacupa02.htm [доступ: 26.01.2017].

[111] Тамсама.

[112] В. Бекіш, *Субстантываваныя прыметнікі…*, тамсама, с. 14.

[113] В. Бекіш, *Субстантываваныя прыметнікі…*, тамсама, с. 14.

[114] Я. Ціхінскі, *Biełaruska–polska–rasijski słoŭnik…*, тамсама.

- *-иц(а)*, *-ниц(а)*: *подворница, постельница, прелюбодеица*;
- *-к(а)*: *родителька, сохранителька*;
- *-овн(а)*, *-ин(я)*, *-ь(я)*: *дядьковина, пророкиня, скакунья*[115].

Мовазнаўца А. Булыка, які напісаў частку кнігі пра лексыку выданьняў Ф. Скарыны, пазначыў, што першадрукар прадпрымаў сьмелыя спробы па фэмінізацыі тагачаснай мовы: яму належыць аўтарства такіх словатвораў, як *подворница* 'суседка', *постельница* 'пакаёўка', *предстоятельница* 'прадстаўніца', *святица* 'сьвятая', 'праведніца'[116].

Менш вядомыя за Скарыну беларусы XIV–XVII ст. таксама фэмінізавалі мову: у рэлігійнай і публічнай сфэрах знаходзім такія фэмінітывы, як: *бездеткиня, господариня, зачательница, испытница* (*судзьдзя*), *колемажница, королева, королевая, королица, красница, меншица, милосница, молебница, молодица, несчасница, облюбеница, отроковица, панна, певица, пестунья, питательница, полница* (*цнота*), *послушница, потаковница, родительница, рабыня, ротница, служебница, сорадница, сродница, старица, танечница, царица* і пад. У спраўніцкай сфэры лексыка фэмінізавалася значна менш, тым ня менш і ў гэтай сфэры заўважаюцца жаночыя найменьні: *аканомка, браыльья* (*пральля*), *гахвтарка* (*вшывальніца*), *каверница, ключница, муралька, садовничка, шынкарка* і г.д.

Аналіз старабеларускай мовы на прадмет фэмінізацыі дэманструе разнабежыцу ў фармаваньні фэмінітываў, варыятыўнасьць суфіксаў і лексэмаў, што сьведчыць аб няпростым, але тым ня менш, бязупынным працэсе фармаваньня жаночых *Nomina agentis* у старабеларускі пэрыяд.

У гістарычнай моўнай пэрспэктыве неабходна таксама спыніцца на разьвіцьці беларускай мовы канца XIX – пачатку XX ст. І тут за асноўную крыніцу прапаную ўзяць малавядомую, маладасьледаваную дасюль крыніцу, багатую, між іншым, на гендарны матэрыял (фэмінітывы, словы супольнага роду, дэталёвыя і важныя тлумачэньні лексыкі) – *Беларуска–польска–расейскі слоўнік* Язэпа Ціхінскага за 1906 год[117]. Слоўнік умяшчае больш за 600 фэмінітываў, каля 150 фэмінітываў-агентываў, іншыя жаночыя намінацыі, багатыя прыклады лексыкі і ейныя тлумачэньні, што дазваляе пазьбегчы ўласных інтэрпрэтацыяў і додумаў. Дадзены слоўнік дэманструе, як актыўна і разнастайна (культурна і гендарна), у шчыльнай повязі з эўрапейскай культурай і заходнімі тэндэнцыямі, разьвівалася мова ў досыць неспрыяльных умовах. Акрамя ўласна фэмінізацыі мовы іншым цікавым актуальным паказальнікам зьяўляюцца эпіцэны, якімі, паводле слоўніка, шырока карысталіся тагачасныя беларусы (падрабязьней пра эпіцэны наагул і эпіцэны Я. Ціхінскага гл. частку 2.1.8). Разуменьне гэтага этапу ў разьвіцьці мовы, а разам

---

[115] І.У. Будзько [і інш.], *Лексіка старабеларускай літаратурна-пісьмовай мовы XIV – сярэдзіны XVI ст.*, Беларуская навука, Мінск 2016, с. 334.
[116] Тамсама.
[117] Я. Ціхінскі, *Biełaruska–polska–rasijski sloŭnik…*, тамсама.

з гэтым беларускай думкі, дапамагае выразьней бачыць сцэнары і шляхі разьвіцьця мовы ў XX–XXI ст.

На сумежжы XIX–XX ст. у беларускай мове фэмінітывы актыўна фармаваліся як і цяпер з дапамогаю суфіксу *-к-а*: *адзьвернічка*, *аканомка*, *акушэрка*, *аматорка*, *амбітка*, *апатка* (*абатка*), *аратарка*, *ардынатка*, *арфянка*, *арфярка*, *асыстэнтка*, *атаманка*, *аўторка*, *дамаверка*, *кад'ютанка*, *пястунка* (*няня*) і пад. Таксама досыць прадуктыўным заставаўся суфікс *-іц-а*: *абмоўніца*, *авантурніца*, *атметніца*, *арандаўніца*, *брамніца*, *дойніца*, *законьніца*, *кляштарніца*, *мілосьніца*, *памоцніца*, *парадніца*, *правадніца*, *указьніца*, *цялесьніца* і пад. Але асобна варта пазначыць такую пашыраную мадэль фармаваньня фэмінітываў на *-ялька*, якая сяньня зьяўляецца хутчэй маргінальнай і вядомая цяпер у новым варыянце *-ел(ь)ка* (*карміцелька*, *збавіцелька*, *прыяцелька*). У слоўніку Язэпа Ціхінскага сустракаем больш за 100 фэмінітываў тыпу *-(ц)ялька*: *абараніцялька*, *абарчыцялька*, *абвініцялька*, *абдарыцялька*, *абразіцялька*, *абьясьніцялька*, *абывацялька*, *агласіцялька*, *аднасіцялька*, *аднавіцялька*, *адплаціцялька*, *аздаравіцялька*, *аздабіцялька*, *азнайміцялька*, *астрыцялька*, *асьвяціцялька*, *ахраніцялька*, *ачысьціцялька*, *данасіцялька*, *падушыцялька* і г.д.

Ёсьць у слоўніку вельмі цікавыя фэмінітывы, якія сяньня хоць і падаюцца ў афіцыйных слоўніках, але ніколі не ўжываюцца: *гетманка*, *дзельніца*, *камандзёрка* і *камандзірка*, *кампазытарка*, *каплянка*, *караліца*, *квяцярка*, *куратарка*, *кушнерка*, *лазебніца* і *лазеньніца*, *лекарка*, *манархіня*, *прафэсарка* і г.д.

Да ўсяго ў слоўніку Я. Ціхінскага прысутнічаюць фэмінітывы, якія нідзе больш не сустракаюцца ці выглядаюць нават сяньня, як занадта сьмелыя: *атаманка* 'камандзірка, праваднічка', *дажывотніца* 'тая, што мае права карыстацца чымсьці да скону', *друкарка* 'кабета, што кнігі друкуе', *кавалерка* 'кабета ардэнова, кабета, якая мае ордэн', *камандорка*, *камандэрка* 'тая, што камандуе', *капралка* 'кабета, якая службу капралаву спраўляе', *катоўка* 'акрутная кабета', *крытычка* 'крытыкеса', *лаўчыня* 'кабета, якая палюе', *мысьліцялька* 'тая, што ўмее добра і глыбока мысьліць', *палітыкантка* 'хітрая, разумная кабета', *прафэсарка* 'кабета, якая навучае', *прынцыпалка* 'начальніца, старшая', *спраўчыня* 'тая, што кіруе, справу вядзе', *сьлясарка* 'тая, што сьлясарствам трудзіцца і жонка сьлесара', *тытанка* 'асіліца' і г.д.

У слоўніку таксама шмат словаў, якія не фэмінізаваліся ў той час, аўтар пакідае толькі мужчынскія варыянты: *аброчнік*, *абувач*, *аграном*, *адкрывач*, *адлеўнік* (*адліўнік*), *адлятач*, *адміністратар*, *аглядач*, *акрабат*, *канцлер* і пад. Пры гэтым вельмі часта адсутнасьць жаночага варыянту запаўнялася ці дублявалася задзейнічаньнем у мове словаў супольнага роду, што часткова тлумачыць адсутнасьць пэўных фэмінітываў – і гэта яшчэ адна спэцыфіка тагачаснай беларускай мовы. Так, напрыклад, побач з лексэмамі *абмоўніца* і *абмоўнік* фігуруе *абмоўца*, побач з *абара-*

ніцяль і *абараніцялька – абаронца, адвадзіцяль – адводца, звадзіцяль – звадзіцялька – зводца, арандаўнік – арандаўніца – арандоўца*. А часта ў слоўніку паўстаюць агульныя словы, якія ахопліваюць і мужчынаў, і жанчынаў: *абразабойца, абразаборца, абразатворца, абразахвальца, аслаўца, апраўца, асьведца, дастаўца, джяржаўца, дзетазабойца, створца, творца* і пад.

Такім парадкам, словатворны працэс, у тым ліку ў плашчыні фэмінітываў, безупынку адбываўся ў беларускай мове XIX ст. Пазбаўленая статусу мовы яшчэ ў Рэчы Паспалітай у XVII стагодзьдзі (1696 год)[118], беларуская мова трапіла потым у 1795 годзе ў выніку апошняга падзелу Рэчы Паспалітай у зону ўплыву Расейскай імпэрыі. Тут беларуская мова была цалкам выключаная з публічнай прасторы; да ўсяго ў 1840 годзе царскім урадам была забароненая назва „Беларусь" (замест яе была навязаная назва „Северо-Западный край"), афіцыйная перапіска і мастацкая літаратура на беларускай мове былі таксама забароненыя да 1905 году. Зрэшты, у 1867 г. царскі ўрад забараніў друкаваньне кнігаў на беларускай мове[119]. Такім парадкам, беларуская мова існавала толькі ў побытавай, разьвівалася выключна ў гутарковай сфэры. Цікава, што нават у такіх неспрыяльных умовах, як дэманструюць аналіз *Слоўніка Я. Ціхінскага* і аналіз тагачаснай мастацкай літаратуры (напрыклад, творы Вайніслава Казіміра Сулімы-Савіч-Заблоцкага[120]), якая зьяўлялался пераважна па-польску, беларуская мова працягвала разьвівацца і рэагаваць на падзеі, і апісваць іх, у тым ліку статус і дзейнасьць беларусак і іншаземак.

З XIII па канец XIX ст. беларуская мова выпрацавала значны пласт лексыкі, якая апісвала званьні, статусы і пасады кабетаў. З кожным стагодзьдзем колькасьць фэмінітываў безупынку павялічвалася, бо паступова павялічвалася сацыяльна-эканамічная роля кабеты ў грамадзтве: так, у тэкстах старабеларускай пісьмовасьці XIII–XVII ст. ужо налічваецца каля 130 фэмінітываў-агентываў[121]. Пры гэтым у слоўніку Лаўрэнція Зызанія 1596 году мелася толькі 7 жаночых найменьняў[122]. На самым пачатку XX ст. у слоўніку Я. Ціхінскага налічвалася больш за 600 розных фэмінітываў, сярод якіх больш за 300 фэмінітываў-агентываў. У XX ст., якое часта апісваецца, як век жаночай эмансыпацыі, мова стварыла яшчэ

---

[118] А. Асіпчук, В. Маршэўская, А. Садоўская, *Беларуская мова. Прафесійная лексіка*, Гродна 2009, http://ebooks.grsu.by/bel_mova_pro_leks/lektsyya-2-gistarychnyya-etapy-farmiravannya-i-razvitstsya-belaruskaj-movy.htm [доступ: 26.01.2017].

[119] Тамсама.

[120] В.К. Суліма-Савіч-Заблоцкі, *Полацкая шляхта*, Мінск 2015, с.120, 130. У творы, напісаным папольску ў 1885 годзе, перакладзеным нядаўна на беларускую мову, у заўвагах перакладніцы пазначаныя шматлікія словы, ужытыя аўтарам па-беларуску, у тым ліку малавядомыя сяньня фэмінітывы: *бенефакторка* '*мэцэнатка*', *кавярка* '*кавярніца*', *наратарка, пасядзёлка* '*намесьніца гаспадара, купца, карчмара*' і іншыя (заўвага аўтара).

[121] *Падручны гістарычны слоўнік субстантыўнай лексікі*: у 2 т., склад.: І.У. Будзько [і інш.], пад рэд. А.М. Булыкі, Беларуская навука, Мінск 2013. [Т. 1. – 531 с.], [Т. 2. – 515 с.].

[122] *Гендер для медій*, за ред. М. Маєрчик, О. Плахотнік, Г. Ярманової, Критика, Київ 2013, с. 131.

большую колькасьць фэмінітываў. Працэс фэмінізацыі мовы працягваецца і ў XXI ст.: доступ кабетаў да раней выключна мужчынскіх пасадаў (*канцлер – канцлерка*, *прэзыдэнт – прэзыдэнтка*, *япіскап – япіскапка* і пад.) папаўняе лексычныя запасы мовы. На сяньня ў беларускіх слоўніках можна налічыць каля 3 000 фэмінітываў.

2.1.2 Клясычны правапіс альбо тарашкевіца

У сучасным мовазнаўчым дыскурсе можна вылучыць дзьве асноўныя плыні на прадмет фэмінізацыі мовы, зьвязаныя зь дзьвюма нормамі правапісу – клясычны правапіс („*тарашкевіца*”) і афіцыйны правапіс („*наркамаўка*”).

Першая плынь, што грунтуецца на г.зв. „тарашкевіцы” (далей проста тарашкевіца), асабліва ейнай сучаснай вэрсіі, апрацаванай журналістамі і мовазнаўцамі газэты „Наша Ніва” да 2009 году, „ARCHE” і Радыё Свабода, якія прытрымліваюцца правілаў і нормаў дарэформнай мовы і дбаюць пра захаваньне клясычных эстэтычных нормаў мовы. Гэтая плынь, калі не рэвалюцыйная, то ўсё ж досыць радыкальная для беларусаў, выхаваных у савецкім духу. Яна фэмінізуе назвы пасадаў і прафэсіяў, бо абапіраецца перадусім на жывую мову і амаль цалкам ігнаруе расейскае калькаваньне. Прыгадайма граматыку Язэпа Лёсіка, у якой граматыст сьцьвярджаў што „беларуская мова ўсе свае лепшыя сокі чэрпае з мовы народных дыялектаў”, і што „беларуская літаратурная мова ня вельмі адышлася ад мовы народнае”[123]. Яшчэ адзін прадстаўнік гэтай плыні Ян Станкевіч спыняўся на пытаньні фэмінізацыі назоўнікаў, што абазначаюць пасаду, прафэсію ці тып заняткаў. Граматыст даводзіў пра натуральнасьць суфіксу *-іц-а* ў беларускай мове: *жыдзіца*, *караліца*, *нямчыца*, *французіца*, *цэсарыца*, *царыца*[124]. А некаторыя словы з суфіксам *-к-а* ён лічыць украінізмамі, напрыклад, *імпэратарка*[125]. Ягоныя прыклады з гістарычнай граматыкі надзвычай цікавыя і карысныя, але нельга пагадзіцца са сьцьвярджэньнем пра ўкраінскі ўплыў у распаўсюджваньні суфіксу *-к-а*: на поўначы Беларусі па сяньня люд гаворыць *царка* замест царыца, *імпэратарка* замест імпэратрыца і г.д. Наўрад ці там магчымы ўкраінскі ўплыў аж да Віцебшчыны; суфікс *-к-а* наагул уласьцівы беларускай мове. Таксама аб досыць прадуктыўным выкарыстаньні суфіксу *-іц-а*, *-ыц-а* ў старабеларускай мове сьведчаць шматлікія працы: *Старабеларускі лексікон* М. Прыгодзіча і Г. Цівановай[126], *Гіста-*

---

[123] Я. Лёсік, *Некаторыя ўвагі…*, тамсама, с. 92. Таксама Я. Лёсік, *Граматыка беларускае мовы. Фонэтыка*, факсімільнае выданьне, Народная Асвета, Мінск 1995, с. 122.

[124] Я. Станкевіч, *Аб некаторых словах і хормах нашае мовы*, [у:] Я. Станкевіч, *Збор твораў…*, тамсама, с. 153.

[125] Тамсама.

[126] М. Прыгодзіч, Г. Ціванова, *Старабеларускі лексікон*, Мінск 1997.

рычны слоўнік беларускай мовы[127], а таксама працы асобных лінгвістаў (М. Паўленка[128], М. Булахаў[129]). У рэчышчы гэтай самай плыні варта прыгадаць *Расейска–беларускі слоўнік* Янкі Купалы[130] 1923 году, у якім ёсьць трапныя прыклады фэмінізацыі пасадаў і званьняў, а таксама вельмі слушная прапанова па стварэньні гендарна-нэўтральных формаў назваў пэўных званьняў і пасадаў, якія абавязкова прыйдуцца даспадобы прыхільнікам палітычна-карэктнага ладу мысьленьня. Тут маюцца на ўвазе ўнівэрсальныя трапныя варыянты на аснове субстантывацыі: *драматысты*, *фантасты*, *фальклярысты*, *футурысты*, *энтузыясты* й г.д.[131]. Яны сустракаюцца, дарэчы, і ў творах некаторых беларускіх эстэтных пісьменьнікаў, напрыклад, Міхася Зарэцкага і Леапольда Родзевіча. Таксама ў некаторых эміграцыйных выданьнях („Бацькаўшчына", напрыклад) пасьляваеннага пэрыяду сустракаецца дадзеная форма. Гэта было і застаецца трапнай спробай вырашыць праблему немагчымасьці фэмінізацыі некаторых словаў з дапамогай сугучнай і прыгожай формы. Напрыклад, калі *драматург* актыўна ўжываецца ў мове, то *драматургіца* ці нават *жанчына-драматург* амаль ніколі, а вось пры дапамозе Купалавай прапановы *драматысты* можна сьмела фэмінізаваць назоўнік: *драматыстая*. Паводле гэтай лёгікі можна разьвязаць пытаньне аднабаковасьці слова фэмініст(ка), асабліва ў множным ліку яно дэманструе сваю прыдатнасьць: *фэміністыя*, што азначае адразу і жанчынаў і мужчынаў. Ян Станкевіч таксама ўводзіў падобную прапанову па пашырэньні ўжытку назоўнікаў, падобных да прыметнікаў: *арганісты*, *булавісты*, *гарманісты*, *каляністы шавіністы* й г.д.[132]. Граматысты прапаноўвалі варыянты: *анархістая*, *артыстая* замест *анархістка*, *артыстка*, якія лічылі штучнымі, а першыя – „асаблівасьцю мовы вялікалітоўскае"[133]. Тут, як і з Купалавай прапановай, трэба адзначыць трапнасьць і прагрэсіўнасьць у справе канструяваньня мовы разнастайнай, багатай і пры гэтым эгалітарысцкай. Заўважым, што ніводзін зь пералічаных граматыстых ці пісьменьнікаў не належаў да фэмінісцкіх колаў. У іх прапановах няма нічога спэцыфічна фэмінісцкага. Іх прапановы перадусім рацыянальныя, яны дбаюць не аб інтарэсах таго ці іншага полу ці руху, а пра інтарэсы й эстэтыку мовы наагул.

З пачатау 20-ых гадоў мінулага стагодзьдзя да рэформы-русіфікацыі мовы ў 1933 годзе грамадзтва БССР таксама функцыянавала на своеасаблівай тарашкевіцы-лёсаўцы. Аналіз тагачаснай прэсы (напрыклад, часопіс „Чырвоная Беларусь" за 1930–1933-ыя гады), а таксама дасьледа-

[127] *Гістарычны слоўнік беларускай мовы*, Беларуская навука, Мінск 1982–2016.
[128] М. Паўленка, *Нарысы…*, тамсама.
[129] М. Булахаў, *Аб словаўтварэнні скарынінскіх выданняў*, [у:] *450 год…*, тамсама.
[130] Я. Купала, *Поўны збор твораў* у 9 т., Т. 9, Кн. 1, Мінск 2003, с. 641–686.
[131] Тамсама.
[132] Я. Станкевіч, *Асаблівасьці мовы вялікалітоўскае (беларускае) у назіраньнях Адама Варлыгі*, [у:] Я. Станкевіч, *Збор твораў…*, тамсама, с. 516.
[133] Тамсама.

ваньне фэмінітываў 20-ых гадоў XX ст. у спартовай галіне, прадпрынятае мовазнаўцам У. Піскуном[134], сьведчаць аб надзвычай актыўнай і бурлівай словатворчасьці ў той час і аб сьмелай фэмінізацыі мовы ў прыватнасьці. Так, дасьледнік асаблівую ўвагу надаў сфэры спорту, дзе назіралася вельмі цікавая эвалюцыя разьвіцьця шэрагу жаночых асабовых намінацыяў (*чэмпіянэса* ад *чэмпіён*, *конніца* ў сэнсе *вершніца* ад *коннік* і пад.)[135]. Менавіта ў гэты час у мову ўвайшлі такія фэмінітывы, як *бягуньня*, *дынамаўка*, *дыскамятацельніца*, *кралістка*, *парашутыстка*, *прыгуньня*, *рэкардсмэнка*, *спартакаўка*, *шахматыстка*, *шашыстка* і іншыя. Мовазнавец прадэманстраваў, што ў даваенны пэрыяд беларуская мова досыць актыўна і сьмела дазваляла сабе фэмінізацыю назваў пасадаў, а пасьля вайны і асабліва пасьля вядомых русіфікатарскіх рэформаў пачала капіяваць у гэтым пытаньні расейскую мову. Так, спартовыя фэмінітывы 30-ых гадоў XX ст. кшталту *кавалерыстка*, *казачка*, *коньніца*, *пераможніца*, *чэмпіянэса* з-за сваёй „неўладкаванасьці" ў мове, у слоўніках, зьніклі ў 50-ыя гады.

У грамадзка-палітычным вымярэньні, а ня толькі спартовым, у мове міжваеннага пэрыяду, асабліва да 1933 году, эгалітарызацыя грамадзтва, мужчынаў і жанчынаў, абвешчаная прынамсі афіцыйна і не заўжды рэальная, спрыяла распаўсюду і актыўнаму ўжываньню фэмінітываў, якія яшчэ не патрапілі ў рэестар размоўнай мовы: *агітатарка*, *батрачка*, *вылучэнка-актывістка*, *доктарка*, *дэлегатка*, *загадчыца*, *інжынерка*, *калгасьніца*, *камунарка*, *лінатыпістка*, *матальшчыца*, *намесьніца*, *пралетарка*, *рабфакаўка*, *ткачыха*, *ударніца*, *швэйніца* і пад. Побач з гэтым ужо ўжываліся такія груваcткія канструкцыі, як *жанчына-работніца*, *жанчына-токар*, *жанчына-шофэр*, *калгасьнціа-лесасек*, *рулявы-калгасьніца*, *ударніца-токар* і пад. У гэты пэрыяд з расейскай мовы пачалі пранікаць словы з суфіксам *-шчык/-чык*: *велагоншчыца*, напрыклад. Пасьля Другой сусьветнай вайны суфікс *-шчык/-чык*, якія ня быў засвоены словатворчай сыстэмай старабеларускай мовы і які толькі зрэдчас сустракаўся ў беларускай мове XIX ст., як сьведчыць, напрыклад, слоўнік Я. Ціхінскага, быў актыўна прыўнесены ў беларускую мову (а таксама ва ўкраінскую) з расейскай мовы[136].

Сучасныя пасьлядоўнікі тарашкевіцы таксама раяць ставіць у жаночы род назоўнікі, што абазначаюць прафэсію, пасаду ці род заняткаў, калі іх займае жанчына. У самой рэдакцыі газэты „Наша Ніва" працуюць сакратаркі, карэктаркі, асыстэнткі. І калі асьвятляюць падзеі, яны актыўна фэмінізуюць мову: *кампазытарка*, *прэзыдэнтка*, *скульптарка* й г.д. Праўда, зрэдчас і гэтая шаноўная газэта дазваляе сабе непасьлядоўнасьці: у тэксьце пра Пятрушку Шустраву, чэскую дысідэнт-

---

[134] В. Пискун, *Женские личные номинации…*, тамсама.
[135] Тамсама.
[136] Н. Горбачик, *Название лиц по ремеслу и профессии в белорусском языке*, автореферат, Минск 1993, с. 22.

ку, рэдакцыя чамусьці не фэмінізавала адну пасаду – *віцэ-міністар*, тады як вышэй пералічыла наступнае: *публіцыстка*, *рэдактарка*, *падпісантка*. Наагул варта зазначыць, што рэдакцыя „Нашай Нівы", хоць і станоўча ставіцца да фэмінізацыі назоваў прафэсіяў, не заўсёды прынцыпова прытрымліваецца адной лініі ў гэтым пытаньні. Некаторыя журналісты заўсёды фэмінізуюць словы, некаторыя робяць гэта непасьлядоўна. Цікава, назвы, што тычацца гуманітарнай сфэры і сфэраў, у якіх жанчыны маюць вагу, лёгка фэмінізуюцца і не выклікаюць праблемаў: *адвакатка*, *архівістка*, *асьпірантка*, *выдаўніца*, *вэтэранка*, *дасьледчыца-беларусістка*, *дацэнтка*, *журналістка*, *закладніца*, *кандыдатка*, *кіраўніца*, *лідэрка*, *лінгвістка*, *літаратарка*, *ляўрэатка*, *мадэлька*, *майстарка спорту*, *міністарка*, *мэнэджарка*, *паўстанка*, *праваадніца*, *прафсаюзьніца*, *прафэсарка*, *рызыкантка*, *рэдактарка*, *рэжысёрка*, *рэпартэрка*, *сакратарка ЦК* *стажэрка*, *судырэктарка*, *фотамастачка*, *фундатарка*, *фэльчарка*, *шагідка* і г.д. Значна цяжэй журналістам фэмінізаваць назвы пасадаў палітычнага вымярэньня, улады і сымбалічнай значнасьці. Гэтак, напрыклад, у „Нашай Ніве" Ангела Мэркель амаль заўжды застаецца фэдэральным канцлерам ці нават „першай жанчынай-канцлерам", і „эфэктыўным палітыкам", а Ірына Дубянецкая – „доктарам тэалёгіі". Пры гэтым Ірына Шаблоўская – „доктарка філялягічных навук", Натальля Пяткевіч – „намесьнік кіраўніцтва Адміністрацыі прэзыдэнта", а Юлія Цімашэнка – „прэм'ер Украіны", у той час як Ганна Сухоцка ў Польшчы была ўсё жткі „прэм'еркай". Наагул варта пазначыць нешчасьлівасьць слова *намесьніца*, якое хоць і зафіксавана ў слоўніках беларускай мовы, але ўсяляк пазьбягаецца ў газэтах Беларусі.

У тарашкевіцы асноўныя цяжкасьці паўстаўюць, калі размова заходзіць аб генэтыках, пэдагогах, хіміках і палітолягах. Тут нават нашаніўцы ў тарашкевіцкі пэрыяд існаваньня не адважыліся экспэрымэнтаваць, ці хаця б зьвярнуцца да мовы дыялектнае. Таму спадарыні Навумава і Бугрова засталіся „палітолягамі" ці „жанчынамі-палітолягамі" і „кандыдатамі філязофскіх навук". Калі праблема паўстае са словам *кандыдатка навук*, то яшчэ складаней уявіць сабе змаганьне за словы акадэміца ці чаліца-карэспандэнтка, альбо *чалец-карэспандэнтка*. Многія жанчыны абураюцца, калі фэмінізуюць назвы іх прафэсіяў: вучоныя кабеты жадаюць быць проста „хімікамі", „палітолягамі" ці „філёзафамі". Збольшага, беларускія навукоўцы – расейскамоўныя людзі, таму іх насьцярожвае суфікс *-к* + канчатак *-а*.

Асобна варта пазначыць і прааналізаваць тарашкевічаўскую спадчыну дыяспары ў мінулым і цяпер на прадмет фэмінізацыі мовы. Тут хаваецца багаты, дасюль маладасьледаваны матэрыял, у якім актыўна задзейнічаны рэсурс фэмінізацыі. У паваеннай дыяспарнай беларускай мове – тарашкевіцы – на прыкладзе мастацкіх, эпісталярных твораў дыяспарнікаў, прэсы (газэты „Беларус" і „Беларускі голас" за 1969–1980 гады), а яшчэ на аснове двух цэнтральных слоўнікаў – *Ангельска–бела-*

рускі слоўнік Валентыны Пашкевіч і *Вялікалітоўска–расійскі слоўнік* Яна Станкевіча – бачна прынцыповае адрозьненьне ад мовы БССР у пытаньні фэмінізаваньня назваў пасадаў. Для разуменьня дыяспарнай спэцыфікі варта, канечне, адразу адкінуць чыньнік расейскай мовы: мова ўсходняй суседкі ніяк ці мінімальна ўплывала на разьвіцьцё і выпрацоўку нормаў і правілаў беларускай мовы дыяспары. У аналізе зьместу пералічаных крыніцаў вылучаліся ўсе фэмінітывы з назваў артыкулаў, стужак навінаў, рэклямы. У аналізе слоўнікаў фэмінітывы-агентывы вылучаліся з асноўных лексычных картак. У аналізе мастацкіх і эпісталярных твораў выкарыстоўвалася паглыбленнае поўнае чытаньне ўсяго тэксту. У выніку аналізу быў складзены слоўнічак фэмінітываў, якія прынцыпова адрозьніваюцца ад таго, што мы знаходзім у беларускай мове Беларусі: словы альбо прынцыпова новыя (*аграномная* (*аграномка*), *ад'ютантка*, *аўтавадатайка*, *балельніца*, *балетніца* (*балерына*), *баяўніца*, *вызвольніца*, *выканаўчыня*, *выкладоўка*, *галаварка* (*лідарка*), *дырыгентка*, *забароньніца* (*дысідэнтка*), *закладніца* (*сястрынства*), *золатамэдалістка*, *ірцярка*, *йгрыца*, *камэнтатарка*, *кансэрватка* (*кансэрватарка*), *нашаніўчанка*, *падтрымоўніца*, *палітвязьнярка*, *пасолка*, *прадстаўнічка*, *прадусарка*, *рэпартэрка*, *рэпрэзэнтантка*, *собсьніца*, *спадужніца*, *фармарка*[137]) ці забытыя старыя для мэтрапольнай мовы (*агентка*, *гаспадніца*, *красьлярка*, *мэдычка*, *юньёрка*), альбо актыўна задзейнічаныя варыянты слоў, якія ў Беларусі падаюцца хіба ў слоўніках, але амаль не ўжываюцца (*аграномка*, *аратарка*, *губэрнатарка дзяячка*, *дэкаратарка*, *кампазытарка*, *касманаўтка*, *кіраўнічка*, *паэтка* (*а не паэтэса, як гэта было ў БССР*), *навукоўка*, *намесьніца*, *пэйзажыстка*, *рэдактарка*). Цікавы лексычны, багаты на фэмінітывы матэрыял пакінула Зора Кіпель, актыўная дыяспарніца другой паловы XX – пачатку XXI ст. (напрыклад, *боска*, *кіраўнічка*, *навукоўка*, *нашчадніца*, *рэдактарка*, *сцю*(*в*)*ардэса*, *фрызерка* (*фрызёрка*))[138]. Іншая вядомая беларуска – Зоська Верас – якая заставалася адданай прыхільніцай тарашкевіцы, таксама не цуралася фэмінізацыі мовы, якую лічыла зьявай натуральнай: *апякунка*, *аўтарка*, *інструктарка*, *карэктарка*, *паэтка*, *нашаніўка* і пад[139].

На сяньня колькасьць распаўсюднікаў беларускай мовы ў тарашкевічаўскім варыянце істотна паменьшала ў выніку моўнай палітыкі Менску, скіраванай нібыта на кансалідацыю мовы – маецца на ўвазе прыняцце ўдакладнёных нормаў беларускай мовы 2008 году. Насамрэч, колькасьць зьменшаных тарашкевічаўцаў у Беларусі зьвязаная яшчэ і з рызыкай штрафу, якім абкладваецца ўстанова, структура, якая працуе на альтэрнатыўнай беларускай мове. Ва ўмовах аўтарытарнай культуры і

[137] У. Гарбацкі, *Беларуская дыяспарная мова…*, тамсама, http://news.arche.by/by/page/ideas/cultura-idei/10208 [доступ: 26.01.2017].
[138] У. Гарбацкі, *Мова жыцця…*, тамсама, http://novychas.by/poviaz/mova-zyccja-zory-kipel [доступ: 26.01.2017].
[139] З. Верас, *Я помню…*, тамсама. Таксама З. Верас, *Выбранае…*, тамсама.

адсутнасьці рэальнага плюралізму моўны закон стаўся своеасаблівым прымусам і вырашэньнем зацягнулай „моўнай дэмакратыі” ў краіне. На тле заняпаду клясычнай прэсы ў беларускамоўнай прасторы (і нават не ў самой Беларусі) застаюцца некалькі моцных моўных агентаў, досыць папулярных структураў, якія вяшчаюць, прадукуюць сучасную тарашкевіцу – „Радыё Свабода” і Беларуская служба Польскага радыё. Таму аналіз фэмінізацыі сучаснай тарашкевіцы – гэта перадусім аналіз мовы праграмаў, артыкулаў і кнігаў, якія выдае „Радыё Свабода”, а таксама аналіз навінаў, праграмаў, прапанаваных Беларускай службай Польскага радыё. Экспрэс-аналіз і параўнаньне фэмінітываў, якія прапануюць „Радыё Свабода” і Польскае радыё, і іншыя беларускамоўныя крыніцы („Звязда”, „Наша Ніва”, беларускамоўная Вікіпэдыя, напрыклад) дэманструе, што ў беларускамоўным полі застаюцца толькі два агенты, якія актыўна і прынцыпова фэмінізуюць бальшыню назваў пасадаў і званьняў – „Радыё Свабода” і Беларуская служба Польскага радыё. Так, для экспрэс-аналізу была выбраная навіна, прысьвечаная вызваленьню Надзеі Саўчанкі – ніжэй вашай увазе прапануецца выразная табліца фэмінізацыі ці нефэмінізацыі званьняў украінскай лётніцы.

Травень–чэрвень 2016 году

Радыё Свабода	Беларуская служба Польскага радыё	Наша Ніва	Звязда	Вікіпэдыя-тарашкевіца	Вікіпедыя-наркамаўка
Вайскоўка, дэпутатка, лётчыца, гераіня, ваеннапалонная, Герой Украіны	Афіцэр, дэпутат/ дэпутатка, лётчыца, пілётка, Герой Украіны	Лётчыца, Дэпутат	Штурман верталёта	Вайсковец, штурманка-апэратар, капітан, Герой Украіны	Вайсковец, штурман-аператар, капітан, Герой Украіны

Аналіз праграмаў Беларускай службы Польскага радыё на прадмет фэмінізацыі мовы за 2016 год вядзе да вельмі аптымістычных высноваў што да гендарачульлівай і крэатыўнай перадачы рэчаіснасьці і актыўнага, а яшчэ сьмелага задзейнічаньня фэмінітываў: *пілётка Саўчанка*, тут Беларуская служба Польскага радыё – адзіная інстанцыя, якая ўжывае падзабыты фэмінітыў[140]. Таксама сьмялей за іншыя тарашкевічаўскія інстанцыі Беларуская служба Польскага радыё фэмінізуе такія пасады, як *кіраўнічка краіны* (*ўраду*), *прэзыдэнтка*, *сэнатарка*, *канцлерка*. Пры

[140] *Надзея Саўчанка заўтра адновіць галадоўку*, Беларуская служба Польскага радыё, 5.04.2016, http://www.radyjo.net/4/90/Artykul/247433,Надзея-Саўчанка-заўтра-адновіць-галадоўку [доступ: 26. 01.2017].

гэтым фэмінізацыі не паддаюцца такія пасады, як *прэм'ер-міністар*, *міністар* і *япіскап*, а апісаньне канцлеркі А. Меркель некаторымі журналістамі падаецца сьмела (*канцлерка*), а некаторымі стрымана (*канцлер*). Тое самае заўважаецца ў дачыненьні да прэзыдэнцкай пасады: Даля Грыбаўскайце часам апісваецца як *прэзыдэнт*, радзей *прэзыдэнтка*. Акрамя ўласна актыўнага фэмінізаваньня назваў пасадаў Беларуская служба Польскага радыё разьмяшчае матэрыялы на тэму фэмінізацыі мовы ў Польшчы[141], а таксама ў Беларусі[142].

Аналіз праграмаў Радыё Свабода за адпаведны пэрыяд (2016 год) на прадмет фэмінізацыі мовы можна падсумаваць наступным парадкам: як і Беларуская служба Польскага радыё, Радыё Свабода актыўна фэмінізуе назвы пасадаў. Так, пасады *прэзыдэнтка*, *міністарка* і *канцлерка* цалкам фэмінізуюцца. Асьцярожнасьць журналістаў Радыё Свабода праяўляецца ў выпадку з такой пасадай, як *прэм'ер-міністарка*, якая ніколі не фэмінізуецца на Радыё. Пры гэтым, паўтаруся, пасада *міністаркі* не выклікае сумневу, хістаньня. У адрозьненьне ад Польскага радые (Беларускай службы), Радыё Свабода не выкарыстоўвае фэмінітыва *пілётка* ў значэньні *лётніца*. З улікам рэдкіх, агучаных выключэньняў, абедзьве інстанцыі належаць да крэатыўных і прынцыповых фэмінізатарак мовы.

Іншыя сучасныя моўныя інстанцыі, якія традыцыйна працуюць на тарашкевіцы, таксама месьцяцца па-за межамі Беларусі – гэта дыяспарныя Інтэрнэт- і папяровыя выданьні (Інтэрнэт-бачынкі кшталту „Беларус"[143] і „Беларусы Вялікабрытаніі"[144]). Віртуалізацыя прэсы, а таксама істотнае зьмяненьне паводзінаў новых генэрацыяў, што да атрыманьня ведаў і інфармацыі, а таксама няведаньне тарашкевіцы і веданьне толькі школьнай беларускай мовы, а часта расейскамоўнасьць і расейскадумнасьць новых дыяспарнікаў, абумоўліваюць пераход гэтых традыцыйна тарашкевіцкіх інстанцыяў на наркамаўку ці прынамсі мяшаны наркамаўскі і тарашкевіцкі фармат.

2.1.3 Афіцыйны правапіс альбо наркамаўка

Другая плынь – наркамаўка, альбо сучасны афіцыйны правапіс. У гэтай форме беларуская мова нясе на сабе асаблівы цяжар стагодзьдзяў русіфікацыі і яна мала чым адрозьніваецца ад мовы расейскай у афіцыйным выкарыстаньні роду назоўнікаў, што азначаюць назвы прафэсіяў і званьняў. Так, напрыклад, у *Стылістыцы беларускай мовы* М. Цікоцкага знаходзім, што „у афіцыйна-дзелавым стылі звычайна ўжываецца толькі

[141] *Прэзыдэнт ці прэзыдэнтка?*, Беларуская служба Польскага радыё, 1.03.2012, http://www.radyjo.net/4/93/Artykul/91949, Прэзыдэнт-ці-прэзыдэнтка [доступ: 26.01.2017].
[142] *Фэмінізацыя мовы: заклік да дыскусіі*, Беларуская служба Польскага радыё, 21.12.2011, http://www.radyjo.net/4/91/Artykul/80938 [доступ: 26.01.2017].
[143] Гл. Інтэрнэт-бачынку выданьня: http://www.bielarus.org/.
[144] Гл. Інтэрнэт-бачынку дыяспарнай суполкі: https://belarusians.co.uk/.

форма мужчынскага роду, нават калі ёсьць адпаведная форма жаночага роду [...]. Формы жаночага роду з суфіксам *-ш*, *-к*, *-іц-а*, *-ыц-а*, *-ых-а* – уласьцівасьць размоўнага стылю"[145]. Пры гэтым граматыст заўважае, што апошнім часам вельмі распаўсюджанымі сталі формы жаночага роду назоўнікаў з суфіксам *-к*: *доктарка*, *кандуктарка*, *сакратарка*[146]. Хаця так было і раней, у тарашкевіцы, напрыклад. Верагодна, наркамаўка, спачатку адмовіўшыся ад пэўнай фэмінізацыі падчас русіфікацыі мовы ў 30-ыя і 50-ыя гады XX ст., пакрысе пачала вяртацца да нормаў, безь якіх не атрымлівалася абысьціся нават пад кантролем расейскай мовы. Тлумачэньне прыхільнікаў наркамаўкі, што многія назвы асобаў па прафэсіі, пасадзе, званьню, роду заняткаў і г.д. маюць форму мужчынскага роду нават тады, калі абазначаюць асобу жаночага роду, бо шматлікія прафэсіі й пасады былі раней недаступныя для жанчыны, недастатковае, каб апраўдаць выключную маскулінізацыю. Па-першае, мова – не застылы рэлікт, яна зьначваецца зь цягам часу, рэагуе на сацыяльныя зьмены, у тым ліку – у адносінах паміж мужчынамі й жанчынамі. Па-другое, калі абапірацца на жывую дыялектную мову, то фэмінізацыя назваў пасадаў і званьняў – не праблема для беларускай мовы.

Гісторыкі, стылісты мовы, а таксама пісьменьнікі пазначаюць, што і наркамаўцы, і тарашкевіцы натуральна ўласьцівая фэмінізацыя назваў пасадаў і званьняў. Так, сучасны мовазнаўца Павел Сьцяцко з Гарадзенскага ўнівэрсытэту, які рупіцца пра ўдасканаленьне беларускага правапісу і які не на баку ані тарашкевіцы, ані наркамаўкі, у працах па культуры мовы[147] падкрэсьлівае, што неабходна вярнуць забытую спадчыну – фэмінізацыю, бо суфікс *-к-а* не нясе адценьня гутарковасьці ці паніжэньня ў статусе, напр. *білецёрка*, *касірка*, *паэтка*, *сакратарка*[148]. То бок, калі фэмінізацыя ігнаруецца, мінімізуецца, то гэта супярэчыць эстэтыцы нашай мовы і сьведчыць пра штучны ідэалягічны ўплыў на моўныя працэсы, пра не зусім натуральныя запазычаньні з расейскай мовы, якая апошнім часам выконвае функцыі патранажу і мадэлі для пераймальня. Зрэшты, трэба разумець, што фэмінізацыя назваў пасадаў – зьява, якая абслугоўвае ня толькі беларускую рэчаіснасьць, але й сусьветную. Натуральна, мноства жаночых адпаведнікаў прафэсіяў і званьняў застаюцца незапатрабаваныя, недаступныя ў Беларусі (так, у Беларусі няма ані япіскапак, ані прэзыдэнткі краіны, ані яхцмэнак), але іх багата ў іншых краінах, і беларуская мова не павінна ізалявацца, але апісваць зьявы і фэномэны іншых культураў.

З аналізу пасьляваеннай прэсы БССР („ЛіМ", „Настаўніцкая газета", „Работніца і Сялянка", „Чырвоная Змена"), беларускамоўнай газэты Польшчы „Ніва", цяперашніх газэтаў („Звязда", „ЛіМ"), якія дру-

[145] М. Цікоцкі, *Стылістыка...*, тамсама, с. 153–154.
[146] Тамсама.
[147] П. Сцяцко, *Культура мовы...*, тамсама, с. 24.
[148] Тамсама.

куюцца наркамаўкай, а таксама з аналізу Тлумачальнага слоўніка[149] вынікае наступная выснова: фэмінітывы досыць актыўна прысутнічаюць як у слоўніку, так і ў газэтах. Тым ня менш, заўважаецца пэўная асымэтрычнасьць у іх выкарыстаньні: з-за ўплыву стылістычных нормаў расейскай мовы на наркамаўку і наагул выцясьненьня беларускай мовы з ужытку. У выніку чаго фэмінітывы вельмі часта так і застаюцца ў слоўніку, а ў газэтах часта падаюцца маскулінітывы (*дырэктар*, *намесьнік*, *токар*,) ці груваcткія канструкцыі кшталту *жанчына-касманаўт*, *жанчына-токар*, *жанчына-таксіст*. Да ўсяго ў такіх газэтах, як „Звязда", „ЛіМ", напрыклад, назіраўся „фэмінітыўны бум": ужываньне фэмінітываў павялічвалася ці актывізавалася ў 90-ых гадах мінулага стагодзьдзя, у гэтак званы пэрыяд новага адраджэньня і, наадварот, памяншалася і памяншаецца ў пэрыяд 2010–2016. Тое ж датычыць і газэты „Наша Ніва", якая з пераходам у 2008 годзе на наркамаўскі стандарт значна мінімізавала колькасьць ужываных фэмінітываў (на прыкладзе агентываў *бібліятэкар*, *загадчык*, *інструктар*, *кіраўнік*, *намеснік*, *трэнер* асабліва выразна заўважаецца мінімізаваньне фэмінізацыі, бо раней любая газэта любым правапісам фэмінізавала гэтыя намінацыі). Але пры гэтым адзначым, што нават мінімальная фэмінізацыя цяперашняй беларускамоўнай прэсы адрозьніваецца ад таго, што адбываецца ў расейскай мове, як Беларусі так і Расеі. Так, збольшага захоўваюцца пакуль такія фэмінітывы, як: *аўтарка*, *дызайнэрка*, *лётчыца*, *перакладчыца*, *праграмістка*, *прызёрка*.

Параўнаўчы аналіз ужываных фэмінітываў у газэце „Звязда" за 1949, 1955, 1961, 1996 і 2016 (травень–чэрвень–ліпень за кожны год) раскрывае цікавую карціну: актыўная фэмінізацыя шматлікіх непрэстыжных прафэсіяў, якія вымагаюць ручной, фізычнай працы, і ўпартая нефэмінізацыя прэстыжных, уладных прафэсіяў (*агітатар*, *аграном*, *акадэмік*, *акушэр*, *арганізатар*, *аспірант*, *архітэктар*, *афіцэр*, *брыгадзір*, *важак* (*брыгады*, *калектыву*), *віцэ-прэзідэнт*, *вучоны*, *геадэзіст*, *генеральны сакратар*, *галоўны спецыяліст*, *герой працы*, *дацэнт*, *доктар*, *дырэктар*, *дэпутат*, *загадчык*, *інжынер*, *інструктар*, *інспектар*, *камандзір*, *кандыдат* (*навук і ў дэпутаты*), *кансультант*, *касманаўт*, *кіраўнік*, *лаўрэат*, *маркетолаг*, *менеджар*, *механік*, *міліцыянер*, *міністр*, *навуковы супрацоўнік*, *намеснік*, *начальнік*, *перадавік*, *прафесар*, *прэзідэнт*, *сіноптык*, *скульптар*, *старшынствуючы*, *трэнер*, *тэрапеўт*, *урач*, *фельчар*, *хірург*, *хлебароб*, *член* (*камісіі*, *партыі*), *шкіпер*, *шэф-повар*, *юрысткансульт* і пад.). З 1949 па 2016 год гэтыя намінацыі ніколі, за рэдкім выключэньнем (*аспірантка*, *вучоная* (адзін раз), *загадчыца*, *жанчына-касманаўт*, *намесніца*,), не фэмінізаваліся.

А вось сьпіс прафэсіяў і званьняў, якія заўсёды фэмінізуюцца ў газэце „Звязьдзе": *акушэрка*, *апаратчыца*, *арматуршчыца*, *артыстка*, *бранзіроўшчыца*, *выкладчыца*, *вышывальшчыца*, *вядучая*, *вязальшчыца*,

[149] *Тлумачальны слоўнік беларускай літаратурнай мовы*, Мінск 1996.

гімнастка, даярка, дзячка, дэлегатка, закройшчыца, заснавальніца, зборшчыца, звеннявая, здымальшчыца, калгасніца, камбайнерка, кецельшчыца, лабарантка, мантажніца, матарыстка, мастачка, машыністка, навучэнка, насадчыца, настаўніца, паліроўшчыца, парашутніца, перакладчыца, паэтэса (і рэдка *паэтка*), *паяльшчыца, прадаўшчыца, прадзільшчыца, прасаўшчыца, птушніца, пяцісотніца, размотчыца, рашэльшчыца, рэвальвершчыца, санітарка, сартавальшчыца, свінаркатысячніца, снавальшчыца, спартсменка, станочніца, стаханаўка, стрэлачніца, сушыльшчыца, сшывальшчыца, трактарыстка, тынкоўшчыца, тэкстыльшчыца, фангоўшчыца, фрэзероўшчыца, цялятніца, чэмпіёнка, шавянгоўшчыца, швачка, шпажыстка, шпульніца, штампоўшчыца, эмульсатаршчыца* і пад.

Зрэшты, варта пазначыць неадназначныя, супярэчныя моманты фэмінізацыі назваў пасадаў у газэце „Звязда": няма сумневу, пад уплывам расейскай мовы не фэмінізаваліся ў 50–60-ыя гады мінулага стагодзьдзя і не фэмінізуюцца сяньня такія лёгкафэмінізаваныя намінацыі, як *аграном, аўтар, бібліятэкар, загадчык, кансультант, касір, лабарант, намеснік, спэцыяліст, супрацоўнік*. Цікава, што досыць лёгка заўважаецца мяжа паміж фэмінізацыяй/маскулінізацыяй званьняў: калі размова йдзе аб простай лябарантцы, то падаецца фэмінітыў *лабарантка*, калі ж апісваецца галоўны ці старшы лябарант, то намінацыя адразу маскулінізуецца. Тое самае датычыць намінацыяў *бібліятэкар, загадчык, супрацоўнік*: *вясковая бібліятэкарка*, але *галоўны бібліятэкар, загадчыца ясляў* і *бібліятэкі*, але *загадчык эканамічнага аддзелу, старэйшы супрацоўнік* ці *супрацоўнік Інстытута, супрацоўніца музэя*, але *супрацоўнік аддзелу наргасу*. Спартовыя намінацыі досыць лёгка фэмінізаваліся ў беларускай мове XX ст., але і тут заўважаецца ўплыў расейскай мовы і трактаваньня прафэсіі, званьня праз прызму сымбалічнай уладнасьці, значнасьці: *гімнастка, чэмпіёнка, прызёрка, былая юнёрка*, але выключна *майстар спорту* і *трэнер зборнай БССР.*

Такім парадкам, надацьцё ўладнасьці і важнасьці званьню ці прафэсіі аўтаматычна разьвязвае пытаньне фэмінізацыі ў бок маскулінізацыі.

Акрамя „Звязды" былі прааналізаваныя іншыя „наркамаўскія" газэты – „Настаўніцкая газета" (1968–1969), „Чырвоная Змена" (1968–1969) і газэта „Ніва" (1956–1957), якая да сяньня выходзіць па-беларуску ў Польшчы. Глябальна сытуацыя не адрозьнівалася ад таго, што мы назіралі ў цэнтральнай „Звяздзе", якая задавала стылістычны ды граматычны тон іншым беларускамоўным выданьням, аднак пэўныя нюансы, адрозьненьні былі зафіксаваныя ў пералічаных газэтах. Так, польская „Ніва" сьмялей выкарыстоўвала такія фэмінітывы, як *агародніца, вучоная, выхавацельніца, дзяячка, загадчыца, знахарка, кліентка, лабарантка, намесніца, паэтка* (*а не паэтэса*), *прадаўніца* (*а не з расейшчыны варыянт прадаўшчыца*), *пяснярка, ткальля* (*а не ткачыха*). Таксама ў

„Ніве”назіраўся сьмелы ўжытак г.зв. эпіцэнаў – *пісьманосца*, *творца* і пад. Няма сумневу, пэўнай сьмеласьці газэце надавала знаходжаньне ў Польшчы, аддаленасьць ад уплыву расейскай мовы і большы ўплыў лексыкі беларускай мовы дарэформнага кшталту.

„Настаўніцкая газета” і „Чырвоная Змена” амаль цалкам упісваліся ў афіцыйнае рэчышча, за рэдкім выключэньнем (*аспірантка*, *загадчыца*, *касманаўтка*, *конніца*, *лётчыца*, *сандружынніца*, *сталаліцейніца*) не ўяўлялі сабою альтэрнатыўнай крыніцы фэмінізацыі мовы.

На сучасным этапе акрамя аналізу зьместу на выяўленьне фэмінітываў газэты „Звязда” ажыцьцяўляўся аналіз зьместу дзьвюх іншых наркамаўскіх выданьняў – „Наша Ніва” і „Новы час” (за травень–чэрвень–ліпень 2016 году). Так, „Новы час” фэмінізуе традыцыйна лёгкафэмінізаваныя намінацыі (*актывістка*, *журналістка*, *змагарака*, *карэспандэнтка*, *лекарка*, *літаратарка*, *паэтка*, *перакладчыца*, *пісьменьніца*, *прадпрымальніца*, *разведчыца*, *тэнісістка*) і не фэмінізуе ўладных прафэсіяў і званьняў, а таксама званьняў, якія традыцыйна складана фэмінізаваць (*вязень сумленьня*, *галоўны рэдактар*, *лідар*, *палітык*, *палітычны вязень*, *рэдактар*, *стыль-рэдактар*, *тэолаг*, *эколаг*).

„Наша Ніва” зь пераходам на наркамаўку, хоць і мінімізавала колькасьць фэмінітываў-агентываў і адышла ад практыкі экспэрымэнтаваньня і запуску новых агентываў, працягвае падаваць традыцыйныя жаночыя намінацыі (*аграномка*, *выхавацелька*, *доктарка*, *дыспетчарка*, *дэпутатка*, *загадчыца*, *касірка*, *лекарка*, *лётчыца*, *паэтка*, *прадстаўніца*, *сенатарка*, *тралейбусніца*, *трамвайшчыца* і пад.).

Яшчэ адна важная моўная інстанцыя, якая працуе на асучасьненай вэрсіі беларускай мовы, хутчэй наркамаўскага кшталту, наркамаўскага правапісу – часта вядомая, як *белсатаўка* – Белсат, адзіны беларускамоўны тэлеканал, які месьціцца і вяшчае з Польшчы[150]. Як і „Радыё Свабода”, Белсат функцыянуе па-за межамі Беларусі. Аналіз мовы, у прыватнасьці на прадмет фэмінізацыі назваў пасадаў у навінах і перакладах каналу, дэманструе актыўнае і часта наватарскае і сьмелае фэмінізаваньне (*адзверніца*, *бажэнніца*, *засядальніца*, *святарыня*, *спадужніца*, *страйкоўніца*, *танцаўніца* й пад.). Дадзеная практыка была мажлівая дзякуючы дзейнасьці таленавітага і, на жаль, заўчасна памерлага лінгвіста Зьмітра Саўкі. У працы *Моўны мануал*, напісанай сумысьля для супрацоўнікаў Белсату, мовазнаўца сьцісла і творча падаў парады па паляпшэньні мовы: перадусім адмовіўся ад штучных, запазычаных у мове расейскай, фіналяў *-чык*, *-шчык*. І прапанаваў уласнабеларускі суфікс *-нік*, *-ніца* (*перавозьнік* і *перавозьніца*, а не *перавозчык*, *перавозчыца*, напрыклад)[151].

---

150 Гл. бачынку каналу ў сеціве http://belsat.eu/.

151 З. Саўка, *Моўны мануал*..., тамсама, http://dobrapis.info/files/Manual.pdf (гл. с. 25) [доступ: 26.01.2017].

Рэзюмуючы, варта яшчэ раз падкрэсьліць, што адной з галоўных прычынаў маргіналізацыі фэмінітываў у беларускай мове афіцыйнага правапісу зьяўляецца дамінаваньне канону расейскай мовы, які зводзіць іх да вымярэньня размоўнага. Пры гэтым у афіцыйнай беларускай мове пад уплывам расейскай мовы былі выпрацаваныя пэўныя штучныя формы фэмінітываў, якія, сапраўды, маюць выключна „размоўную прапіску”: *прадаўшчыца*, *урачыха*, *устройшчыца*, і пад. А таму афіцыйнай беларускай мове не застаецца іншага выбару, як маскулінізоўваць назвы пасадаў, што выконваюць кабеты. Разьвязваньнем праблемы можа стацца шлях да рэабілітацыі рэпрэсаваных формаў і формаў, вядомых сучаснаму клясычнаму правапісу (*дакторка*, *куратарка*, *лекарка*, *міністарка*, *трэнэрка* і пад.). Але пакуль у межах кансэрватыўнага варыянту наркамаўкі рэабілітацыя і эстэтызацыя вымярэньня фэмінізацыі мовы не чакаецца.

2.1.4 Аб жаночых агентыўных намінацыях у беларускіх гаворках (дыялекталёгія)

Узгадаем, што бацькі таго, што мы сяньня ўмоўна і не зусім дакладна называем „тарашкевіцай”, заўсёды падкрэсьлівалі, што „беларуская мова ўсе свае лепшыя сокі чэрпае з мовы народных дыялектаў” і, што „беларуская літаратурная мова не вельмі адышлася ад мовы народнае”[152]. На працягу ўсяго канфлікту паміж прыхільнікамі тарашкевіцы і наркамаўкі першыя падкрэсьлівалі набліжанасьць іх мовы да размоўнай рэальнай мовы і, наадварот, крытыка ў бок наркамаўкі палягала ў тым, што гэта штучны з расейшчыны варыянт мовы (А. Бэмбэль[153], А. Варлыга[154], З. Верас[155], Л. Гарошка[156], У. Дубоўка[157], Я. Запруднік[158], А. Каўка[159], З. Кіпель[160], А. Лёсік[161], Я. Лёсік[162], А. Надсан[163], В. Пашкевіч[164], Я. Станкевіч[165] і многія іншыя). У пытаньні фэмінізацыі мовы, калі мы дапусьцілі і апісалі, што яна ўласьцівая беларускай мове, асабліва тарашкевіцы,

[152] Я. Лёсік, *Некаторыя ўвагі…*, тамсама, с. 92.
[153] А. Бембель, *Роднае слова і маральна-эстэтычны прагрэс*, Лёндан 1985.
[154] A. Varlyha, *Praktyčnyja nazirańni nad našaĭ žyvoj movaj*, New York 1966, s. 5–6.
[155] З. Верас, *Я помню…*, тамсама, с. 341.
[156] Л. Іскра, *Своеасаблівасьці беларускае мовы*, Парыж 1951.
[157] У. Дубоўка, *Лацінка ці кірыліца*, Менск 1929, с. 13.
[158] Я. Запруднік, *Гістарычныя і культурныя асновы беларускай нацыянальнай свядомасці*, „Спадчына”, 2, 1992.
[159] *Letter to a Russian friend*, London 1979.
[160] З. Кіпель, *Дні аднаго жыцьця…*, тамсама.
[161] А. Лёсік, *Беларускі правапіс*, Менск 1943, с. 5.
[162] Тамсама.
[163] *Інтэрвію з А. Надсанам*, *Айцец Аляксандр Надсан*: *„Мы ж не будзем карміць вашы ўлады!”*, http://news.tut.by/society/168227.html [доступ: 26.01.2017].
[164] В. Пашкевіч, *Беларуская мова – Fundamental Byelorussian*, Toronto 1974 (кніга 1).
[165] Я. Станкевіч, *Моўная палітыка бальшавікоў у Беларускай ССР*, [у:] Я. Станкевіч, *Збор твораў…*, тамсама, с. 193–194.

неабходна праверыць, наколькі яна шырока ўжывальная ў беларускіх гаворках, дыялектах, зь якіх, паўторым за клясыкам мовы: „яна чэрпае свае лепшыя сокі"[166]. Аналіз дыялектных слоўнікаў беларускай мовы[167] і ўласныя этналягічныя экспэдыцыі па Віцебшчыне (2002–2014) з мэтай дасьледаваньня мовы і тоеснасьці беларускіх стараавераў дазваляюць сьцьвярджаць наступнае: у дыялектах прысутнічае значны пласт фэмінітываў, у прастамоўі беларусы азначаюць кабетаў і фэмінізуюць іх званьні (*аграномка*, *аграномая*, *бібліятэкарка*, *бібліятэкарычка*, *бібліятэтчыца*, *брыгадірка*, *брыгадзірыха* ‘*ня толькі жонка брыгадзіра*, *але і брыгадзірка*’, *вучыцелька*, *вучыцельніца*, *візальніца*, *вязальніца*, *дакторка*, *дахтарыца*, *дохтарка*, *доктарка*, *касманаўтка* ‘*пра В. Церашкову*’ *камбайнерка*, *крамніца*, *лекарка*, *магазіньніца*, *магазіншчыца*, *міліцанэрка* (*міліцанерка*), *настаўнічка*, *настаўніца*, *паштавічка*, *паштарка*, *паштоўка*, *прадавачка*, *прадаўшчыца*, *прадаўшчыха*, *пральніца*, *пупарэзьніца*, *снаваха*, *сноўка*, *стагавальніца*, *стагарка*, *старшыніха* ‘*ня жонка старшыні*’, *а сама* ‘*кабета-старшыня калгасу*’, *токарка*, *трактарыстка*, *уборніца*, *урачка*, *урачыха*, *фэльчарка*, *фэльчарыца*, *фельчарка*, *фельчурка*, *шавальніца* і г.д.).

Цікава адзначыць, што словы з суфіксам *-шчыц-а*, актыўна задзейнічаным у наркамаўцы – часта перадаюцца у дыялектах праз *-ніц-а*: *вязальніца* (а не *вязальшчыца*), *расказьніца* (а не *расказчыца*), *вярстальніца* (а не *вярстальшчыца*) і г.д.[168]. Беларускія лінгвісты, якія дасьледуюць дыялекты, а таксама мову фальклёру, ужо зьвярталі ўвагу на адарванасьць мадэлі *-шчыц-а* ад жывой мовы (прыклады дыялектнай і фальклёрнай моваў: *мяшальніца і памяшальніца* (а не *мяшальшчыца* і *памяшальшчыца*), *пасыпальніца* (а не *пасыпальшчыца*), *разувальніца* (а не *разувальшчыца*), *пераплётніца* (а не *пераплётчыца*) і пад.[169]

Падчас этналягічных экспэдыцыяў па Віцебшчыне ў 2002–2006 гадох мне давялося неаднойчы пераканацца ў натуральнасьці фэмінізацыі назваў пасадаў і званьняў у жывой беларускай мове. Як ужо адзначалася вышэй, на размоўным узроўні праблемы амаль не паўстае: практычна ўсе словы, што абазначаюць род заняткаў, вядомы, даступны мясцовым жыхарам, маюць два варыянты, мужчынскі і жаночы. Напрыклад, падчас вандроўкі па паўднёвым ўсходзе Віцебшчыны сустрэліся такія

---

[166] Я. Лёсік, *Некаторыя ўвагі…*, тамсама, с. 92.

[167] Перадусім М. Касьпяровіч, *Віцебскі краёвы слоўнік*, Смаленск 2011; М. Шатэрнік, *Краёвы слоўнік Чэрвеншчыны*, Смаленск 2015; В. Добровольский, *Смоленский областной словарь*, Смоленск 1914; П. Сцяцко, *Народная лексіка*, Мінск 1972; П. Сцяцко, *Дыялектны слоўнік. З гаворак Зэльвеншчыны*, Мінск 1970; Р. Барадулін, *Вушацкі словазбор*, Мінск 2013; *Рэгіянальны слоўнік Віцебшчыны*, Віцебск 2012–2014.

[168] *Рэгіянальны слоўнік Віцебшчыны*, Віцебск 2012–2014, https://yadi.sk/i/jWazJUxue4Wiy [доступ: 26.01.2017]. Таксама гл. М. Касьпяровіч, *Віцебскі краёвы слоўнік*, Смаленск 2011.

[169] Л. Кузьміч, *Жаночыя намінацыі ў мове паэтычнага фальклору*, „Беларуская мова", 19, 1991, с. 36–40. Таксама Т. Юхо, *Словаўтваральныя варыянты назоўнікаў са значэньнем асобы жаночага полу ў сучаснай беларускай літаратурнай мове*, [у:] *Пытанні беларускага*…тамсама, с. 100–111.

словы, як *кранаўшчыца*, *мядзічка*, *паштавічка* і *пaштоўка*, *уборка* і *ўборніца*, *фэльчарыца* (вандроўка ў вёску Крапіўна, Аршанскі р-н, 6–7 сакавіка 2007 году). Калі прыхільнікаў наркамаўкі можа й не перакананць гэты факт, бо яны ведаюць, што ў размоўным варыяньце дазваляецца што заўгодна, то прыхільнікаў тарашкевіцы гэта яшчэ раз упэўнівае ў натуральнасьці й правільнасьці выбранага курсу на падтрымку фэмінізацыі назваў прафэсіяў і роду заняткаў.

На карысьць цьверджаньня аб унівэрсальнасьці традыцыі фэмінізацыі мовы сьведчаць ня толькі экспэдыцыі да правінцыйных беларусаў, але й вандроўкі да старавераў – віцебскіх, лёзьненскіх і шумілінскіх, – якія, хоць і зьяўляюцца прышлым людам, расейскамоўным першапачаткова, але якія на працягу стагодзьдзяў пераянялі шматлікія традыцыі мясцовага насельніцтва, а таксама мову. Якраз у мове мясцовых стараверaў заўважаецца моцны сьлед беларускіх дыялектаў, у тым ліку фэмінізацыі мовы[170]. Старавеpы актыўна фэмінізуюць род заняткаў і іншыя азначэньні: *вязальніца* і *візальніца*, *гадка*, *доктарка*, *лекарка*, *любіцелька*, *магазіншчыца*, *пашталёнка*, *паштарка*, *прадавачка*, *пральніца* і *пральля*, *урачка*, *урачыха*, *фэльчарка* і *фэльчарыца* й г.д. Фэмінізацыя ў мове можа разглядацца, як выразны маркер беларускае культурнае прасторы. Насупор стэрэатыпам, мясцовыя старавеpы не размаўляюць на „чыстай расейскай мове”, а хутчэй на дыялектах беларускай, а таксама на трасянцы. Ужываньне імі незлічонай колькасьці словаў і фразаў, якія пададуцца архаічнымі ці дыялектнымі адэптам наркамаўкі, насамрэч зьяўляецца праявай жывасьці мовы. Багацьце лексыкі і зьява фэмінізаваньня шматлікіх назваў пасадаў і некаторых іншых катэгорыяў у сучаснай беларускай мове стравераў сьведчыць якраз аб натуральнасьці дадзенага фэномэну. Калі самі беларусы згубілі памяць пра асаблівасьці сваёй мовы, старавеpы могуць дапамагчы аднавіць згубленыя і зьнішчаныя пласты мовы й культуры наагул.

Можна меркаваць, што традыцыя фэмінізацыі мовы належыць, калі не зусім паганскай эпосе й культуры, то дакладна архаіцы. У зьвязку з гэтым прыгадваецца адна заўвага Яўхіма Карскага аб тым, што „беларуская народная культура ў выніку большай кансэрватыўнасьці народнага жыцьця і меншай распаўсюджанасьці асьветы захавала больш сьлядоў старажытнасьці і сьвежасьці непасрэднага пачуцьця і першабытнага сьветаўспрыманьня”[171].

---

[170] У. Іваноў, *Пра беларускі ўплыў на віцебскіх стараверaў*, „Палітычная сфера”, 10, 2008, с. 102–107.

[171] Я. Карскі, *Беларусы*, Мінск 2001, с. 171. У арыгінале па-расейску: *„белорусская народная культура в результате большей консервативности народной жизни и меньшего распространения образования сохранила больше следов старосветскости и свежести непосредственного чувства и первообытного мировосприминания*”, Е. Карский, *Белорусы*, том 1, Варшава 1903, http://zapadrus.su/bibli/etnobib/133-qq.html [доступ: 27.12.2016].

Пытаньнем і праблемай варыянтнасьці назоўнікаў наагул і, у прыватнасьці жаночых *Nomina agentis*, у старабеларускай мове займаўся мовазнаўца М. Паўленка. У адмысловым артыкуле аўтар пералічыў усьлед за А. Жураўскім асноўныя прычыны зьявы: „гэта і адсутнасьць вытрыманых фанетычных, граматычных і арфаграфічных нормаў, гэта пранікненьне запазычанасьцяў, а таксама складанае ўзаемадзеяньне ў старабеларускай мове з мясцовай моўнай стыхіяй"[172]. Насамрэч, дадзеныя чыньнікі-прычыны істотна не памяняліся з часоў старабеларускай мовы: сяньня можна канстатаваць тую ж адсутнасьць вытрыманых нормаў і асабліва складанае ўзаемадзеяньне зь мясцовай моўнай стыхіяй. То бок, акрамя ўласна моўных прычынаў важнымі і, мажліва, асноўнымі зьяўляюцца сацыяльныя, палітычныя. Жаночыя агентывы як у старабеларускай, так і цяперашняй мове ёсьць прысутнай, актыўнай, але няўстойлівай катэгорыяй. Калі мужчынскія агентывы адрозьніваюцца адноснай стабільнасьцю і ня маюць варыятыўнасьці (альбо мінімальную і ўпарадкаваную), то жаночыя *Nomina agentis*, як сьведчыць аналіз літаратурнай, а таксама дыялектнай беларускай мовы, маюць некалькі аднакарэнных варыянтаў (*баярыня–баярка*, *каралева–караліца–к*(*а*)*ралевая*, *кіраўніца–кіраўнічка*, *паштавічка—паштарка–паштоўка–паштальёнка*, *скамарошка–скамарошыца*, *снаваха–сноўка*, *стагарка–стагавальніца* і пад.). Гэта ўласьціва і суседзкім мовам – польскай, украінскай[173] і азначае толькі тое, што фэмінізацыя мовы застаецца па-за сур'ёзным аналізам моўных агентаў, інстытуцыяў і дасюль не ўспрымаецца ўсур'ёз.

Варыянтнасьць значнай колькасьці жаночых агентываў вядзе да няўпэўненасьці моўцы, да таго, што носьбіт(ка) ня ведае, якую катэгорыю, якое слова выбраць, а таму зачастую выбірае нібыта нэўтральны і ўнівэрсальны мужчынскі адпаведнік (напр. *акадэмік* (патэнцыйныя жаночыя варыянты – *акадэміня*, *акадэміца*), *генэрал* (*генэралка*, *генэраліца*), *палітык* (патэнцыйныя жаночыя варыянты – *палітыца*, *палітыкеса*, *жанчына-палітык*), *філёзаф* (патэнцыйныя жаночыя варыянты – *філёзафка*, *філязафіня*, *філязафіца*), *фатограф* (патэнцыйныя жаночыя варыянты – *фатаграфіня*, *фатаграфіца*, *фатографка*) і пад.

Такім парадкам, з аднаго боку, варыянтнасьць назоўнікаў-агентываў жаночага роду пакідае выбар, падае моўную, лексычную разнастайнасьць, але, з другога боку, перашкаджае ўсталяваньню нормы і моўнай упэўненасьці моўцаў, у выніку перашкаджае фэмінізацыі мовы. Зрэшты, дыялекталягічны падыход дапамагае выявіць хібы і штучнасьці ў афіцыйнай мове: напрыклад, натуральная тэндэнцыя ў жывой (дыялектнай) мове карыстацца суфіксам *-ніц-а* (*кідальніца*, *фармоўніца*) была замене-

[172] М. Паўленка, *Аднакарэнныя жаночыя Nomina agentis*..., тамсама, с. 3.
[173] *Гендер для медій*..., тамсама, с. 130–131.

ная ў афіцыйнай мове пад уплывам расейскай мовы на новы і штучны суфікс *-шчыц-а* (*кідальшчыца*, *фармаўшчыца*).

2.1.6 Варыянты ўтварэньня назваў асобаў жаночага полу ў беларускай мове

1. Большасьць назваў прафэсіяў ці роду заняткаў у жаночым родзе фармуецца з дапамогаю суфіксу *-к-а*[174], якія далучаецца да асновы назоўнікаў мужчынскага роду: *аптэкарка*, *бугальтарка*, *дацэнтка*, *лектарка*, *прэзыдэнтка*, *сьвятарка*[175].
2. Назоўнікі таксама ўтвараюцца з дапамогаю суфіксу *-ух-а*, *-юх-а* як паралельныя ўтварэньні ад дзеяслова: бегаць – *бягун*, *бягуха*; коўзацца – *каўзун*, *каўзуха*, рагатаць – *рагатун*, *рагатуха*; *скакаць – скакун*, *скакуха.* Як тлумачыць П. Сьцяцко, беларускай мове фэмінны суфікс *-j-a* неўласьцівы, як то можам назіраць у расейскай мове: говорун – *говорунья*, хохотун – *хохотунья*[176]. Хоць і ў нас сустракаецца, праўда, вельмі рэдка, падобнае словаўтварэньне: *прыгажуня*, *красуня* і *харашуня*.
3. Іншы варыянт фэмінізацыі мажлівы з дадаваньнем да мужчынскай асновы *-цель* суфіксу *-ніц-а*: *будзіцельніца*, *ганіцельніца*, *натхніцельніца*.
4. Іншы варыянт фэмінізацыі з дапамогаю суфіксу *-іц-а*, *-ыц-а*[177] (але пакуль не ўжываецца дастаткова шырока). Прыгадайма такія словы, як *караліца*, *царыца*. Цалкам прымальна пашырыць ужываньне суфікса *-іц-а*, *-ыц-а* для стварэньня жаночых формаў словаў, якія застаюцца пакуль выключна мужчынскімі: *біёляг – біялягіца*, *вірусоляг – вірусалягіца*, *генэтык – генэтыца*, *геоляг – геалягіца*, *дэмагог – дэмагагіца*, *пэдагог – пэдагогіца*[178], *сыноптык – сыноптыца*, *філёляг – філялягіца* і пад. Як паказаў Я. Станкевіч[179] і іншыя граматыкі, напрыклад, складальнікі слоўніка *Старабеларускі лексікон*[180], у старабеларускай мове, а таксама ў жывых дыялектах прадуктыўнасьць дадзенага фарманту дастатковая, каб не ігнараваць яго. Так, напрыклад, мажліва ўжыць

[174] Падчас сацыялінгвістычнай гульні *Фэмінізацыя мовы* бальшыня фэмінітываў, якія ствараліся беларускім студэнцтвам, фармаваліся з дапамогаю суфіксу *-к-а*: *акадэмка*, *алігаршка*, *афіцэрка*, *драматуржка*, *стратэжка*, *тэарэтка*, *філязофка* і пад.
[175] Але некаторыя словы, наадварот, узьніклі ад жаночых формаў (гэтак званая *рэдэрывацыя*): *даяр* ад даяркі, напрыклад.
[176] П. Сцяцко, *Культура мовы…*, тамсама, с. 28.
[177] У дадзены варыянт уваходзяць усе словы з наркамаўскай мадэльлю суфіксаў *-чыц*, *-шчыц* (*арматуршчыца*, *разносчыца*). У тарашкевіцы такі варыянт фіксуецца, як расейскі. У белсатаўцы, напрыклад, – усе наркамаўскія фэмінітывы тыпу *прыбіральшчыца*, *фрэзэроўшчыца* перафарматоўваюцца на *прыбіральніца*, *фрэзэроўніца* і пад. Гл.: З. Саўка, *Моўны мануал…*, тамсама, http://dobrapis.info/files/Manual.pdf [доступ: 26.01.2017].
[178] *Пэдагогіца* (*педагагіца*) сустракаем у дыялектах і ў Я. Брыля: Я. Брыль, *Дзе скарб ваш*, Мінск 1997, с. 197.
[179] Я. Станкевіч, *Аб некаторых словах і хормах нашае мовы*, [у:] Я. Станкевіч, *Збор твораў…*, тамсама, с. 153.
[180] М. Прыгодзіч, Г. Ціванова, *Старабеларускі лексікон…*, тамсама.

суфікс *-іц-а*, *-ыц-а* пры ўтварэньні жаночага роду да словаў у мужчынскім родзе на *-ік*, *-ык*, *-ог*, *-эг*, *-яг*: *акадэмік – акадэміца*, *генэтык – генэтыца*, *дэмагог – дэмагагіца*, *стратэг – стратэгіца*, *філёляг – філялягіца*, *хімік – хіміца*. Дарэчы, варта адзначыць, што дзеці здаўна актыўна выкарыстоўваюць гэты суфікс: *хіміца* 'настаўніца хіміі', *фізыца* 'настаўніца фізыкі', *астранаміца* 'настаўніца астраноміі', *беларусіца* 'настаўніца беларускай мовы', *русіца* 'настаўніца расейскай мовы' й г.д. У праграме *Па-беларуску зь Вінцуком Вячоркам* на „Радыё Свабода" мовазнаўца нядаўна апытаў і прааналізаваў сытуацыю з назвамі школьных настаўнікаў[181]. І прадэманстраваў жывучасьць суфіксу *-іца*, *-ыца*, прадуктыўны яшчэ з часоў старабеларускай мовы. Праўда, мовазнаўца канстатаваў паступовы пераход сучасных шкаляроў да такіх раней невядомых у Беларусі назваў *настаўніцаў, як фізычка*, *матэматычка*, *русічка* і пад.[182]. Падчас гульні, якую я ладзіў з студэнтамі Менску ў сакавіку 2008 году, значнасьць суфіксу *-іц-а*, *-ыц-а* пацьвердзілася: многія фэмінітывы ствараліся якраз з дапамогаю гэтых суфіксаў (*акадэміца*, *алігархіца*, *багаславіца*, *гістарыца*, *матэматыца*, *стаматалягіца*, *філязафіца*, *хіміца*, *чаліца*, *этналягіца* й пад.).

5. Варыянты з дапамогаю суфіксу *-ін-а*, *-ін-я*, *-ын-а*, *-ын-я*: *варагіня*, *графіня*, *княгіня*, *майстрыня*. У дыяспарнай беларускай мове сустракаем: *выканаўчыня*. Дадзены суфікс мае патэнцыял пашырыцца і спарадзіць новыя словы, якія неафіцыйна ўжо ўжываюцца: *акадэміня* (і *акадэміца*), *астранаміня*, *геаграфіня*, *канцлерыня* (і *канцлерка*), *касмэталягіня* (*касмэталягіца*), *псыхалягіня* (і *псыхалягіца*), *стратэгіня* (і *стратэгіца*), *фатаграфіня*, *філялягіня* (*філялягіца*), *хіругіня* (нароўні з *хіругіца*).
6. Яшчэ адзін варыянт фэмінізацыі на аснове мужчынскага суфіксу *-нік* з дапамогаю жаночага суфіксу *-ніца*: *праваднiца* ад *праваднік*[183].
7. Таксама варыянт пры дапамозе суфіксу *-льнік* (*льніц-*)[184]: *апавядальнік – апавядальніца*, *зьбіральнік – зьбіральніца*, *кідальнік – кідальніца*, *мяняльнік – мяняльніца*.
8. Наступны хутчэй рэдкі ў беларускай мове варыянт з суфіксам *-эс-а*, *-ес-а*: *баранэса* (*баронка*), *вікантэса* (*віконтка*), *крытыкеса* (*крытыца*), *папэса*, *паэтэса* (*паэтка*) і пад.[185].
9. Іншыя назвы прафэсіяў, заняткаў і катэгорыяў у жаночым родзе ствараюцца з дапамогаю фармантаў *-оўк-а*, *-аўка*: *бізнэсоўка*, *вайс-*

[181] Праграма *Па-беларуску зь Вінцуком Вячоркам*, Радыё Свабода, 18.07.2016, http://www.svaboda.org/a/vincuk-viacorka-bielarusica/27863780.html [доступ: 26.01.2017].
[182] Тамсама.
[183] Л. Шакун, *Словаўтварэнне*, Мінск 1978, с. 110.
[184] Тамсама.
[185] Дадзены суфікс, хоць і малаўжывальны ў беларускай мове, сяньня набывае – не без уплыву расейскай мовы – сілу: так, падчас сацыялінгвістычнай гульні *Фэмінізацыя мовы* беларускія студэнты стваралі новыя фэмінітывы з дапамогаю *-ес-а*/*-эс-а* (*афіцэрэса*, *драматэса*, *стратэгеса*, *філязафэса*).

коўка, *дынамаўка*, *спартоўка*, *яхтоўка* (у мужчынскім родзе ў гэтых выпадках да словаўтваральнай асновы дадаецца *-овец*, *-авец*: *бізнэсовец*, *дынамавец*, *спартовец*).

10. Як варыянт фэмінізацыі некаторых назваў званьняў і катэгорыяў можа стацца шлях, прапанаваны ў першай палове XX ст. Я. Станкевічам[186], Я. Купалам[187], В. Пашкевіч[188] (1974) і некаторымі іншымі тагачаснымі пісьменьнікамі: утварэньне назоўнікаў накшталт прыметнікаў з суфіксамі *-істы*, *-істая*, напр. *анархісты*, *анархістая*[189], *драматысты*, *драматыстая* і г.д. З аднаго боку, як ужо заўважалася вышэй, гэта цудоўная магчымасьць разьвязаць гендарную няроўнасьць у мове. З другога боку, зразумела, вяртаньне гэтай мадэлі стварэньня словаў мае нэгатыўны аспэкт унясеньня дадатковае сумятні ў сучасны словатворчы працэс, а разам з тым – чарговы ўздым моўнага валюнтарызму. Але дзеля гістарычнай разнастайнасьці й паўнаты неабходна ўзгадаць гэтую мадэль і мецць яе на ўвазе.
11. Асобна трэба пазначыць архаічную мадэль словаўтварэньня, калі жаночыя назоўнікі, як пазначае лінгвіст Ю. Пацюпа, „маюць форму цалкам незалежную ад мужчынскае”[190]. Бо звычайна жаночыя намінацыі фармуюцца ад выточных мужчынскіх, але ёсьць некалькі словаў, якія сфармаваліся бяз усякай сувязі з мужчынскім адпаведнікам (г.зв. аддзеяслоўныя дэрываты): *жняя* (муж. жнец), *хаджая* (муж. хадзец)[191]. Яшчэ адзін жаночы назоўнік стаіць асобкам у беларускай мове: *удава*, слова, ад якога сфармавалася мужчынская форма *удавец*, а не наадварот, як звычайна[192].
12. І апошняя досыць рэдкая, але здаўна актыўная мадэль словаўтварэньня і фэмінізацыі, мажлівая дзякуючы субстантывацыі, то бок пераходу іншых часьцінаў мовы ў назоўнік (пераважна пераход прыметнікаў у назоўнік)[193]: *аратая*, *беспрацоўная*, *дзяжурная*, *клясная* ‘настаўніца’, *служачая* і пад. Гісторыкі мовы зафіксавалі даўнія карані падобнай зьявы, вядомыя ўжо ў пэрыяд старабеларускай мовы[194]: напрыклад, *канцлеровая*, *пісаровая*[195].

---

[186] Я. Станкевіч, *Асаблівасьці мовы вялікалітоўскае* (*беларускае*) *у назіраньнях Адама Варлыгі*, [у:] Я. Станкевіч, *Збор твораў…*, тамсама, с. 516.
[187] Я. Купала, *Поўны збор…*, тамсама, с. 641–686.
[188] В. Пашкевіч, *Беларуская мова – Fundamental Byelorussian*, Toronto 1974 (кніга 1), с. 68.
[189] Падчас сацыялінгвістычнай гульні толькі адна асоба з 15 прапаноўвала форму на *-істая* (*акадэмістая*, *стаматалягістая*, *стратэгістая*, *філязафістая*).
[190] Ю. Пацюпа, *Жанчына і мова*, [у:] *Роля жанчыны…*, тамсама, с. 48.
[191] Тамсама.
[192] M. Yaguello, *Les mots…*, *op.cit.*, p. 125.
[193] Л. Шакун, *Словаўтварэнне…*, тамсама, с. 94.
[194] Ю. Пацюпа, *Культура беларускай…*, тамсама, http://old.belcollegium.org/lekcyji/litaratura/pacupa02.htm [доступ: 26.01.2017].
[195] В. Вайтовіч, *Марфолага-сінтаксічнае ўтварэнне…*, тамсама, http://elib.bsu.by/bitstream/123456789/27315/1/Вайтовіч-Марфолага-сінтаксічнае ўтварэнне-79-84.pdf [доступ: 26.01.2017].

2.1.7 Праблемнае поле фэмінізацыі *Nomina agentis*: аднагучча, немілагучнасьць, насьмешлівасьць і зьневажальнасьць

Як бы ідэалягічна (культурна і сацыяльна) пэўныя сілы, інстытуцыі, асобы не супрацьстаялі, беларуская мова заўсёды фэмінізавала і працягвае фэмінізаваць *Nomina agentis* і іншыя жаночыя намінацыі, бо марфалягічна гэта магчыма, проста з амаль усімі словамі, за рэдкім выняткам (*папа рымскі*, але была вядомая *папэса* Яна, *патрыярх*, гіпатэтычна фэмінізацыя магчымая, хоць пакуль няма кабеты ў чыне патрыярха. Нядаўна мова адкрылася і пачала неафіцыйна для аднаго стандарту, афіцыйна для другога фэмінізаваць агентывы тыпу *акадэмік–акадэміня*, *банкір–банкірка*, *канцлер–канцлерка*, *палкоўнік–палкоўніца*, *прэзыдэнт–прэзыдэнтка*, *сьвятар–сьвятарка*, *япіскап–япіскапка* й г.д. Мовы бальшыні народаў, дзе існуе катэгорыя роду, жаночага роду, збольшага рэагуюць на сацыяльныя, гендарныя зьмены і фэмінізуюць назвы пасадаў, таму насьцярожанасьць афіцыйнай беларускай мовы ў пытаньні фэмінізацыі выглядае дзіўна і выключна.

Пры гэтым неабходна пагадзіцца, што фэмінізацыя мовы можа выклікаць пэўныя нязручнасьці, нязвыкласьці, няўпэўненасьць, блытаніну – лінгвісты кажуць пра мажлівыя праблемы аднагучча, немілагучнасьці і гутарковасьці, зьневажальнасьці[196]. Часта крытыкі ці і баязьліўцы фэмінізацыі тлумачаць немажлівасьць фэмінізацыі якраз па прычыне аднагучча ці немілагучнасьці фэмінітываў. Унізе падрабязьней разгледзім асноўныя перашкоды на шляху фэмінізацыі мовы.

2.1.7.1 Аднагучча

Так, беларускі публіцыст, палітоляг з дыяспары Янка Запруднік у апытанцы, праведзенай для дадзенага дасьледаваньня, выказаўся цалкам за фэмінізацыю мовы, бо гэта „заканамерны працэс”, але ж засьцярожыў, што „не заўсёды магчыма фэмінізаваць”[197], бо паўстае праблема аднагучча[198] (напрыклад, *друкар–друкарка*, дзе друкарка гэта і ‘машына, якая друкуе’, *сьлёсар–сьлёсарка*, *капач–капачка* і пад.). Тут дарэчы будзе спаслацца на досьвед гісторыі мовы: слова *друкарка* ўжо існавала ў беларускай мове XIX ст., калі не існавала яшчэ кампутарных прыстасаваньняў. Так, слова фіксуецца ў слоўніку Язэпа Ціхінскага, дзе азначае ‘кабету, што кніжкі друкуіць’[199].

Сапраўды, варта зазначыць, што некаторыя жаночыя формы з *-к-а* могуць прыўносіць пэўную блытаніну ў мову: так словы *ананімка*,

---

[196] *Femme, j'écris ton nom...*, *op.cit.*, p. 30. Таксама гл. M. Yaguello, *Les mots…*, *op.cit.*, p. 124.
[197] Гл. дадатак 9, адказ на пытаньні Я. Запрудніка, 2 жніўня 2016.
[198] Аднагучча (таксама аманімія) – панятак, які азначае зьяву аднолькавасьці слова па напісаньні, але адрознасьці па значэньні (напр. *дыплямат* ‘званьне дыплямата’ і ‘назва торбы-тэчкі’, альбо *коньніца* (‘язьдзіца, вершніца’ і ‘кавалерыя’). (Заўвага аўтара).
[199] Я. Ціхінскі, *Biełaruska–polska–rasijski słoŭnik…*, тамсама.

вадалазка, *грабарка*, *служэбка і службоўка* ды некаторыя іншыя азначаюць ня толькі пасады, прафэсіі ці проста намінацыі жаночага роду, але яшчэ адпаведна тып вопраткі, колак для перавозкі), асобу, якая піша ананімку ці само пасланьне – і кабета, якая піша яе, пішуцца і гучаць аднолькава, ці дакумэнт, напісаны службовай асобай. Гэтыя шматсэнсоўныя словы цудоўна разумеюцца ў кантэсьце. Пры гэтым мы ня блытаем слова *дыплямат*, якое азначае адначасова і маленькі сакваяж і мужчыну-дыплямата. Альбо слова *сакратар*, якое азначае стол-бюро і чалавека, які працуе за сакратара. Альбо *макацёр* – збан, у якім труць мак, і чалавек, які трэ мак. З кантэксту заўжды відно, пра што размова. Таму нас не павінны палохаць гэтыя не заўсёды адназначныя моўныя сытуацыі. Тое ж самае можна сказаць пра слова *коньніца*. Традыцыйна мы разумеем пад гэтым паняткам ‘*кавалерыю*’, але слова мае яшчэ адно значэньне – ‘*вершніца, язьдзіца*’. Яно актыўна ўжывалася ў 20–30-ыя гады ХХ ст. ў спартовай лексыцы[200], а таксама сустракалася ў прэсе пасьля вайны, як сынонім вершніцы („Чырвоная Змена”, 1969 год).

З гістарычнага аналізу мовы прывядзем яшчэ такія прыклады фэмінізацыі мовы ХІХ ст., якія могуць быць ня толькі карыснымі ў ХХІ ст., але і прадэманстраваць неабгрунтаванасьць страхаў і асьцярожнасьці сучасных носьбітаў мовы перад фэмінітывамі: слова *кавярка* раней азначала ‘кабету, якая гатавала каву ці працавала ў кавярні’. Сяньня *кавярка* – гэта перадусім ‘прыстасаваньне, начыньне, у якім гатуюць каву’. *Канфадаратка* – гэта і ‘шапка, якую насілі канфэдэраты’, і ‘кабета, якая належыла да канфэдэратаў’. *Камяніца* – гэта і ‘каменны дом’, і ‘цяжкая зямля’, і ‘няплодная кабета’. *Гарбатка* – гэта і ‘гарбатая кабета’, і ‘жамярына’, і ‘напой-гарбата’. *Дойніца* – гэта і ‘кароўніца, даярка’, і ‘дойная карова’. *Авантурка* – ‘кабета-авантурніца’, а таксама ‘невялічкая авантура’. *Аўчарка* – перадусім ‘пастушка авечак’, а таксама ‘сабака’. *Мытніца* – гэта і ‘кабета, якая бярэць мыта’, і ‘жонка мытніка’, і ‘месца, дзе бяруць мыта’[201].

Поўны сьпіс фэмінітываў і пытаньне аднагучча (паводле слоўніка Я. Ціхінскага):

Авантурка ‘*кабета*’ *і* ‘*невялічкая авантура*’

Аблудніца ‘*ашустка*’ *і* ‘*камэдыянтка*’

Аўчарка ‘*пастушка*’ *і* ‘*сабака*’

Азіятка ‘*родам з Азіі*’ *і* ‘*сярдзітая*’

Полька ‘*ляхаўка*’ *і* ‘*танец*’

Бягунка ‘*уцякачка*’ *і* ‘*лякса*’

[200] В. Пискун, *Женские личные номинации…*, тамсама.
[201] Я. Ціхінскі, *Biełaruska–polska–rasijski słoŭnik…*, тамсама.

Пястунка ‘*няня*’ і ‘*ласкавая*’

Дойка ‘*дойная карова*’ і ‘*даярка*’

Друкарка ‘*кабета, што кніжкі друкуіць*’

Духоўніца ‘*тастамэнт*’ і ‘*спавядальніца*’

Гарбатніца ‘*начыньне да гарбаты*’ і ‘*тая, што гарбату парыць ці прадае*’

Гарбатка ‘*гарбатая кабета*’ і ‘*жамяра*’

Гаспадыня ‘*пані, спадарка*’ і ‘*карчмарка*’

Грачанка ‘*родам з Грэцыі*’ і ‘*салома, поле ад грэчкі*’

Камянярка ‘*тая, што вырабляе што з камяня* ’і ‘*жонка камяняра*’

Каменіца ‘*дом*’, ‘*няплодная зямля*’ і ‘*кабета, якая не нарадзіла*’

Камінарка ‘*кабета, што чысьціць коміны*’ і ‘*жонка камінара*’

Канфадаратка ‘*шапачка, што насілі канфадараты*’ і ‘*кабета, што належыць да канфадаратаў*’

Капялюшніца ‘*жонка капялюшніка*’ і ‘*тая, што шыіць капялюшы*’

Капралка ‘*тая, што службу капрала спраўляіць*’, ‘*жонка капрала*’ і ‘*недаўчаная кабета*’

Карчаўніца ‘*інструмэнт да выдабываньня карчу*’ і ‘*кабета, што карчуіць поле*’

Картыжніца ‘*тая, што іграіць у карты*’ і ‘*шулерка*’

Катлярка ‘*жонка катляра*’ і ‘*рамяство катлярскае*’

Кавалерка ‘*тая, што належыць да закону рыцарска-рэлігійнага*’ і ‘*кабета ардарова*’

Кавалька ‘*жонка каваля*’ і ‘*кабета, што трудзіцца кавальствам*’

Кавярка ‘*уласьніца кавярні*’, ‘*тая, што прадаець каву*’, *а таксама* ‘*тая, што служыць у кавярні*’

Казачка ‘*казацкая кабета*’ і ‘*жонка казака*’

Каўбасьніца ‘*кішка што да каўбас ужываецца*’ і ‘*кабета, што робіць і прадаець каўбасы*’

Кляпачка ‘*інструмэнт да чышчэньня пянькі*’ і ‘*кабета, што шмат гаворыць*’

Княгіня ‘*сувэрэнка-кіраўніца*’ і ‘*жонка князя*’

Кухлярка ‘*фіглярка*’ і ‘*лайдачка*’

Купцова ‘*жонка купца*’ і ‘*тая, што гандлюіць чым, гандлярка*’

Кушнэрка ‘*работа кушнэрская*’, ‘*кабета, што трудзіцца кушнэрствам*’ і ‘*жонка кушнэра*’

Коньніца ‘*яздуньня*’ і ‘*кавалерыя*’

Лаўчыня ‘*жонка лоўчага*’ і ‘*тая, што ловіць, палюіць*’

Лазебніца і лазеньніца 'тая, што мыіцца ў лазьні' і 'тая, што трымаіць лазьню публічную'

Ляндарка 'тая, што шынкуіць, трымаіць абэржу' і 'жонка ляндара'

Лярва 'нябожчык, што страшыць жывых', 'страшны твар' і 'распусная кабета'

Лімарыха (рымарыха і рымарка) – 'жонка рымара' і 'сядлярка'

Лютарка, лютырка 'кабета вызнаньня лютарскага' і 'людаедка'

Майсьцярыца, майстрыха 'здольная кабета', 'жонка майстра'

Малярка 'кабета, што малюіць' і 'жонка маляра'

Млынарка 'тая, што займаецца млынам' і 'жонкі млынара няма'

Мулярка 'мулярства' і 'жонка муляра'

Мылярка 'тая, што маіць фабрыку мыла' і 'жонка мыляра'

Мытніца (мытарка): ' места, дзе мыта бяруць', 'кабета, што мыта бярэць' і 'жонка мытніка'

Пабочніца 'бок рэчы' і 'пабочная жонка'

Пацяшыцялька 'тая, што суцяшае' і 'гарэлка'

Палітыкантка 'дарэчная, такая як і трэба' і 'хітрая'

Памыйніца 'судна на памыі' і 'флёндра'

Патужніца 'моцная кабета', 'памоцніца' і 'жонка'

Пякарка 'жонка пекара' або 'тая, што сама пячэньнем хлеба займаецца'

Плявачка 'тая, што плюець' і 'начыньне да пляваньня'

Прафэсарка 'навучыцялька' і 'жонка прафэсара'

Сьлясарка 'жонка сьлесара' і 'тая, што сьлясарствам трудзіцца'

Стальмачка 'жонка стальмаха' і 'кабета, што работай стальмаховай трудзіцца'

Старожка і стражніца 'будка', 'кабета, якая старажуіць' і 'жонка стражніка'

Шклярка 'тая, што ўстауляіць шыбы да вакон' і 'жонка шкляра'

Табачніца 'тая, што прадаець табаку' і 'жонка табачніка'

Тыранка 'птушка' і 'акрутная кабета'

Турыца 'карова' і 'кабета'

Труцічялька 'тая, што труціць', 'тая, што робіць і прадае труцізну' і 'тая, што псуе абычаі'

Як вынікае, пытаньне аднагучча заўсёды вырашалася і вырашаецца разуменьнем кантэксту, да ўсяго палісэмія заўжды зьяўлялася багацьцем мовы і не перашкаджала ейнаму функцыянаваньню. У мове заўсёды існавалі і накладаваліся лексычныя аднагучнікі ці амонімы, да ўсяго сытуацыя магла ўскладняцца тым, што слова мела адрознае значэньне ў дыялектах: *кіраўніца* – 'кабета, якая кіруе калектывам, прадпрыемствам', паводле афіцыйнай мовы, *кіраўніца* – 'стырно ровара' ў беларускіх дыялектах (віцебскім, а таксама ў паўднёва-заходнім дыялекце). *Машыністка* – 'кабета, якая працуе на пісальнай машынцы', а таксама ў дыялектах 'кабета, якая кіруе цягніком'. *Пілётка* – 'галаўны ўбор', а таксама 'кабета, якая пілятуе лятак', напрыклад.

Рэзюмуючы, варта сказаць, што ў разуменьні пытаньня ці праблемы аднагучча эфэктыўней усяго дапамагае гісторыя мовы: па-першае, гістарычны аналіз мовы, аналіз слоўнікаў беларускай мовы (напрыклад, вядомага і маладасьледаванага слоўніка Язэпа Ціхінскага) дазваляе канстатаваць наяўнасьць вялікай колькасьці фэмінітываў у беларускай мове канца XIX – пачатку XX ст. Вельмі часта фэмінітываў рэдкіх і невядомых сяньня. І па-другое, гістарычны аналіз мовы дэманструе палісэмічнасьць мовы, якая не палохала беларусаў XIX–XX ст. Да ўсяго многія фэмінітывы-„аднагучнікі", якія насьцярожваюць сяньня, актыўна прысутнічалі ў мове прыгаданага пэрыяду (*авантурка*, *алейніца*, *аліўніца*, *атаманка*, *аўчарка*, *гарбатніца*, *грачанка*, *дойніца*, *друкарка*, *духоўніца*, *кавярка*, *канфадаратка*, *капачка* й пад.[202]). Пры гэтым дзеля справядлівасьці варта пазначыць, што слова *друкарка* – 'кабета, што кніжкі друкуіць'[203] існавала ў мове XIX ст., задоўга да таго, як узьнікла слова *друкарка*, як 'прынтар'.

2.1.7.2 Немілагучнасьць

Акрамя аргумэнту аднагучча часта даводзіцца чуць, што фэмінітывы – гэта непрыгожа гучыць, рэжа вуха, зьдзіўляе, альбо „так ня кажуць" ці „кажуць у прастамоўі". Напрыклад, падчас сэмінару аб фэмінізацыі мовы ў 2007 годзе давялося пачуць вось што: „Што за паэтка, калі ёсьць паэт ці хаця б больш шляхетнае паэтэса?". У моўнай праграме *Па-беларуску з Вінцуком Вячоркам*[204] на „Радыё Свабода" лінгвіст тлумачыў падобную праблему немілагучнасьці беларускай мовы і ў прыватнасьці жаночых агентываў для многіх цяперашніх расейскамоўных беларусаў кляймаваньнем фэмінізацыі ў расейскай мове. Аднак, як дэманструюць вынікі апытанкі, многія беларускамоўныя асьцярожна ставяцца да фэмінізацыі мовы і аргумэнт аб немілагучнасьці зачастую дамінуе. Асабліва немілагучнымі зьяўляюцца новыя і часта ўяўныя фэмінітывы

---

[202] Тамсама.
[203] Тамсама.
[204] Праграма *Па-беларуску зь Вінцуком Вячоркам*, Радыё Свабода, 18.07.2016, http://www.svaboda.org/a/vincuk-viacorka-bielarusica/27863780.html [доступ: 26.01.2017].

кшталту *акадэміня*, *канцлерка*, *палітыкеса* ці *палітыкіня*, *стратэгіня*, *чаліца-карэспандэнтка*, *членка-карэспандэнтка* й г.д.

Цікава, чаму беларускамоўных карабацяць многія новыя, патэнцыйныя ці ўяўныя фэмінітывы і зусім не старыя груваcткія фэмінітывы ў наркамаўскай традыцыі тыпу *фрэзэроўшчыца*, *сарціроўшчыца*, *прадаўшчыца*, *урачыха*, *элеватаршчыца* ці такія словы-канструкты, як *жанчына-шафэр*, ці *жанчына-касманаўт*? Ды і без фэмінітываў у мове хапае немілагучнасьці, якая тым ня менш застаецца прымальнай – напрыклад, шматлікія барбарызмы і ксэнізмы ў мове (*кейтэрынг*, *падкаст*, *плэй-оф*, *стартап-фірма*, *стартап-школа*, *стыкер*, *тролінг*, *фіштынг*, *шорт-ліст*; *ball boys*, *deadline*, *dolby*, *duty-free*, *flash mob*, *hands free*, *on-line*, *second hand*, *soft*, *sms*, *tax-free*, *think tank*, *workshop*; *DVD*, *FM*, *GSM*, *HI-FI*, *IP*, *MP-3*, *PC*, *WC*, *WI-FI*, *URL*)[205].

2.1.7.3 Абясцэньваньне, прыніжэньне, насьмешлівасьць і зьневажальнасьць

Наступны аргумэнт крытыкаў фэмінізацыі мовы палягае ў тым, што жаночыя формы абясцэньваюць пасаду (*шэф-повар* – гэта больш прэстыжней, чымся *шэф-поварка* ці *шэфіца-поварка*, *кутур'е* салідней за *кутур'ерку*, *акадэмік* салідней за *акадэміню*, *генэральны сакратар* – гэта сур'ёзьней за *генэральную сакратарку*, бо апошні варыянт сугучны з проста *сакратаркай* і пад.). То бок, для некаторых фэмінізацыя абясцэньвае званьне, пасаду ці пакідае насьмешку, зьняважлівае ўспрыяцьце. Уплыў расейскай мовы ў падобным аргумэнтаваньні навідавоку: зноў прыгадаем тэзу лінгвіста В. Вячоркі[206] аб нэгатывізацыі жаночых агентыўных намінацыў у беларускай мове пад уплывам расейскай мовы, а яшчэ можна прыгадаць *Расейска–беларускі слоўнік* К. Крапівы, у якім *прэзыдэнтка* і *прэзыдэнша* падаюцца, як гіранічныя словы[207]. Пры гэтым падчас апытанкі зачастую самі кабеты выступалі супраць фэмінізацыі ўласных званьняў, бо гэта „гучыць сьмешна" і, на іх думку, „мяняе да горшага стаўленьне іншых да іх занятку, прафэсіі".

Дарэчы, крытыка ў бок фэмінізацыі йдзе часта і з боку беларускамоўных пісьменьнікаў, якія лічаць яе за „прыніжэньне": так, Сяргей Рублеўскі, віцебскі пісьменьнік заўважае, што словы „*паэтка* і *паэтэса* – гэта полавае прыніжэньне, якое прыдумалі літаратурныя артадоксы"[208]. Пісьменьнік выступае за распаўсюд формаў тыпу „жанчына-крытык,

[205] У. Гарбацкі, *Увага! Чужасловы!*, 14.01.2013, http://news.arche.by/by/page/ideas/cultura-idei/10449 [доступ: 26.01.2017]. Таксама У. Гарбацкі, *Новыя дозы барбарызмаў у беларускай мове*, 27.03.2013, http://news.arche.by/by/page/ideas/cultura-idei/11182 [доступ: 26.01.2017].
[206] Праграма *Па-беларуску зь Вінцуком Вячоркам*, Радыё Свабода, 18.07.2016, http://www.svaboda.org/a/vincuk-viacorka-bielarusica/27863780.html [доступ: 26.01.2017].
[207] *Русско–белорусский словарь в 3 т.*, Беларуская Энцыклапедыя, Мінск 2002.
[208] С. Рублеўскі, *Паспець надыхацца*, Мінск 2012, с. 48.

жанчына-празаік, жанчына-рэдактар, жанчына-паэт"[209]. Пры гэтым пісьменьнік забывае, што вядомыя беларускія паэткі – Цётка, Н. Арсеньнева і Л. Геніюш – часта самі вызначаліся менавіта як паэткі. У дадзенай сытуацыі важна вымярэньне самавызначэньня.

Палова рэспандэнтаў апытанкі *Пэрспэктывы фэмінізацыі мовы* прызналі, што з-за ўплыву расейскай мовы, у якой фэмінізацыя мае хутчэй нэгатыўнае ці выключна размоўнае значэньне, у беларускай мове абодвух узусаў, што да фэмінізацыі дамінуе зьняважлівае, прыніжанае ўспрыманьне, а сама зьява недаацэненая, не зважаючы на прафэміністкія парады лінгвістаў (П. Сьцяцко, В. Вячорка).

Зрэшты, насьмешлівы, гіранічны сэнс маюць фэмінітывы з расейскім суфіксам *-ш-а*: *бібліятэкарша*, *генэральша*, *губэрнатарша*, *прэзыдэнтша* й пад. Само ўжываньне нелітаратурнага суфіксу – гэта пэўны моўны збой, памылка, русізм, а таму падобныя словы павінны ўспрымацца, як памылка.

Гістарычны аналіз мовы (на прыкладзе слоўніка Я. Ціхінскага) зноў дазваляе аспрэчыць цьверджаньні аб насьмешлівым ці прыніжальным характары фэмінітываў: у беларускай мове XIX ст. многія існыя фэмінітывы ня мелі зьняважлівай канатацыі, як гэта часта праяўляецца цяпер. Словы тыпу *атаманка*, *гвалціцялька*, *гетманка*, *губэрнатарка* 'жонка губэрнатара', *доктарка/дакторка*, *кад'ютанка*, *кампазытарка* 'кабета, што пішыць, укладаіць музыку'[210], *капралка* 'тая, што службу капрала спраўляіць'[211] і многія іншыя, якіх сяньня пазьбягаюць, баяцца ці ня ведаюць, зьяўляліся звычайнымі словамі мовы. Таксама нікога не сьмяшылі словы тыпу *какет*, *камардынар* ці *камардынарка*, *лёкай*, *пакаёвец*, *пакаёвы*.

Гісторыя мовы дапамагае зразумець, што характар насьмешлівасьці, абясьцэньваньня слова – гэта катэгорыя адносна новая, пераносная з іншай мовы і культуры. І толькі разуменьне ў сацыяльна-гістарычным кантэксьце словаў, фэмінітываў у прыватнасьці, дае паўнавартасную сэмантычную карціну. Якраз абапіраючыся на гістарычную моўную спадчыну сучасныя лінгвісты – Ф. Янкоўскі, П. Сьцяцко, Ю. Бушлякоў – сьцьвярджаюць аб тым, што ў беларускай мове фэмінны суфікс *-к-а* ня мае нічога зьневажальнага.

2.1.7.4 Эканомія мовы

Іншы аргумэнт супраць фэмінізацыі мовы таксама зусім не моўны, а сацыяльны і досыць суб'ектыўны – эканомія мовы. Некаторыя рэспандэнты апытанкі *Пэрспэктывы фэмінізацыі мовы* ў цэлым спрыяльна ставіліся да зьявы, але тлумачылі проста, што ўвод фэмінітываў абця-

[209] Тамсама.
[210] Тамсама, с. 57.
[211] Я. Ціхінскі, *Biełaruska–polska–rasijski slоŭnik…*, тамсама, F21-931, с. 88.

жарвае сказ, тэкст (накшталт *Грамадзянкі і грамадзяне! Пасажыркі і пасажыры!* і пад.). А таму дзеля лякані́чнасьці, простасьці пазначэньне фэмінітываў ў тэксьце лепей пазьбягаць.

Супраць дадзенага аргумэнту паўстае адзін контраргумэнт: мова называе, азначае, ахоплівае кожнага, кожную, а таму ў прамовах, зваротах мова „грукае" да ўсіх грамадзянаў і грамадзянак. Гэта становіцца, канечне, вынікам палітыкі ветлівасьці і палітычнай карэктнасьці, але гэта да ўсяго дэмакратычны крок.

2.1.7.5 Блытаніна па прычыне адсутнасьці фэмінізацыі

Мы пералічылі асноўныя аргумэнты крытыкаў фэмінізацыі мовы, цяпер пара назваць вельмі простую адну прычыну неабходнасьці фэмінізацыі.

Фэмінітыў ці маскулінітыў адразу ўдакладняе ідэнтычнасьць чалавека, спэцыяліста ці спэцыялісткі. Так, пошук чалавека з прозьвішчам Л.Т. Процька ці М.М. Куліч у беларускай мове можа стацца складанасьцю, стварыць блытаніну ці нечаканую крыўду, асабліва, калі ў нас дамінуе традыцыя падачы выключна маскулінітыву: Л.Т. Процька, кандыдат навук. Вы пішаце ліст і пачынаеце: „Спадар", а ў адказ пакрыўджаны ліст, што „я не спадар, а спадарыня". То бок, ужываньне фэмінітываў, як і маскулінітываў нясе неабходнае тлумачэньне, абазначэньне. Але ж зацятая традыцыя ўжываць нібыта ўнівэрсальныя маскулінітывы-агентывы стварае блытаніну, незразумеласьць і часам кур'ёзныя, анэкдатычныя гісторыі.

Так, чытаючы шапкі ў газэтах мы часам зьдзіўляемся: „*Прэзідэнт Эстоніі заручыўся з кіраўніком кібербяспекі Латвіі*"[212]. Толькі потым, чытаючы далей, мы разумеем што размова не пра гей-шлюб, а пра гетэра-шлюб паміж прэзыдэнтам Эстоніі і кіраўніцай службы кібэрбясьпекі МУС Латвіі. Многія іншыя шыльды ў газэтах не такія вясёлыя і пакідаюць адчуваньне незавершанага, недапісанага, не зусім гарманічнага з пункту погляду культуры мовы: „*Памерла авангардны архітэктар Заха Хадзід*"[213], „*Бронзавы прызёр Алімпійскіх гульняў у Пекіне Глафіра Марціновіч распавяла, чаму выбрала прафесію стаматолага*"[214], „*У Саудаўскай Аравіі абрана першы дэпутат-жанчына*"[215], „*Бірма*: *лідар апазіцыі*

[212] *Прэзідэнт Эстоніі заручыўся з кіраўніком кібербяспекі Латвіі*, „Наша Ніва", 08.12.2015, http://nn.by/?c=ar&i=161356 [доступ: 26.01.2017].
[213] *Памерла авангардны архітэктар Заха Хадзід*, „Наша Ніва", 31.03.2016, http://nn.by/?c=ar&i=167752 [доступ: 26.01.2017].
[214] *Бронзавы прызёр Алімпійскіх гульняў у Пекіне Глафіра Марціновіч распавяла, чаму выбрала прафесію стаматолага*, „Наша Ніва", 27.07.2016, http://nn.by/?c=ar&i=174358 [доступ: 26.01.2017].
[215] *У Саудаўскай Аравіі абрана першы дэпутат-жанчына*, „Наша Ніва", 13.12.2015, http://nn.by/?c=ar&i=161691 [доступ: 26.01.2017].

прыбірае на вуліцах смецце”[216] і г.д. У апошняй шапцы не адразу разумееш, што гутарка йдзе пра слынную дысыдэнтку, лідарку Аўн Сан Су Чжы.

Блытаніна і зьмяшчэньне сэнсу і вобразу адбываюцца ня толькі падчас чытаньня газэтаў. Пераклад тэкстаў, а таксама фільмаў і падача тытраў на розных мовах часам мяняе першапачатковы вобраз і карціну, намаляваную аўтарам. Напрыклад, вядомы амэрыканскі фантастычны моладзевы фільм „Інсургентка” ці „Дывэргенцыя” (па-беларуску назва віртуальная, уяўная, бо па-беларуску фільм не дэманстраваўся) у арыгінале мае агульны назоў „Divergence” (*Дывэргенцыя*). Гераіня фільму дзяўчына – інсургентка, якая паўстае супраць сыстэмы. Цікава і важна, у тым ліку з сацыялінгвістычнай, а таксама гендарнай пазыцыі, як на розных мовах падавалася і перакладалася назва фільму (унізе глядзіце рэклямныя постары фільму). Па-летувіску, па-польску, па-француску назва фэмінізавалася (*Insurgentė*, *Niezgodna* і *Divergente*), бо галоўнай пратаганісткай была дзяўчына. Па-ангельску, па-француску квэбэцкай вэрсіі пакідалася агульная назва зьявы – дывэргэнцыі (*Divergence*). Па-расейску, па-ўкраінску назва маскулінізавалася (*Дивергент* і *Дівергент* адпаведна). Міні-зрэз, аналіз пяці моваў дэманструе задзейнічаньне фэмінітыву ў назьве ў культурах, дзе йдуць актыўныя эгалітарысцкія працэсы (ЭЗ: Польшча, Летува, Францыя) і ігнараваньне фэмінітыву ў культурах аўтарытарнага і каляаўтарытарнага тыпу (Расея, Украіна). Пра беларускі адпаведнік тытру не прыходзіцца гаварыць, бо беларуская мова амаль адсутнічае ў публічным полі.

[216] *Бірма*: *лідар апазіцыі прыбірае на вуліцах смецце*, „Наша Ніва”, 13.12.2015, http://nn.by/?c=ar&i=161703 [доступ: 26.01.2017].

2.1.8 АБ „ЭПІЦЭНАХ”, ЦІ НАЗВАХ СУПОЛЬНАГА РОДУ

Эпіцэны[217], ці словы (*назоўнікі*) супольнага або агульнага роду складаюць маргінальную гісторыю мовы і займаюць нязначнае ў ёй месца. І ў межах пытаньня гендарнай моўнай роўнасьці мае вялікі патэнцыял. Тэма назоўнікаў супольнага роду – *эпіцэнаў* – месьціць іншую надзвычай цікавую і актуальную тэму, а менавіта – дэкалянізацыі і актуалізацыі нутраных рэсурсаў узбагачэньня мовы. Тэарэтызаваньні беларускіх мовазнаўцаў наконт эпіцэнаў ці, як самі яны азначаюць дадзеную катэгорыю – *назоўнікі супольнага роду* – досыць цікавыя, хоць далёка няпоўныя. Тут асобна варта ўзгадаць унёсак мовазнаўцаў Ганны Арашонкавай[218] і Фёдара Піскунова[219]. Ва ўмовах дэбеларусізацыі і выключэньня з акадэмічнага поля максымалісцкага праекту тарашкевіцы і іншых альтэрнатыўных моўных праектаў крытычная рэвізія тэмы эпіцэнаў пакуль застаецца забароненай. Праўда, прыгаданы артыкул Ф. Піскунова вельмі аптымістычны і надзвычай крытычны да афіцыйнай мовазнаўчай пазыцыі адносна пашырэньня сьпісу словаў супольнага роду. Ёсьць спадзёў, што афіцыйная беларуская мова пакрысе пазбавіцца расейскага апякунства і скіруе больш увагі не на вонкавыя, а нутраныя мэханізмы ўрэгуляваньня і ўзбагачэньня мовы.

[217] З грэцкае ἐπίκοινος (epikoinos) – супольны; у французскай мове назоўнік супольнага роду завецца épicène, у гішпанскай – epiceno, у ангельскай – epicene, у каталёнскай – epicè. Неабходна пазначыць, што панятак „эпіцэн” у беларускай мове новы, а таму ў пэўнай ступені штучны, тым ня менш, можна паспрабаваць увесьці яго замест ці нароўні з больш груваcткім „назоўнік агульнага роду” ці „назоўнік супольнага роду”. Афіцыйна мы сустракаем панятак „назоўнік агульнага роду”, у Я. Станкевіча сустракаецца як „слова агульнага”, так і „супольнага роду” (заўвага аўтара).
[218] Г. Арашонкава, *Пра назоўнікі тыпу вынаходца, дарадца, стараста*, [у:] *Пытанні культуры…*, тамсама, с. 114–121.
[219] Ф. Піскуноў, *Гендарная роўнасць і граматычная схема…*, тамсама, с. 44–49.

Апрача ўсяго, дадзеная тэма шчыльна зьвязаная з іншай маргінальнай тэмай – фэмінізацыяй назваў пасадаў у беларускай мове. Фэмініcцкі падыход закрануў тэму фэмінітываў, паказаўшы, што мова не ізаляваны фэномэн, а заўжды залежны ад сацыяльнага й палітычнага, і натуральна падштурхнуў нас да крытычнага аналізу сумежнай тэмы эпіцэнаў у мове.

Праблематыка дадзенай тэмы ляжыць вось у чым: на сяньня многія патэнцыйныя эпіцэны афіцыйна маюць мужчынскую прапіску, то бок маюць мужчынскі род (*адмоўца*, *вытворца*, *дарадца*, *міратворца*, *творца* й пад.)[220]. Ф. Піскуноў вельмі слушна прадэманстраваў непасьлядоўнасьць ужываньня рознымі моўнымі агентамі дадзеных словаў то ў мужчынскім родзе, то ў супольным, і падсумаваў, што гэтую катэгорыю словаў трэба аднесьці да супольнага роду і адкінуць усе штучныя абмежаваньні на шляху да пашырэньня тэндэнцыі[221]. Такім парадкам, словы кшталту *абаронца*, *абвінаваўца*, *атакоўца*, *відавочца*, *водца*, *вызнаўца*, *выканаўца*, *вынаходца*, *выступоўца*, *вытворца*, *дарадца*, *дароўца*, *даўца*, *дбайца*, (*бацька-*, *брата-*, *дзета-*, *сама-*) *забойца*, *залогадаўца*, *знаўца*, *кіназнаўца*, *кіроўца*, *літаратуразнаўца*, *мовазнаўца*, *моўца*, *нападоўца*, *наступоўца*, *падтрымоўца*, *паступоўца*, *прапаноўца*, *паўабаронца*, *пераможца*, *празорца*, *прамоўца*, *прапойца*, *пратэстоўца*, *працадаўца*, *суразмоўца* і многія іншыя, – гэта словы не мужчынскага, а супольнага роду. Трэба ўсяляк пашыраць дадзеную практыку, тым больш, што назоўнікі на *-ц-а*, як мяркуюць лінгвісты, сэмантычна суадносяцца зь дзеясловамі і правамерна й лягічна адносяцца да назоўнікаў супольнага роду[222]. Падаецца, тут ня трэба рабіць ніякіх выключэньняў. Часта, напрыклад, *збаўца* падаецца выключна як назоўнік мужчынскага роду; магчыма, у рэлігійных тэкстах ён і мае мужчынскую прапіску, у тэкстах жа агульных назоўнік мусіць быць эпіцэнам.

Пры гэтым пазначым, што эпіцэны, якія маюць стылістычна зьніжаную экспрэсіўную афарбоўку (*выскаляка*, *выстаўляка*, *выхваляка*, *крыўляка*, *няўдаліца*, *няўдобіца*, *нязграба*, *плакса*, *разявака*, *туляга* й г.д.) не выклікаюць сумненьняў і ўжо традыцыйна афармляюцца як сталыя эпіцэны. Тое самае можна сказаць пра эпіцэны, якія маюць нэўтральную ацэначную характарыстыку: *галава*, *кніганоша*, *лістаноша*, *сірата*, *судзьдзя*, *сьведка*, *цёзка*. Праўда, тут варта адзначыць праблематычнасьць у беларускай мове надаць супольны род такім словам, як *старшыня* і *старшына*. У слоўніках, як афіцыйных, так і тарашкевіцкіх, яны падаюцца ў выключна мужчынскім родзе, тады як маўленчая практыка паказвае, што словы могуць без праблемаў быць эпіцэнамі. Таму з улікам практыкі (шмат кабетаў зьяўляюцца старшынямі на розных узроўнях

[220] Тамсама, с. 44–45.

[221] Тамсама, с. 49.

[222] Г. Арашонкава, *Пра назоўнікі тыпу вынаходца, дарадца, стараста*, [у:] *Пытанні культуры…*, тамсама, с. 114–121.

улады, а таксама старшынамі ў краінах, дзе кабеты служаць у войску) варта вярнуць гэтыя назоўнікі да катэгорыі эпіцэнаў. Зрэшты, *старшыня* і *старшына* – не адзіныя праблематычныя назоўнікі. Іншыя: *ваявода, староста, вазьніца*, – таксама зьдзіўляюць сваёй аднязначнай прыналежнасьцю да мужчынскаига роду. У мінулым сустракаліся кабеты-вазьніцы і кабеты-старасты. А калі не было кабетаў-ваяводаў у далёкім мінулым, то зьявіліся кабеты на чале ваяводзтваў у Польшчы ў XX–XXI ст. Насамрэч, у беларускай мове існуе тры варыянты фэмінізацыі пасады тыпу ваявода. Першы – *ваяводка, ваяводзіца*. Другі – пакінуць за словам ваявода супольны род. Трэці варыянт – надаць старабеларусізму *ваяводзіна*(*я*) новае значэньне – ня проста '*жонка ваяводы*', а сама '*ваяводка*'. Дарэчы, трэці варыянт разглядаецца, як магчымы таксама і польскімі мовазнаўцамі[223].

Натуральна, тут не ахопленыя ўсе праблематычныя назоўнікі, а толькі частка найбольш відавочных. Як бы там ні было, варта пашыраць сьпіс эпіцэнаў, зноў жа – у зьвязку з радыкальнымі зьмяненьнямі становішча жанчыны ў грамадзтве.

На чарзе іншая катэгорыя назоўнікаў іншамоўнага паходжаньня, якія таксама спараджаюць больш пытаньняў, чымся адказаў. Афіцыйна словы гэтыя ўжо маюць мужчынскую прапіску. Магчыма, мовазнаўцы занадта пасьпяшаліся. Так, назоўнікі *аташэ*, *гіпі*, *гуру*, *ёга*, *імпрэсарыё*, *круп'е*, *кутур'е*, *мафіёзі*, *маэстра*, *музыка*, *мэсія*, *ніньдзя*, *парвэню*, *рант'е*, *рыкша*, *тамада*, *торы*, *чычэронэ* ў наркамаўцы маюць мужчынскі род, бо традыцыйна гэтыя функцыі, прафэсіі выконвалі й займалі мужчыны. Аднак цяпер многія зь пералічаных званьняў выконваюцца жанчынамі, таму дадзеныя назоўнікі маюць усе правы набыць супольны род, так яны будуць выглядаць натуральней у беларускай мове: *эстонская аташэ*, *новы аташэ*, *маднявая гіпі*, *стары гіпі*, *лоўкі круп'е*, *прафэсійная круп'е*, *выбітная кутур'е*, *французскі кутур'е*, *вясковы музыка*, *маладая музыка*, *маладая рыкша*, *моцны рыкша* й г.д. Не зважаючы на тое, што ў мове, адкуль словы прыйшлі – з італійскай, французскай і г.д., – яны выступаюць пераважна ў мужчынскім родзе (*un couturier*, *un croupier* і г.д.), у размоўнай беларускай мове яны часьцяком зыначваюцца і набываюць супольны род. У дадатак да ўсяго, тут варта ўлічваць чыньнік варыянтнасьці[224], калі пэўнае слова мяняе род у залежнасьці ад пэрыяду, дыялекту і мастацкага твору. Менавіта праз варыянтнасьць спрэчнае слова зможа асвойтацца і лепей інтэгравацца ў беларускае маўленьне. Некаторыя ўжо дэманструюць сваю здольнасьць лёгкай беларусізацыі, так бы мовіць: слова *маэстра* ў гутарковай мове часам набывае форму *маэстарка*, калі размова йдзе пра жанчыну-маэстра.

---

[223] K. Kłosińska, *Język władzy…*, *op.cit.*, http://samorzad.pap.pl/depesze/redakcyjne.rozmaitosci/121868/JEZYK-WLADZY--Kobieta-wojt-moze-tez-o-sobie-mowic-wojtka--wojcina-lub-wojcini [доступ: 26.01.2017].
[224] І. Шкраба, *Варыянтнасць у сучаснай беларускай мове*, Мінск 2004, с. 106–107.

Нарэшце, у дадзеным пытаньні мы мусім абаперціся на цікавы і багаты досьвед тарашкевіцы. Асабліва карыснай і, дадушы, сьмелай зьяўляецца спадчына мовазнаўцы Я. Станкевіча, які, абапіраючыся на дыялекталёгію і ўласныя распрацоўкі, досыць радыкальна ўзбагаціў катэгорыю назоўнікаў супольнага роду (*душаемца*, *прадпрыемца*, *прыемца*, *прычынца*, *спадкаемца* й г.д.)[225]. Гістарычная тарашкевіца не разьвязала ўсіх вузлоў пашырэньня эпіцэнаў. Як ужо прыгадавалася раней, назоўнік „старшыня" і ў слоўніку Станкевіча мае мужчынскі род. Цяперашняя тарашкевіца ў межах сучаснага нашаніўскага пэрыяду спрабавала выращыць гэтае пытаньне: у „Нашай Ніве", калі яна выходзіла клясычным правапісам, сустракаліся сьмелыя варыянты (*эстонская аташэ*, *амэрыканская гіпі*, напрыклад). У цэлым жа рэвалюцыйнай тарашкевіца ня стала, што да радыкальнага пашырэньня эпіцэнаў у беларускай мове.

Таксама неабходна ўвесьці ў дыскурс аб эпіцэнах у беларускай мове такі малавядомы і каштоўны рэсурс, як *Слоўнік* Язэпа Ціхінскага 1906 году[226], у якім сабраная мова канцу XIX – пачатку XX ст. і ў якім аўтар актыўна ўжывае ня толькі фэмінітывы (*абараніцялька*, *абарчыцялька*, *абвіняцялька*, *абдарыцелька*, *адзьверная* і *адзьверніца*, *аблудніца*, *аблюбеніца*, *адлюдка*, *абмоўніца*, *абразіцялька*, *абраніцялька*, *абузьніца*, *абывацялька*, *абьясьніцялька*, *абяцоўнціа*, *агароднічка*, *агласіцялька*, *аднавіцялька*, *адплаціцялька*, *адшчапенка*, *дабрадзейка*, *надзяліцелька* й пад.), але і эпіцэны (*абаронца*, *абмоўца*, *абразабойца*, *абразаборца*, *абразатворца*, *абразца*, *адводца*, *аднаверца*, *адступца*, *дабрачынца*, *жыцьцядаўца* й г.д.).

Сьпіс эпіцэнаў паводле слоўніка Я. Ціхінскага:

Абразабойца (*і абразаборца*)
Абразатворца (*маляр*)
Абразахвальца
Абразца
Абронца, *абаронца*
Аб'емца (*прыемца*)
Адводца – адвадзіцяль
Адданца – аддавацяль
Аднаверца
Адступца
Айцабойца
Апраўца – кат, *сярпач*, *галітар*
Арандоўца
Асадца – каляніста
Кірака (*раскірака*)
Надзорца
Красамоўца
Людакрадца
Мажнаўладца, *мажнавладца* (*арыстакрата*)
Мардэрца
Мужабойца
Пагромца (*пераможца*)
Падаўца
Падбойца (*падбівач на нешта*)
Падступца (*хітры*)
Падводца (*фурман*)
Паджыгайла (*інтрыгант-ка*)

---

[225] Я. Станкевіч, *Зацемкі з крывіцкае* (*беларускае*) *мовы*, [у:] Я. Станкевіч, *Збор твораў…*, тамсама, с. 259.
[226] Я. Ціхінскі, *Biełaruska–polska–rasijski słoŭnik…*, тамсама.

Асьвядца – асьветнік-ца
Ашчэрца – абмоўца – аслаўца
Вінаваўца
Выходца (*эмігрант-ка*)
Гамзіла (*завадыяка*)
Дабрачынца (*і ласкаўца*)
Даводца (*атаман, праваднік*)
Дарматраўца
Дастаўца
Даўца
Дзіватворца (*цудатворца*)
Дзяржаўца
Дзяцябойца
Душабойца
Загубца і згубца
Заступца
Збаўца
Касталыга (*мацюга*)
Каўзыперда (*дрэнны адвакат*)
Паяднаўца
Пасувайла і папіхайла
Пазнаўца (*дасьледнік, бадач*)
Пацалуйка
Папраўца
Прадаўца (*здрайца*)
Пракуда
Праўдалюбца
Праўдамоўца
Правадаўца (*законадаўца, уставадаўца*)
Прычынца
Пыпла
Салупайла (*лізун*)
Самабойца (*і сябебойца*)
Спадкадаўца
Спраўца
Стыдзька
Шкодца
Шлюбадаўца

Такім парадкам, корпус эпіцэнаў дасюль цалкам не сфармаваны і не зафіксаваны ў беларускай мове. Ягонае фармаваньне часта адбывалася і адбываецца пад моцным уплывам расейскай мовы (напрыклад, словы *прапойца, тупіца*[227] не без уплыву расейскай мовы падаюцца як назоўнікі мужчынскага роду, быццам кабеты ня могуць быць прапойцамі і тупіцамі). Гендарныя стэрэатыпы працягваюць вызначаць пэўныя моўныя правілы і замінаць пашырэньню эпіцэнаў (напрыклад, назоўнікі тыпу *выбівала, граміла, здаравяка*, якія падаюцца выключна як мужчынскага роду, бо лічыцца, што кабета ня можа ані граміць, ані выбіваць, ані быць здаравілай), а разам з гэтым – роўнасьці палоў. На сяньняшні момант у сучаснай беларускай мове застаецца неўрэгуляваным і негарманізаваным пытаньне эпіцэнаў, якое паўстала ў выніку радыкальных прагрэсыўных зьмяненьняў статусу кабеты ў грамадзтве ў XX–XXI ст.

Акрамя гэтага трэба мець на ўвазе – пад уплывам досьведу іншых моваў – што тэма эпіцэнаў ахоплівае шырэйшую тэму – выпрацоўкі і пераходу на палітычна карэктную, несэксісцкую мову з ужываньнем да ўсяго зборных назоўнікаў[228]. Якраз рэсурс эпіцэнаў і зборных назоўнікаў

[227] Ф. Піскуноў, *Гендарная роўнасць...*, тамсама, с. 47.
[228] *Guide relatif à la rédaction épicène* : *respect des genres masculin et féminin*, 2008, http://www.langue-fr.net/IMG/pdf/universite-sherbroole guide-redaction-epicene 2008 2600-410.pdf [доступ: 26.01.2017]; *A juste titre* : *guide de rédaction non sexiste*, http://www.ontla.on.ca/library/repository/mon/5000/10274518.pdf [доступ: 26.01.2017]; *Féminisation et rédaction épicène*, http://bdl.oqlf.gouv.qc.ca/bdl/gabarit_bdl.asp?Th=1&Th_id=274 [доступ: 26.01.2017].

– адзін з натуральных рэсурсаў мовы на гэтым шляху: так, замест асымэтрычнага звароту „шаноўныя спадары”, можна і пажадана выкарыстаць зборныя назоўнікі тыпу „*шаноўнае спадарства*”, замест „*паважаныя студэнты*” – „*паважанае студэнцтва*”, замест „*дарагія чытачы і чытачкі*” – „*дарагое чытацтва*” і г.д.

2.2 ЛІТАРАТУРНЫ ДЫСКУРС (ПІСЬМЕНЬНІЦТВА АБ ФЭМІНІЗАЦЫІ МОВЫ)

У беларускай творчай і літаратурнай эліце шмат часу не было яскравых і сьмелых фэміністаў, як то на Захадзе, у Францыі, напрыклад, ці ў краінах Скандынавіі. Аднак беларуская савецкая літаратура падаравала нам сьціжму цудоўных аўтараў і адзінкі аўтарак, якія закранулі пытаньне эмансыпацыі жанчыны і станаўленьне гэтак званай „новай жанчыны”, „новай беларускі”: Зьмітрок Бядуля (апавяданьні *Дэлегатка*, *Сьвінарка Фрэйда*, *Фрося*), Цішка Гартны (*Распусьніца*, *Дыягназ*), Міхась Зарэцкі (апавяданьні *Мар’я*, *Ганулля*, *Дзіўная*, *Кветка пажоўклая*, *Пачатак шчасьця*, *Ой, ляцелі гусі*, *Ліпа*, *Бель*, *Спакуса*, *Як Настулька камсамолкай зрабілася*), Янка Нёманскі (апавяданьне *Зварот*), Паўлюк Трус (перадусім верш *Сялянка*), Леаніла Чарняўская (апавяданьні *Бязьдзетуха*, *Валуй*, *Веснавыя хмаркі*, *Падарожніца*, *Папова батрачка*)[229], Кузьма Чорны (апавяданьні *Маленькая жанчына*, *Макаравых Волька*, *Вялікае сэрца*). Цікавымі ў творах зьяўляюцца ня толькі ўзьнятыя тэмы, але й багатая мова, сьмелая і натуральная ў фэмінізацыі назваў пасадаў і званьняў.

У М. Зарэцкага, А. Мрыя, М. Гарэцкага ня сустрэць гэткіх барбарызмаў, як *жанчына-будаўнік*, *жанчына-камісар*, *жанчына-урач* і пад. Бо гэта рэжа вуха, парушае гармонію мовы, сьведчыць аб недарэчным калькаваньні з суседняй мовы.

Літаратура пазьнейшага пэрыяду, пасьляваенная, ужо ў большай ступені падпарадкавалася новым правілам мовы, прыбліжаным да расейскай. Мэтар паваеннай беларускай літаратуры Іван Шамякін амаль ніколі не фэмінізаваў назваў прафэсіяў, кабеты застаюцца ў яго *адвакатамі*, *пракурорамі*, *фэльчарамі*, і г.д. (хоць была і ў яго вядомая *гандлярка*!). Падобная тэндэнцыя заўважаецца ў іншых тагачасных аўтараў, напр. Міхась Парахневіч у *Марыніцы* пакідае ў мужчынскім родзе назвы пасадаў, што займаюць кабеты: *адміністратар*, *кінаапэратар*.

Аднак у БССР, а потым у Беларусі былі мэтры слова, якія ня проста фэмінізавалі мову, але падкрэсьлівалі натуральнасьць, важнасьць гэтай зьявы. Да ўсяго мэтры экспэрымэнтавалі і ўводзілі ў літаратурную мову фэмінітывы з дыялектаў: Янка Брыль, які ўсюль падаваў словы

[229] У. Гарбацкі, *Леаніла Чарняўская*: „*У новы век і праўда новая*”, „ARCHE”, 18.11.2013, http://news.arche.by/by/page/works/narysy-tvory/13383 [доступ: 26.01.2017].

анатамічка, *ільнаводка*, *педагогіца*, *перадавіца*, *прафесарка*, *руплівіца*, *сумленніца*, *цэнзарка* й пад.[230]. Іншы сьмелы экспэрымэнтатар слова Р. Барадулін, ужываў словы тыпу *аднагодніца*, *аднадуміца*, *гулагаўка*, *крытыкеса*, *надзорка*, *палітыкеса* й іншыя[231]. Ф. Янкоўскі, мовазнаўца, эстэт слова і пісьменьнік належаў да тых, хто спрыяў фэмінізацыі мовы (*аграномка*, *аптэкарка*, *дакторка*, *лекараўка* й пад.)[232]. Мовазнаўца А. Каўрус ў адной з апошніх сваіх кнігаў сабраў адметную лексыку, уведзеную ў творы беларускімі аўтарамі[233]. Сярод словаў шмат фэмінітываў, якія па розных прычынах былі выкінутыя ці падзабытыя: *абярэжніца*, *верніца*, *вязнеўка*, *захавальніца*, *каляжанка*, *майстарка*, *нападніца*, *прафесійніца*, *садзельніца*, *службоўка*, *спартоўка*, *стараньніца*, *суразмоўніца*, *траўніца*, *халерніца* й пад.[234].

Потым літаратура напярэдадні распаду СССР зноў стала больш сьмелай, маладыя аўтары ў 1980–1990-ыя гады пачалі зьвяртацца да мінуўшчыны, рэвізавалі мову, вярнулі зь нябыту шмат рэпрэсаваных словаў, у тым ліку забытыя жаночыя назовы прафэсіяў і званьняў. Уладзімер Арлоў, Вольга Іпатава, Валер Санько, Алег Мінкін, Людміла Рублеўская насупор афіцыйнай норме фэмінізавалі шматлікія назовы прафэсіяў, і гэткім чынам дадавалі мове прыгажосьці й мэлёдыкі. Прыгадваецца адразу *прыбіралька* Валера Санько (апавяданьне *Добрую сьмерць трэба заслужыць?*), *выдавецкая рэдактарка*, *кніжніца*, *міратворыца*, *падзьвіжніца*, *цемрашалка* – Уладзімера Арлова; *апякунка*, *выкладчыца*, *стэнаграфістка*, *экскурсаводка*, *фатографка* – Людмілы Рублеўскай.

Такім чынам, літаратурны дыскурс у пытаньні фэмінізацыі мовы ў цэлым *адкрыты фэмінізацыі*. Сучасная літаратура актыўна далучаецца да артыкуляваньня дадзенага пытаньня: паўстала новая генэрацыя пісьменьніцаў, якія спалучаюць літаратуратворчасьць і фэмінізм (Вольга Гапеева, Наста Манцэвіч, Ганна Янкута і іншыя). Аўтаркі ня толькі пішуць пра новы кшталт дзяўчыны, кабеты, ня толькі апісваюць праблемы, зь якімі сутыкаецца сучасная кабета, сучасная лесьбійка, але і сьмела задзейнічваюць мову, мяняюць яе, карэктуюць, дапаўняюць фэмінітывамі і пад. Маладыя літаратаркі, перакладніцы (Вольга Гапеева[235], Ірына Герасімовіч, а таксама калектыў часопісу „Прайдзісвет"[236]) зьяўляюцца найбольш выразнымі і прынцыповымі фэмінізатаркамі мовы.

---

[230] Я. Брыль, *Дзе скарб…*, тамсама, с. 197; Я. Брыль, *Сёння і памяць*, Мінск 1985; Я. Брыль, *Жменя сонечных промняў*, Мінск 1965. Таксама гл. У. Гарбацкі, *Чалавек з запасной душой* (*пра Брылёву мову*), „ARCHE", 21.12.2012, http://news.arche.by/by/page/works/natatki-tvory/10271 [доступ: 26.01. 2017].

[231] Р. Барадулін, *Руны перуновы*, Мінск 2006.

[232] Ф. Янкоўскі, *Абразкі*, Мінск 1975.

[233] А. Каўрус, *Словаклад*, Мінск 2013.

[234] Тамсама.

[235] Гл. эсэ: В. Гапеева, *Да гісторыі пытання…*, тамсама, http://hapeyeva.org/да-гісторыі-пытання-феміністкая-крыт/ [доступ: 26.01.2017].

[236] *Выйшаў феміністкі нумар часопіса „Прайдзісвет"*, 22.02.2016, https://makeout.by/2016/02/22/vyysha-femnsck-numar-chasopsa-praydzsvet.html [доступ: 26.01.2017].

Збольшага ж трэба прызнаць, што літаратары, якія заўсёды ўзбагачаюць мову, досыць актыўна задзейнічваюць рэсурс фэмінізацыі. Нават прыгаданы вышэй пісьменьнік С. Рублеўскі[237], хоць і лічыць фэмінітывы за „полавае прыніжэньне”, тым ня менш у сваіх тэкстах часта фэмінізуе назвы пасадаў.

2.3 ФЭМІНІСЦКІ ДЫСКУРС

Фэміністкае кола, якое звычайна зьяўляецца моцным і актыўным моўным агентам ці моўным акторам і якое ў многіх краінах ініцыявала прынцыповыя зьмены ў мове (у Францыі, Польшчы, ва Ўкраіне), у Беларусі амаль адсутнічае. Сучаснага фэмінісцкага дыскурсу па-беларуску не існуе. Не існавала да нядаўняга часу дыскурсу мясцовых фэміністаў пра беларускую мову – там яны не змагаюцца, іх палі боек у іншых кірунках. Гэта магло б сьведчыць аб тым, што беларуская мова – беспраблемная ў фэмінізаваньні, што нават асобы зацікаўленыя, заангажаваныя ў барацьбу за роўнасьць, не знайшлі зачэпак. Але прычына іншая – гэта амаль выключныя расейскамоўнасьць і/ці англамоўнасьць, а яшчэ расейскадумнасьць і англадумнасьць мясцовых фэміністаў, якія проста не дайшлі да разгляду пытаньня гендарнай роўнасьці ў беларускай мове. Так, вельмі актыўны ў Менску фэмінісцкі калектыў „Гендарны маршрут” займаецца фэмінізацыяй расейскай мовы Беларусі[238] і не займаецца беларускай мовай па простай прычыне – небеларускамоўнасьці. Аналіз мовы, на якой пішуць прадстаўніцы калектыву, дэманструе актыўнае выкарыстаньне ў расейскай мове фэмінітываў з суфіксамі *-к-а* і *-есс-а*: *директорка*, *президентка*, *политикесса* і *политикиня*, *фотографиня* і пад. У беларускамоўнай прасторы няма калектыву, але ёсьць асобы, якія прынцыпова, ідэйна і па-эстэцку выкарыстоўваць фэмінітывы, як важную пазнаку беларускай мовы: Вольга Гапеева, Наста Манцэвіч, Уладзіслаў Гарбацкі. Для беларускамоўных фэмінізатараў не існуе праблемы фэмінізацыі ў беларускай мове, а існуе праблема дамінаваньня расейскай мовы і расейскай нормы, паводле якой фэмінізацыя забароненая ці мінімізаваная. Панаваньне расейскай мовы мае эфэкт спрошчваньня й зьначваньня беларускай мовы, якая пасьля стагодзьдзяў русіфікацыі „ўзбагацілася” як прыгажосьцю, гэтак і комплексамі й праблемамі „вялікай мовы”[239]. Якраз забарона і страх перад фэмінізацыяй, уласьцівыя расейскай мове, моцна ўвайшлі ў розум шматлікіх мясцовых інтэлігентаў, а разам з тым – у беларускую мову.

Сярод мясцовых фэміністаў старога пакаленьня неабходна ўзгадаць пісьменьніцу Валянціну Коўтун – вядомая як выбітная раманістка,

[237] С. Рублеўскі, *Паспець…*, тамсама, с. 48.
[238] Гл. Інтэрнэт-бачынку „Гендарнага маршруту”: http://gender-route.org/.
[239] Я. Лёсік, *Мы перш…*, тамсама, с. 49.

але таксама як досыць актыўная фэміністка. Ейныя творы для дарослых – *Крыж міласэрнасьці* і *Пакліканыя* – уяўляюць сабою ня толькі ўзорныя прыклады нашага сучаснага прыгожага пісьменства і сьмелага экспэрымэнту са словам, але і цудоўныя прыклады твораў, дзе аўтарка актыўна ўжывае фэмінітывы (*ваярка*, *вершніца*, *суродзічка*, *юніца*) і пазычае іх у старабеларускай мовы (*агненьніца*, напрыклад)[240]. Прыгадаем, што пра сябе В. Коўтун казала „*пісьменьнік*", але „*фэміністка*". Чаму так? Бо стэрэатып – расейскі пераважна – сьцьвярджае, што фэмінізмам займаюцца, цікавяцца выключна жанчыны. Так, прынамсі, было раней у Расеі. Але ў іншых культурах ня ўсё гэтаксама. У заходніх дэмакратыях першымі фэміністкамі, магчыма, былі фэміністы: Пулэн дэ ля Бар, Нікаля Кандарсэ, Шарль Фур'е ды іншыя. Аднак мы ігнаруем гэтую культурную разнастайнасьць, захоўваем стэрэатыпы, навязаныя культурай і мовай дамінаваньня, прадукуем іх па сяньня, нават не спрабуючы перагледзець іх. Адсюль усялякія кур'ёзы накшталт таго, як менскія выкладнікі аднаго зь недзяржаўных ВНУ былі страшэнна зьдзіўленыя тым, што фэміністам можа быць і мужчына. У нашых паўднёвых суседзяў аўтар напаткаў яшчэ больш цікавы кур'ёз: ва ўкраінскім перакладзе кнігі Сымоны дэ Бавуар *Другі пол* слынны фэмініст і філёзаф французскага сярэднявечча Пулэн дэ ля Бар стаў „вядомай французскай фэміністкай"! Гэта цудоўна ілюструе стан рэчаў з разуменьнем зьявы фэмінізму наагул ва Ўсходняй Эўропе. Па сяньня панятак „фэмінізацыя" мае для бальшыні грамадзян Усходняй Эўропы выключна біялягічны сэнс, іншыя проста не ўяўляльныя. Нават нібыта дэмакратычны і свавольны Інтэрнэт – беларускамоўны й расейскамоўны – не дапаможа ў пошуках пра фэмінізацыю мовы, а прапануе сьціжму спасылак на артыкулы, у якіх ідзе размова аб „ператварэньні мужчынаў у жанчынаў". Адсюль вынікае, што фэмінізм у рэгіёне, хоць і прысутнічае ў публічным полі, але ня мае таго ўплыву, у тым ліку на рэфармаваньне мовы, як на Захадзе, таму іншыя колы – мовазнаўчыя, літаратарскія – маюць большы ўплыў на фэмінізаваньне мовы. У дадзенай сытуацыі слушна, эфэктыўна, пэрспэктыўна робяць маладыя аўтары, якія спалучаюць фэмінізм, літаратарства і мовазнаўчыя, як наркамаўскія, так і тарашкевіцкія напрацоўкі, што да фэмінізацыі мовы. Такое спалучэньне, пры ўмове разьвіцьця і захаваньня ў публічнай прасторы беларускай мовы, прывядзе да канчатковага фармаваньня ўплывовага фэміністкага беларускамоўнага асяродку.

Цяперашняя слабасьць, а раней адсутнасьць мясцовых фэміністкіх актораў у разьвіцьці і падтрымцы фэмінізацыі мовы, з аднаго боку, і, з другога, артыкуляваньне тэмы фэмінізацыі мовы лінгвістамі, а часьцяком лінгвістамі нацыянальнага і нацыяналістычнага натхненьня, вядзе да парадаксальнай сытуацыі: пытаньне фэмінізацыі мовы ў Беларусі зьяўлялася і працягвае зьяўляцца прэрагатывай і кампэтэнцыяй нацыянальнага і

[240] В. Коўтун, *Пакліканыя*, Мінск 2002.

нацыяналістычнага, часьцяком антыфэмінісцкага ці проста нефэмінісцкага лягеру. І, наадварот, фэмінісцкі мясцовы лягер да пачатку XXI ст. трымаў дыстанцыю ад беларускай мовы, заставаўся калі не беларусафобным, то абыякавым да беларускай мовы, бо сам зьяўляўся расейскамоўным, расейскадумным ці яшчэ англадумным (напрыклад, першы і асноўны беларускі цэнтар гендарных дасьледаваньняў пры ЭГУ на чале з спадарыняй Аленай Гапавай). Такая манаполія мовазнаўчага – у большай ступені тарашкевіцкага, у меншай наркамаўскага – дыскурсу на пытаньне фэмінізацыі мовы стварае спэцыфіку рэгіёну, бо, прыгадаем, на Захадзе (Бэльгія, ЗША, Канада, Нідэрлянды, Нямеччына, Францыя, Швайцарыя) ініцыятарамі і распачынальнікамі рэформаў мовы э мэтай актывізацыі рэсурсу фэмінізацыі былі фэмініскція колы і сацыялінгвістычныя прафэмінісцкія цэнтры, калектывы. У Беларусі, а таксама ва Ўкраіне гэтым пытаньнем займаліся і займаюцца пераважна мовазнаўцы, якія агучваюць (Я. Станкевіч, П. Сьцяцко) хутчэй скептычныя думкі пра фэмінізм[241]. У гэтым пытаньні цікавы і карысны досьвед украінскай мовы: як і ў беларускай мове, там вельмі актыўна задзейнічаныя мовазнаўчыя актары па прасоўваньні фэмінізацыі мовы (Анатоль Нялюба[242], Аляксандар Панамароў[243], Ярына Пузырэнка[244]). Пры гэтым часьцяком лінгвісты лічаць, што актыўная фэмінізацыя мовы ніяк не зьвязаная з фэмінізмам, гэта нацыянальны, нават нацыяналістычны элемэнт, рэсурс, на думку ўкраінскага мовазнаўцы А. Нялюбы, напрыклад[245]. Многія беларускія лінгвісты (Я. Станкевіч, П. Сьцяцко, В. Вячорка, Ю. Бушлякоў, З. Саўка) таксама ўказвалі на натуральны рэсурс фэмінізацыі мовы бяз усякай прывязкі да фэмінізму. Для іх гэта таксама перадусім натуральная моўная зьява, якая адрозьнівае беларускую мову ад расейскай.

Як бы некаторыя лінгвісты не трымалі дыстанцыю ад фэмінімзу, і, наадварот, як бы фэміністы не ігнаравалі беларускую мову і фэмінізацыю мовы, усё ж такі сувязь паміж фэмінізмам і фэмінізацыяй мовы ёсьць. Існаваньне, выкарыстаньне і перадача ў мове з старажытнабеларускага пэрыяду да сяньня фэмінітываў – гэта ня проста вынік актыўнага працэсу словатворчасьці, гэта вынік таксама зьявы паступовай жаночай эмансіпацыі, зафіксаванай у мове. З паступовым прагрэсам статусу і ролі беларускі ў грамадзтве ВКЛ, Расейскай імпэрыі, БССР і Беларусі ў мове адбіва-

---

[241] А. Нелюба, *Інноваційні зрушення й тенденції в українському жіночому словотворі*, „Лінгвістика: Збірник наукових праць", 2 (23), 2011, с. 49–59.

[242] А. Нелюба, *Прихована економія в словотвірній системі української мови* (*найзагальніші уваги*), „Лінгвістичні студії: Збірник наукових праць ", 23, 2011, с. 63–67; А. Нелюба, *Стримувачі у словотвірних процесах української мови*, „Лінгвістичні студії: Збірник наукових праць ", 18, 2009, с. 135–140; А. Нелюба, *Обмежувачі у словотвірних процесах*: *проблема відмежування й типологізації*, зб. наук. праць на пошану проф. К. Городенської з нагоди її 60-річчя, „Мовознавчий вісник", 8, 2009, с. 159–167.

[243] О. Пономарів, *Культура слова. Мовно-стилістичні поради*, Київ 2002.

[244] Я. Пузыренко, *Маскулинизация как фактор влияния на агентивно-профессиональную номинацию женщин*, [у:] *Kalba, diskursas, kultūra*: *problemos ir sprendimai*, 2009, с. 219–225.

[245] А. Нелюба, *Інноваційні зрушення…*, тамсама, с. 49–59.

ліся гэтыя працэсы, адкуль велізарая, хоць далёка ня поўная і не парытэтная колькасьць жаночых адпаведнікаў *Nomina agentis* у мове.

Некаторыя беларускія лінгвісты (М. Паўленка[246], Ф. Піскуноў[247]) і культурныя дзеячы (Я. Запруднік[248]), наадварот, падкрэсьлівіаюць, што на разьвіцьцё мовы ўплывалі калі не зусім фэмінізм, то эгалітарысцкі дыскурс, альбо безупынны прагрэс жаночай справы. Якраз аналіз старабеларускай і новабеларускай словатворнай фэмінізацыі даводзіць нам, што з кожным стагодзьдзем павялічвалася колькасьць фэмінітываў, хоць у некаторых варыянтах мовы (наркамаўцы, напрыклад) іх ужываньне штучна стрымлівалася.

Такім парадкам, калі не ў фэмінісцкім дыскурсе, які па ідэалягічных прычынах быў стрыманы, замарожаны ў БССР, то ў мовазнаўчым дыскурсе праяўляліся элемэнты фэмінізму, эгалітарызму. Фэмінізацыя беларускай мовы (як і ўкраінскай мовы, дарэчы) – гэта вынік ня толькі генія мовы, як часьцяком трактуюць мовазнаўцы этналінгвістычнага натхненьня (той самы А. Нялюба для ўкраінскай мовы ці Я. Станкевіч для беларускай мовы), гэта таксама ў прыхаванай форме вынік мясцовых эгалітарысцкіх тэндэнцыяў у разьвіцьці мовы.

2.4 Кампаратывістыка

Беларуская мова – не адзіная славянская мова, у якой назіраецца пашыраная, досыць натуральная, гістарычна і эстэтычна абумоўленая зьява фэмінізацыі *Nomina agentis*. Сучаснай украінскай мове, якая таксама чэрпае з агульнай культурна-лінгвістычнай спадчыны ВКЛ, уласьцівая старая традыцыя фэмінізацыі агентыўна-прафэсійных назваў[249]. Праўда, на сучасным этапе, як заўважае Ярына Пузырэнка, пад уплывам пазамоўных чыньнікаў (маскулінізацыя, узаемадзеяньне моваў, уплыў расейскай мовы) бальшыня фэмінных *Nomina agentis* ва ўкраінскай мове пазначаюцца як *разм.*[250], што, натуральна, абмяжоўвае іх выкарыстаньне ў публічнай і літаратурнай сфэрах. Можна меркаваць, што апісаная вышэй сытуацыя ва ўкраінскай сучаснай мове вельмі падобная да той, якую мы назіраем у афіцыйнай беларускай літаратурнай мове („наркамаўцы"). Зусім іншая сытуацыя склалася ў славацкай мове, дзе тэндэнцыя да стварэньня жаночых назваў нагэтулькі жывая і актыўная, што мажліва атрымаць жаночы адпаведнік ледзьве не ад кожнай мужчынскай

[246] М. Паўленка, *Нарысы…*, тамсама.
[247] Ф. Піскуноў, *Гендарная роўнасць…*, тамсама, с. 44–49.
[248] Я. Запруднік, *Пра фемінізм з беларуска–амерыканска берага*, http://prajdzisvet.org/texts/prose/pra-feminizm-z-belaruska-ameryikanska-beraga.html [доступ: 26.01.2017].
[249] Я. Пузиренко, *До проблеми номінації осіб жіночої статі в українській мові (гендерний аспект)*, http://www.lib.ua-ru.net/inode/3027.html [доступ: 26.01.2017].
[250] Я. Пузиренко, *Агентивно-професійні назви осіб жіночої статі в лексикографічному описі та узусі*, автореферат, Київ 2005.

назвы[251], што выразна адрозьнівае гэтую мову ад літаратурных стандартаў расейскай, украінскай і беларускай. Цікавым прыкладам для моўнай сытуацыі ў Беларусі можа быць француская мова Квэбэку. Да атрыманьня сапраўднай аўтаноміі ў XX ст. яна зьведала значны ціск з боку ангельскай мовы. Пры гэтым француская мова Квэбэку была і ў пэўнай ступені застаецца змаргіналізаванай з боку францускай мовы Францыі, якая навязваецца ў сьвеце як стандарт. Узмацненьне і перамога квэбэцкага нацыяналізму і, як вынік, францускай мовы Квэбэку ў другой палове XX ст. выклікалі істотныя зрухі ў статусе мовы: дзякуючы вядомаму „закону 101" француская мова Квэбэку (*le québécois*), або француская квэбэцкая мова (*le français québécois*) сталася адзінай афіцыйнаю моваю Квэбэку. Створаная ў 1961 годзе Палата квэбэцкай францускай мовы (L'Office québécois de la langue française (OQLF)) займаецца захаваньнем, унармаваньнем і распаўсюдам францускай мовы на тэрыторыі Квэбэку[252]. У адрозненьне ад эўрапейскай францускай мовы, француская квэбэцкая значна сьмялейшая, больш творчая і крэатыўная ва ўжываньні нэалягізмаў, архаізмаў і дыялектызмаў. У выніку фэмінізацыя *Nomina agentis* ёсьць адным з афіцыйных прыярытэтаў францускай мовы Квэбэку[253]. Цікава пазначыць, што гэты прыярытэт часткова ўпісваецца якраз у лёгіку змаганьня з францускім акадэмізмам, моўным і эстэтычным каляніялізмам. То бок фэмінізацыя мовы – гэта хоць і натуральны працэс, але пры гэтым выступае як пэўная нацыянальная, калі не нацыяналістычная, зброя. У нейкай ступені гэта маркер адрознасьці. У францускай мове Квэбэку і беларускай мовах фэмінізацыя ўвасабляе нутраны патэнцыял моўнай сістэмы. Зрэшты, натуральная фэмінізацыя, уласьцівая францускай квэбэцкай мове і беларускай мовам, што вынікае з іх маргінальнага ў мінулым характару, пэўнай архаічнасьці, нераспрацаванасьці, так бы мовіць, нязлегчанасьці, праз якую прайшлі мовы імпэрскія (француская, расейская, гішпанская, ангельская або партугальская).

Параўнаньне станаў фэмінізацыі ў розных мовах і наагул параўнаньне моўнай палітыкі ў сфэры фэмінізацыі *Nomina agentis*, прадпрынятай палітычнымі і моўнымі інстанцыямі Беларусі, Польшчы, Украіны, Расеі, Летувы і Францыі перадусім дапамагае зразумець і падкрэсьліць унівэрсальнасьць зьявы, уласьцівай усім мовам, дзе прысутнічае граматычны род (прынамсі жаночы і мужчынскі): у розных ступенях пытаньне фэмінізацыі мовы прысутнічае і паўстае ці паўставала на позьве дня. Ва ўсіх выпадках, за выняткам летувіскай мовы, падчас артыкуляцыі пытаньня і дэбатаў узьнікалі і існуюць два лягеры: з аднаго боку, выключна **моўны**, **мовазнаўчы**, які па-мінімалісцку тлумачыць фэмінізацыю вы-

---

[251] Л. Буднікова, *Назви осіб у сучасній словацькій літературній мові*: *словотвірний аспект*, автореферат, Київ 2004.
[252] P. Corbeil, *Le Québécois*, Ulysse, Montréal 2004.
[253] M. Yaguello, *Les mots…*, *op.cit*.

ключна з дапамогаю моўных мэханізмаў, а, з другога боку, **сацыяльны і фэмініcцкі лягер**, які тлумачыць пытаньне ня так з пазыцыі моўнай, як з пазыцыі сацыяльнай, з улікам гістарычнай і сацыяльна-палітычнай гісторыі мовы. Летувіская мова ў дадзеным пытаньні ўвасабляе цікавы і асобны прыклад фэмінізацыі мовы, дзе, у цэлым не паўстае праблемы з фэмінізацыяй назваў пасадаў, бо яны фэмінізуюцца аўтаматычна. Аднак гэтая мова дэманструе, што можна ня мець праблемаў з фэмінізацыяй *Nomina agentis*, але мець іншыя гендарныя моўныя праблемы ці шурпатасьці: праблемы асымэтрычнасьці і няроўнасьці ў падачы жаночых імёнаў уласных (прозьвішчаў, напрыклад)[254].

Далей параўнаньне блізкароднасных моваў (беларускай, польскай, украінскай і расейскай), а таксама моваў з іншых лінгвістычных сем'яў (раманская (француская) і балцкая (летувіская)) дапамогуць вылучыць падабенствы і адрозьненьні як нутранамоўныя, так і экстрамоўныя ў разьвіцьці і вырашэньні пытаньня. Параўнаньне з блізкароднаснымі мовамі да ўсяго можа паспрыяць лепшаму разуменьню гістарычнай спадчыны, гісторыі маргіналізацыі фэмінізацыі мовы і, наадварот, выявіць моўныя і пазамоўныя прычыны адновы тэмы на сучасным этапе разьвіцьця. Сучасныя стратэгіі па фэмінізацыі мовы, задзейнічаныя нашымі суседзямі – палякамі і ўкраінцамі, у меншай ступені расейцамі, могуць таксама дапамагчы беларускай мове эфэктыўней разьвязаць пытаньне фэмінізацыі мовы. Большы посьпех польскай і ўкраінскай моваў у гэтым пытаньні абумоўлены перадусім, канечне, спрычыненасьцю моваў да практыкі, публічнай прысутнасьцю і, адпаведна, рэальнай артыкуляцыяй пытаньня, рэальным досьведам размоўнага маўленьня (як і іншых важных для паўнавартаснага функцыянаваньня мовы пластоў маўленьня – літаратурнага). Таксама дэмакратычны фармат палітычнай культуры ўзгаданых моваў спрыяе фэмінізацыі мовы, якая зьяўляецца натуральным працягам, вынікам фэмінізацыі і эгалітарызацыі грамадзтваў. Так, напрыклад, дэбаты польскіх мовазнаўцаў наконт фэмінізацыі такіх пасадаў, як *ваявода*, *бургамістар*, *войт*[255] шмат у чым падобныя і актуальныя для беларускай мовы, асабліва ў гістарычнай пэрспэктыве. Бо акрамя сучаснай мадэлі фэмінізацыі пасадаў тыпу *ваявода*, *войт* (*ваяводка*, *ваяводзіца* ў беларускай мове, ці проста ўжываньне слова *ваявода*, як слова супольнага роду; *wojewoda* ў польскай мове, як слова супольнага роду), існуе мадэль рэканструкцыі і асучасьненьня старых формаў (*ваяводзіна*(*я*) ў старабеларускай і *wojewodzina* ў старапольскай мове, якія раней азначалі жонку ваяводы, сяньня некаторымі лінгвісткамі гэтым формам прапа-

---

[254] R. Miliūnaitė, *Ką manote apie nepriesagines moterų pavardes?*, Lietuvių kalbos institutas, Vilnius 2013.

[255] K. Kłosińska, *Język władzy..*, *op.cit.*, http://samorzad.pap.pl/depesze/redakcyjne.rozmaitosci/121868/JEZYK-WLADZY--Kobieta-wojt-moze-tez-o-sobie-mowic-wojtka--wojcina-lub-wojcini [доступ: 26. 01.2017].

нуецца надаць новы сэнс: называць так ня толькі ‘жонку ваяводы’, але і саму ‘кабету-ваяводу’)[256].

Параўнаньне з іншымі мовамі таксама можа дапамагчы выявіць альтэрнатыўныя мадэлі фэмінізацыі, а таксама прадэманстраваць іншыя тэмы і пласты гендарнай моўнай няроўнасьці, якія закранаюць ня толькі ровень назваў пасадаў, а, напрыклад, пытаньне матранімаў, маргіналізацыі жаночых уласных імёнаў, найменьнікаў супольнага роду, выпрацоўкі нэўтральнай ці карэктнай мовы і г.д. Для эфэктыўнай працы неабходна выпрацаваць пэўныя крытэры, па якіх мы арганізуем параўнаньне. З дапамогаю глётапалітычнага аналізу[257] можам вылучыць наступныя крытэры:

- высьвятленьне кола моўных інстанцыяў, моўных агентаў, якія ўплываюць на прыняцьцё рашэньняў у моўнай сфэры;
- высьвятленьне кола ініцыятараў фэмінізацыі мовы;
- наяўнасьць законаў, дэкрэтаў, альбо простых прадпісаньняў, парадаў, якія б рэглямэнтавалі пытаньне;
- сутнасьць пытаньня, дэбатаў, патрабаваньняў;
- эвалюцыя пытаньня фэмінізацыі мовы і агляд вынікаў.

Апрача глётапалітычнага аналізу ў працы неабходна ўлічваць вынікі ўжо ажыцьцяўлёных кампаратывісцкіх праектаў: параўнаўчае дасьледаваньне лінгвістычнай фэмінізацыі французскай мовы Францыі, Квэбэку, Швайцарыі і Бэльгіі[258], агляд лінгвістычнага парытэту зноў жа ў франкамоўных краінах[259], параўнаўчае лінгвістычнае апісаньне дынамічных працэсаў у сучасных славянскіх мовах[260], а таксама розныя двухмоўныя параўнаньні фэмінізацыі (украінска–чэскае, украінска–расейскае, чэска–расейска–польска–ўкраінскае, французска–расейскае, украінска–французскае, французска–нямецкае, французска–нідэрляндзкае[261]).

---

[256] Тамсама.

[257] L. Guespin, J.-B. Marsellesi, *Pour la glottopolitique...*, *op.cit.*, p. 23–25.

[258] M.-E. Arbour, H. de Nayves, *Féminisation linguistique : étude comparative de l'implantation de variantes féminines marquées au Canada et en Europe*, „Langage et société", 148 (2), 2014, p. 31–51.

[259] *De la féminisation des titres…*, *op.cit.*, p. 171–182.

[260] А. Архангельская, *К вопросу о подходах к сопоставительному лингвистическому описанию динамических процессов в современных славянских языках*, „Opera Slavica", XXIII (4), 2013, https://digilib.phil.muni.cz/bitstream/handle/11222.digilib/128997/2_OperaSlavica_23-2013-4_2.pdf?sequence=1 [доступ: 26.01.2017].

[261] Е. Кашпур, *Сопоставительное исследование наименований лиц по профессии и социальному статусу во французском и русском языках*, автореферат диссертации по филологии, специальность ВАК РФ 10.02.20, Москва 2005; *Mettre au féminin, guide de féminisation des noms de métier, fonction, grade ou titre*, Fédération Wallonie-Bruxelles 2014; С. Семенюк, *Запозичені форманти в іменниках з модифікаційним значенням жіночої статі* (*кінець XVIII – початок XXI ст.*), „Українська мова", 2, 2009, с. 14–20; А. Архангельська, *Систематизований покажчик слововживань неологізмів-фемінативів в українському мовленні кінця XX – початку XXI століття*, [у:] Г.М. Вокальчук, А.М. Архангельська, О.А. Стишов, Ю.П. Маслова, В.В. Максимчук, *Неологічні назви осіб у сучасних слов'янських мовах*, НаУ „Острозька академія", Рівне–Оломоуць 2011, с. 188–243; Т. Архангельская, *Симметрия и ассиметрия грамматической категории рода и семантической категории пола в славянских языках*, диссертация, Оломоуц 2014.

Зрэшты, падчас параўнаньня нам можа быць карысным глябальны падзел у падыходзе да фэмінізацыі мовы: **традыцыйны падыход**, калі мова, мовы не фэмінізуюць назвы пасадаў, альбо фэмінізуюць мінімальна, і **гендарны** ці **гендарачульлівы падыход**, калі мова фэмінізуе пасады. Больш дэталёвы падыход прапанавала ўкраінская мовазнаўца Ярына Пузырэнка[262], якая да ўсяго ўнутры двух падыходаў вылучыла розныя мадэлі і практыкі фэмінізаваньня (ад звычайных, нэўтральных да радыкальных, скрайніх). Калі сьцісла, то ўнутры традыцыйнага і гендарнага падыходаў дасьледніца вылучыла два кшталты практыкаў: кансэрватыўную і нэўтральную ў межах традыцыйнага падыходу, ды памяркоўную і радыкальную ў межах гендарачульлівага падыходу. Кансэрватыўная практыка, калі кабету апісваюць выключна з дапамогаю маскулінітываў: *Прыйшоў лекар Іванова.* Нэўтральная практыка спалучае маскулінітвы і фэмінітывы, хоць перавага аддаецца першым: *Прыйшла лекарка Іванова, галоўурач паліклінікі.* Гендарачульлівы падыход прапапуе дзьве практыкі: памяркоўная, калі стараюцца пазьбегнуць маскулінітыву там, дзе гэта мажліва (*Яна працавала архітэктаркай, хоць марыла быць вучонай.* І радыкальная практыка: усюль ужываць два роды ці выбіраць эпіцэны, а таксама ўжываць зборныя назоўнікі (*Шаноўнае спадарства! Дарагія віцябляне і віцяблянкі!*)

Такім парадкам, ніжэй прапануецца параўнаўчы аналіз фэмінізацыі ў некаторых блізкароднасных (славянскіх) мовах, а таксама ў летувіскай і францускай мовах з улікам падыходаў, прапанаваных як глётапалітычнай сацыялінгвістычнай школай, так і ўкраінскай дасьледніцай Я. Пузырэнкай.

2.4.1 Параўнаньне з славянскімі мовамі (беларуская, украінская, польская, расейская мовы)

2.4.1.1 Беларуская мова

Асноўныя моўныя інстанцыі, агенты: Акадэмія навук, Інстытут мовы і літаратуры, катэдры беларускай мовы асноўных беларускіх унівэрсытэтаў. Для беларускай мовы – тарашкевіцы – важнымі моўнымі агентамі зьяўляюцца асобныя граматыкі, мовазнаўцы, рэдакцыі дыяспарных газэтаў („Беларус", „Бацькаўшчына") ці Інтэрнэт-бачынак. Спэцыялізаванай мовазнаўчай працаў па фэмінізацыі мовы трэба лічыць манаграфію М. Паўленкі – *Нарысы па беларускаму словаўтварэнню. Жаночыя асабовыя намінацыі ў старабеларускай мове*, 1978.

Фэмінізацыя мовы доўгі час у афіцыйнай беларускай мове не разглядалася, альбо разглядалася пераважна ў пэрспэктыве старабеларускай мовы ці беларускай мовы XIX – пачатку XX ст. Тым ня менш, бела-

[262] Я. Пузиренко, *До проблеми номінації...*, тамсама, с. 36–42.

руская мова ў 20-ыя гады XX ст. зьведала актыўную фазу словатворчага буму, у тым ліку актыўную фэмінізацыю назваў пасадаў. Аднак пазьней, пачынаючы з 1933 году пад уплывам расейскай мовы беларускае савецкае мовазнаўства было вымушанае ігнараваць пытаньне фэмінізацыі мовы, якое трактавалася як нязначнае, як размоўнае. З улікам таго, што дыяспарная беларуская мова актыўна фэмінізавала назвы пасадаў, у савецкай беларускай мове гэтая тэндэнцыя асуджалася, як цалкам асуджалася мова дыяспары[263]. То бок, пытаньне фэмінізацыі было зьнята з позвы дня ў наркамаўцы, фэміністкія падыходы ў мове не віталіся, наагул пытаньне роўнасьці палоў лічылася вырашаным у СССР, таму і пытаньне фэмінізацыі проста не магло паўстаць у ніводнай мове краіны саветаў. І, наадварот, беларуская мова дыяспары – тарашкевіца – якая разьвівалася на Захадзе, у дэмакратычным клімаце, актыўна трапляла пад розныя ўплывы, у тым ліку эгалітарысцкія, прафэмінісцкія і пад. Як заўважыў у апытанцы вядомы беларускі дасьледнік з дыяспары Янка Запруднік: „*Тарашкевіца фэмінізуе больш, чымся наркамаўка таму, што яна не падпарадкоўваецца міністэрству адукацыі так, як гэта ў выпадку з наркамаўкай. У выніку гэтай непадпарадкаванасьці ў ёй пануе самаволя і хаос*”[264].

У сучаснай беларускай мове абодвух узусаў (нават у тарашкевіцы, асабліва гэта тычыцца маладзейшай генэрацыі) назіраецца кансэрватыўная тэндэнцыя, што да фэмінізацыі мовы: не зважаючы на парады лінгвістаў фэмінізоўваць пасады і званьні, карыстальнікі мовай выбіраюць стабільны, выверены варыянт, у якім мужчынскі род нібы выконвае ўнівэрсальную функцыю. Аналіз апошніх нумароў газэты „Звязда” (травень–чэрвень 2016) і новых артыкулаў у тарашкевічаўскай Вікіпэдыі дэманструе гэтую кансэрватыўную тэндэнцыю. Праўда, дзеля аб’ектыўнасьці неабходна пазначыць, што нават цяперашняя тарашкевіца ўсё ж такі часьцей фэмінізуе, чымся рэдакцыя газэты „Звязда”.

Калі ўжыць падыход мовазнаўкі Я. Пузырэнкі, то вось якія практыкі фэмінізацыі канстатуюцца на сяньняшні момант: амаль адсутнічаюць радыкальныя мадэлі, натхнёныя фэмінісцкімі коламі. Варыянты прынцыповай фэмінізацыі і тым больш выкарыстаньня эпіцэнаў амаль адсутнічаюць. Толькі асобныя аўтаркі (Вольга Гапеева, Анка Упала) у мастацкіх тэкстах часам дазваляюць сабе скрайні варыянт. Парады лінгвістаў (Фёдара Піскунова, напрыклад) больш актыўнага ўжываньня эпіцэнаў не падтрымліваюцца. Усяго некалькі інстанцыяў беларускай мовы падтрымліваюць фэмінізацыю – гэта „Радыё Свабода” і Беларуская служба Польскага радыё, што стала магчымым толькі дзякуючы таму, што рэдакцыі працуюць, па-першае, па-за межамі Беларусі, а, па-другое,

[263] Б. Сачанка, *Беларуская эміграцыя*, Мінск 1991, с. 56. Таксама гл. Н. Баршчэўская, *Беларуская эміграцыя – абаронца роднае мовы*, Варшава 2004, с. 113–136.
[264] Гл. дадатак 9, адказы Я. Запрудніка, жнівень 2016.

працуюць на тарашкевіцы. Неабходна падкрэсьліць, што выбар на карысьць фэмінізацыі рэдакцыі дыктуецца ня так фэміністкімі аргумэнтамі, як моўнымі, стылістычнымі. Тут асобна варта пазначыць гэтую спэцыфіку фэмінізацыі беларускай мовы (тарашкевіцы перадусім), дзе не фэміністкія колы ініцыююць фэмінізацыю мовы, а выключна моўныя колы[265]. Фэміністкія колы ці агенты потым толькі паступова далучаюцца да артыкуляцыі пытаньня. Астатнія інстанцыі, пагатоў наркамаўскай (афіцыйнай, канцылярскай) беларускай мовы, прытрымліваюцца памяркоўнай ці нават кансэрватыўнай на расейскі капыл мадэлі, то бок альбо мінімальна фэмінізуюць мову, альбо зусім пазьбягаюць гэтага.

2.4.1.2 Украінская мова

Ва ўкраінскай мове асноўнымі моўнымі інстанцыямі зьяўляюцца Інстытут украінскай мовы пры Акадэміі навук, катэдры ўкраінскай мовы розных унівэрсытэтаў краіны. Ініцыятарамі фэмінізацыі зьяўляюцца як мовазнаўцы (Я. Пузырэнка, А. Нялюба, О. Панамароў і іншыя)[266], якія трактуюць яе, як натуральны рэсурс мовы ў мінулым і цяпер, так і фэміністкія колы[267]. У адрозьненьне ад Беларусі, дзе аб фэмінізацыі акуратна, дыскрэтна пішуць пераважна лінгвісты, у дэбатах вакол фэмінізацыі мовы ва Ўкраіне актыўна ўдзельнічаюць фэміністкія колы. Як адзначае ў сваёй дысэртацыі ўкраінская мовазнаўка Т. Архангельска[268]: ва Ўкраіне склалася кур'ёзная канфліктная сытуацыя, якая сутыкае фэміністак і мовазнаўцаў у канкурэнцыі за лідарства ў фэмінізацыі мовы. Некаторыя мовазнаўцы (А. Нялюба, О. Тараненка) мяркуюць, што фэмінізацыя мовы адбываецца ва Ўкраіне бяз усякага фэміністкага патрабаваньня, гэта проста натуральная зьява ўкраінскай мовы здаўна, якая была гвалтоўна спыненая ўмяшаньнем расейскай мовы. Актыўная лексычная фэмінізацыя ўкраінскай мовы на сумежжы XX–XXI ст., паводле А. Нялюбы, выкліканая зусім не фэмінізмам, а вызваленьнем украінскай мовы ад расейскага прыгнёту[269]. Але ёсьць такія, хто лічыць, што фэмінізацыя, хоць і ўласьцівая ўкраінскай мове, тым ня менш спраўджваецца на сучасным этапе пад уплывам дэмакратычных, фэміністкіх установак[270].

---

265 Тут ёсьць паралелі з тэзай украінскага лінгвіста Анатоля Нялюбы (А. Нелюба, *Інноваційні зрушення...*, тамсама, с. 49–59) аб тым, што ў актыўнай фэмінізацыі ўкраінскай мовы фэмінізм зусім ні прычым, гэта перадусім моўны рэсурс, стрыманы і забаронены ўплывам расейскай мовы.

266 Я. Пузиренко, *До проблеми номінації...*, тамсама, с. 36–42; А. Нелюба, *„Гендерна лінгвістика"...*, тамсама, с. 135–142; О. Пономарів, *Стилістика...*, тамсама.

267 Фэміністкія колы пачыналі з 20–30-ых гадоў мінулага стагодзьдзя, як паказаў у сваім дасьледаваньні мовазнаўца Міхайла Гінзбург, *Професійні назви...*, тамсама, с. 7–27.

268 Т. Архангельская, *Симметрия и ассиметрия...*, тамсама, с. 114–115.

269 А. Нелюба, *„Гендерна лінгвістика"...*, тамсама, с. 135–142.

270 Я. Пузиренко, *До проблеми номінації...*, тамсама, с. 36–42. Таксама Я. Пузиренко, *Маскулинизация как фактор влияния на агентивно-профессиональную номинацию женщин*, [у:] *Kalba, diskursas, kultūra...*, тамсама, с. 219–225; М. Гінзбург, *Професійні назви...*, тамсама, с. 7–27.

Дзякуючы дзяржаўнаму статусу і актыўнай публічнай прысутнасьці, украінская мова актыўна разьвіваецца, дэмакратызуецца, а разам з гэтым фэмінізуецца: пры гэтым абапіраецца як на нутраны гістарычны досьвед, так і на сучасную практыку дэмакратызацыі. Такім парадкам, практыка фэмінізацыі мовы ва Ўкраіне можа быць апісаная, як памяркоўная і прагендарная, пры гэтым многія актары, моўныя агенты прадукуюць радыкальную мадэль фэмінізацыі (рэдакцыя „Критики", асобныя журналісты, выкладніцы Кіева-Магілянскай Акадэміі, аўтаркі падручніка *Гендер для медій*, 2013).

На тле афіцыйнай беларускай мовы і расейскай мовы, у якіх фэмінізацыя разьвіваецца мінімальна, альбо ўсяляк стрымліваецца, а фэмінісцкія колы ня маюць вялікага ўплыву на мову і на грамадзтва, прыклад украінскай мовы выглядае, як празаходні і досыць гендарачульлівы.

2.4.1.3 Польская мова

Польская мова, як і ейныя блізкія суседкі – беларуская, украінская, чэская – у мінулым зьведала пэрыяд актыўнай фэмінізацыі мовы – з XIX да сярэдзіны XX ст.[271]. Аднак пасьля Другой сусьветнай вайны без усялякага ўплыву з боку расейскай мовы, як гэта сталася з украінскай і беларускай мовамі, у польскай мове назіраўся імклівы адыход ад выкарыстаньня фэмінітываў[272]. Польскія лінгвісты тлумачаць гэты адыход ад старой традыцыі шматлікімі чыньнікамі: перадусім перанагрузкай суфіксу *-k-a*, які задзейнічаны ў шматлікіх словатворных працэсах (і фармаваньне фэмінітываў, і фармаваньне словаў тыпу *szafka*, *lampka* і г.д.)[273]. Іншыя чыньнікі, якія прывялі да адмовы ад фэмінізацыі – уплыў службова-канцылярскай мовы, у якой звычайна мужчынскі род выконвае абагульняльную функцыю, характэрную цэламу віду. Таксама такі псыхалягічна-культурны чыньнік, як пераход насельніцтва зь вёскі ў места і паступовае абясцэньваньне фэмінітываў, якія звычайна актыўна ўжываліся ў размоўнай мове, у вёсцы[274]. Лінгвістка Ганна Ядацька дадае да гэтых чыньнікаў іншы – неўнівэрсальнасьць суфіксу *-к-а*, які абслугоўвае толькі фармаваньне жаночых словаў[275]. Усё гэта абумовіла заняпад фэмінізацыі мовы і прывяло да таго, што сучасныя генэрацыі палякаў сяньня нанава адкрываюць пытаньне. І галоўнымі цяперашнімі ініцыятарамі, фэмінізатарамі польскай мовы зьяўляюцца, у адрозьненьне аб беларускай сытуацыі, перадусім фэмінісцкія колы. Пры гэтым асноўныя моўныя інстанцыі – катэдры польскай мовы розных унівэрсытэтаў, Інстытут

---

[271] P. Krysiak, *Projekt słownika i zarys klasyfikacji semantycznej feminatywów*, https://prezi.com/x10u8uvkxmp0/projekt-sownika-i-zarys-klasyfikacji-semantycznej-feminatywow/ [доступ: 26.01.2017].
[272] J. Miodek, *Rozmyślajcie nad mową!*, Warszawa 1998, s. 87.
[273] Тамсама.
[274] Тамсама, s. 88.
[275] А. Малоха-Крупа, *Фемінізація сучасної польської мови*, „Проблеми слов'янознавства", 61, 2012, с. 133–134.

польскай мовы Акадэміі навук – стрымана ставяцца да зьявы. Многія польскія лінгвісткі (Малгажата Карватовска, Яланта Шпыра-Казловска, Аліна Кемпіньска і іншыя) хутчэй крытыкуюць актыўных фэмінізатараў мовы, выступаючы не за радыкальныя граматычныя зьмяненьні, а толькі за пэўныя лексычныя карэктуры[276]. І, наадварот, вядомыя лінгвісты (Ян Мёдэк, Марэк Лазіньскі) выказваюцца за фэмінізацыю мовы, як за натуральны і згублены пасьля Другой сусьветнай вайны рэсурс[277].

У дадатак, літаратура мастацкая, пераклад, а таксама Інтэрнэт-мова актыўна фэмінізуюць многія жаночыя пасады, у прэсе таксама шмат увагі надаецца фэмінітывам[278], а мадэль фэмінізацыі польскай мовы наагул можна назваць адкрытай і памяркоўнай. На думку польскай лінгвісткі А. Кемпінскай, тэма фэмінізацыі польскай мовы артыкулюецца пераважна фэміністкамі і журналісткамі, а мовазнаўцы толькі пасыўна ўдзельнічаюць і апісваюць зьяву[279]. Такім парадкам, артыкуляцыі пытаньня спрыяе, пачынаючы з часоў Салідарнасьці, дэмакратычнае пасланьне роўнасьці і імкненьня да эгалітарызацыі, у тым ліку ў мове.

Апагеем дэбатаў вакол фэмінізацыі назваў пасадаў у польскай мове стаўся выхад у сьвет у 2015 годзе фундамэнтальнага *Слоўніка жаночых назваў польскай мовы*[280].

2.4.1.4 Расейская мова

Расейская мова, як і ейныя суседкі – беларуская, украінская, польская, чэская – у мінулым (пачатак XX ст.) зьведала бум словатворнай фэмінізацыі. Аднак у адрозьненьне ад іншых славянскіх моваў і ў зьвязку перадусім з статусам імпэрскай мовы тэндэнцыя да фэмінізацыі была спынена працэсам нэгатывізацыі бальшыні фэмінітываў (*историчка, филологичка*)[281]. А многія наватворы-фэмінітывы, калі не гучалі сьмешна, то паступова пачалі набываць размоўную канатацыю (*авторша, завнаробразиха, инвалидка, кочегарка, миллиционерка, сыпариха, токариха, фабзаушница, члениха, шкрабиха, шпиониха*)[282]. У 20-ыя гады XX ст., калі ў суседніх славянскіх мовах – беларускай і ўкраінскай – адбывалася актыўная словатворная фэмінізацыя, у расейскай мове пера-

[276] A. Kępińska, *Pani prezydent czy pani prezydentka*?, 2007, http://www.tkj.uw.edu.pl/objas/obj_paniprezydent.html [доступ: 26.01.2017].
[277] M. Łazinski, *O panach i paniach. Polskie rzeczowniki tytularne i ich asymetria rodzajowo-płciowa*, Warszawa 2006; J. Miodek, *Rozmyślajcie nad mową!*, Warszawa 1998.
[278] M. Karwatowska, J. Szpyra-Kozłowska, *Lingwistyka płci*: *ona i on w języku polskim*, Wydawnictwo UMCS, Lublin 2005, s. 275–283.
[279] A. Kępińska, *Pani prezydent…*, *op.cit.*, http://www.tkj.uw.edu.pl/objas/obj_paniprezydent.html [доступ: 26.01.2017].
[280] *Słownik nazw żeńskich polszczyzny*, Agnieszka Małocha-Krupa (red.), Wydawnictwo Uniwersytetu Wrocławskiego, Wrocław 2015.
[281] Н. Янко-Триницкая, *Наименование лиц женского пола существительными женского и мужского рода*, [в:] *Развитие словообразования современного русского языка*, Изд. „Наука", 1966, с. 167–210.
[282] Тамсама.

магла тэндэнцыя маскулінізацыі – называць кабету мужчынскім словам. Пазьней, калі рамантычны камуністычны пэрыяд завершыўся і пачалася аўтарытарна–таталітарная фаза існаваньня СССР, у тым ліку ў мове пад эгідай адной – расейскай мовы, працэсы словатворнай фэмінізацыі былі спыненыя і замененыя маскулінізацыяй назваў пасадаў і ўсялякай маргіналізацыяй фэмінізацыі. Гісторыя мовы сьведчыць, што такая норма фазы досыць актыўнай і дэмакратычнай словатворнай фэмінізацыі 20-ых гадоў мінулага стагодзьдзя перайшла ў беларускую і ўкраінскую мовы адпаведна Заходняй Беларусі і Заходняй Украіны, а пазьней у дыяспарныя мовы. То бок, у гісторыі мовы зафіксаваны палітычны, а разам зь ім граматычны і стылістычны ўплыў расейскай мовы на беларускую і ўкраінскую.

Да сяньня расейская мова захоўвае кансэрватыўную мадэль мінімальнага фэмінізаваньня ці нефэмінізаваньня назваў пасадаў, гэта прытым, што мовазнаўцы рэгулярна падкрэсьліваюць багаты гістарычны досьвед фэмінізацыі расейскай мовы, ад якога расейскае грамадзтва адмовілася зусім не па моўных прычынах[283].

Галоўнымі моўнымі інстанцыямі Расеі зьяўляюцца Інстытут расейскай мовы імя Вінаградава, таксама катэдры расейскай мовы і/ці філялёгіі розных расейскіх ВНУ.

2.4.2 Параўнаньне зь неславянскімі мовамі (французская і летувіская)

2.4.2.1 Французская мова

Французская мова, як і разгледжаныя вышэй славянскія мовы, увасабляе цікавы прыклад актыўнай палітыкі па падтрымцы фэмінізацыі, то бок умяшаньня грамадзтва, элітаў, нават партыяў у выбудову моўнай нормы. Дэмакратычны, палітычны чыньнік тут дамінуе і вызначае больш, чымся ўласнамоўныя чыньнікі. Гісторыя французскай мовы – гэта прыклад-ілюстрацыя таго, як калісьці па волі некаторых мужчынаў (г.зв. акадэмікаў) у 1676 годзе граматычны жаночы род быў маргіналізаваны і адкінуты, як „менш шляхетны"[284].

На сучасным этапе сытуацыя ўскладняецца, але на карысьць фэмінізацыі мовы, тым фактам, што французская мова – не адна, а разнастайная: французская мова Францыі, французская мова Квэбэку, Швайцарыі, Бэльгіі. То бок адразу існуюць некалькі самастойных моўных інстанцыяў французскай мовы: у Францыі гэта і Французская акадэмія, і Нацыянальны

[283] В. Ефремов, *Словообразовательные гендерные асимметрии в словаре В.И. Даля*, [в:] *Лексикология, лексикография и корпусная лингвистика*: *сборник научных статей*, Спб 2014, с. 40–41.
[284] M.-H. Alarie, *Féminisation – On ne peut être neutre ! La règle traditionnelle date du XVIIe siècle*, „Le Devoir", 16 juin 2012, http://www.ledevoir.com/societe/actualites-en-societe/352348/on-ne-peut-etre-neutre [доступ: 26.01.2017].

інстытут францускай мовы (INALF – CNRS), і рэдакцыі газэтаў і часопісаў, і пісьменьніцтва, і фэмінісцкія колы, а таксама сацыялінгвістычныя школы, калектывы, лябараторыі. У Канадзе гэта Кантора (Офіс) францускай квэбэцкай мовы. У Бэльгіі ёсьць Каралеўская акадэмія і Рада францускай мовы Валёніі, а ў Швайцарыі кантанальныя міністэрствы роўнасьці, а таксама катэдры францускай мовы швайцарскіх унівэрсытэтаў. Усе гэтыя інстанцыі па-рознаму трактуюць фэмінізацыю мовы: Французская акадэмія ўсяляк супраціўляецца[285], тады як іншыя інстанцыі прынялі фэмінізацыю мовы. Квэбэк, Швайцарыя і Бэльгія ў гэтым пытаньні значна сьмялейшыя за Францыю: моўныя законы, дэкрэты, цыркуляры, парады па фэмінізацыі мовы ў гэтых краінах былі прынятыя з пачатку 80-ых гадоў XX ст.

1980–1981 – гід па фэмінізацыі францускай мовы Квэбэку.

1988 – урад Жэнэвы прыняў рэглямэнт па фэмінізацыі мовы.

1991 – Канцылярыя Швайцарскай Канфэдэрацыі апублікавала парады па фэмінізацыі мовы (у сьвет выйшаў *Жаноча–мужчынскі слоўнік назваў прафэсіяў*).

1993 – дэкрэт па фэмінізацыі мовы Бэльгіі.

1984 – стварэньне першай тэрміналягічнай камісіі па фэмінізацыі ў Францыі.

1986 – цыркуляр па фэмінізацыі мовы ў Францыі (не прыняты).

1998 – даклад Тэрміналягічнай і нэалягічнай камісіяў, па ініцыятыве прэм'ер-міністра.

1999 – выхад у сьвет гіду па фэмінізацыі назваў пасадаў, рэкамэндаваны ўсім.

З 1999 па 2016 усе газэты, часопісы, як левага, так і правага кірунку перайшлі да актыўнай фэмінізацыі. Камітэт па фэмінізацыі ў Бэльгіі ў 2005 годзе канстатаваў пасьпяховасьць дэкрэту. У Швайцарыі і Канадзе справаздачы амбудсмэнаў канстатавалі посьпех моўнай палітыкі ў сфэры фэмінізацыі, бо „яна спрыяе роўнасьці ў іншых сфэрах"[286]. Фэмінісцкі калектыў часопісу *Recherches féministes*[287] прааналізаваў вынікі палітыкі фэмінізацыі заходняга франкамоўнага сьвету за апошнія 30 гадоў і канстатаваў, што франкамоўныя краіны ня толькі перайшлі да фэмінізацыі назваў пасадаў, якія больш не насьцярожваюць ані дарослых

---

[285] *Déclaration de l'Académie française, Féminisation des noms de métiers, fonctions, grades et titres*, le 21 mars 2002, http://www.academie-francaise.fr/actualites/feminisation-des-noms-de-metiers-fonctions-grades-et-titres [доступ: 26.01.2017].

[286] M. Lenoble-Pinson, *Mettre au féminin les noms de métier : résistances culturelles et sociolinguistiques*, „Le français aujourd'hui", 163 (4), 2008, p. 73–79.

[287] H. Dumais, E. Khaznadar, *De la féminisation des titres à la rédaction épicène : regards croisés sur la parité linguistique*, „Recherches féministes", 21 (1), 2008, p. 171–182.

носьбітаў мовы, ані тым больш маладыя генэрацыі, але пачалі працаваць у сфэры лінгвістычнага парытэту. Квэбэк, Швайцарыя актыўна задзейнічваюць эпіцэны, змагаюцца з моўнымі сэксізмамі, аддаюць перавагу гендарна нэўтральнай і палітычна карэктнай мове.

Мадэлі фэмінізаваньня франкамоўных краінаў можна апісаць, як актыўныя і гендарачульлівыя. Француская мова, у адрозьненьне ад расейскай, здолела пазьбегнуць кансэрватызму, уласьцівага былым імпэрскім мовам. Дзякуючы палітычнай дэмакратычнай культуры француская мова разьвязала праблему культурных, сацыялінгвістычных і моўных перашкодаў на шляху да эгалітарызацыі грамадзтва.

2.4.2.2 Летувіская мова

Асобны выпадак увасабляе летувіская мова, у якой праблемы з фэмінізацыяй назваў пасадаў не існуе – яны ўсе аўтаматычна фэмінізуюцца. Але гэта не азначае, што ў мове няма іншых гендарных праблемаў, пытаньняў. Якраз гэтым і цікавы летувіскі выпадак, бо дэманструе, што фэмінізацыя мовы – гэта зьява шырэйшая за проста фэмінізацыю назваў пасадаў. Так, да нядаўняга часу ў мове існавала праблема асымэтрычнага апісаньня і падачы жаночых прозьвішчаў. У 2003 годзе быў прыняты закон, які дазволіў кабетам мяняць суфікс і канчатак прозьвішча так, каб гэта не апісвала іх сямейны, узроставы статус.

Асноўныя моўныя інстанцыі, агенты – Інстытут летувіскай мовы (Lietuvių kalbos institutas), Моўная інспэкцыя.

На думку лінгвісткі, супрацоўніцы Інстытуту летувіскай мовы Рыты Мілюнайце, аўтаркі шматлікіх артыкулаў і кнігаў аб моўных інавацыях, новых тэндэнцыях і словатворчасьці ў летувіскай мове, „на сяньняшні момант гендарных праблемаў у летувіскай мове няма – граматычна ўсё фэмінізуецца, усе прафэсіі маюць роўныя эквіваленты ў мужчынскім і жаночым родзе"[288]. Мовазнаўца прыводзіць цікавы прыклад з савецка-летувіскай практыкі, калі пад уплывам расейскай мовы была спроба ў летувіскай мове надаць словам тыпу *член* (*чаліца партыі*, напрыклад) толькі мужчынскую форму. Але без усякіх фэмінісцкіх патрабаваньняў у летувіскай мове ўсюль у дачыненьні да кабетаў ужывалася жаночая форма слова *чалец – чаліца* (*narė*), бо так патрабуе агульнае правіла летувіскай мовы[289].

Неабходна пазначыць, што за савецкім часам летувіскай мове, сапраўды, удалося пазьбегнуць уплыву расейскай мовы. Так сталася дзякуючы лацінічнаму шрыфту, пазьнейшай інтэграцыі ў СССР, але перадусім дзякуючы архаічнасьці і адрознасьці мовы ад славянскіх.

---

[288] Інтэрвію з Рытай Мілюнайце, 19 жніўня 2016, Вільня (гл. Дадатак 8).
[289] Тамсама.

2.4.3 Вікіпэдыя–параўнаньне. Ужываньне жаночых агентываў (6 моваў: беларуская (два узусы), польская, украінская, расейская, француская і летувіская)

У дадатак, у якасьці актуальнага параўнаньня фэмінізацыі назваў пасадаў у розных мовах (тая ж камбінацыя з шасьці моваў: беларуская (два узусы), польская, украінская, расейская, летувіская і француская) быў выбраны такі папулярны рэсурс, як Вікіпэдыя. Дадзены рэсурс выступае ў XXI ст. як своеасаблівы працяг асьветніцкай энцыкляпэдыі, а з улікам віртуалізацыі і дыгіталізацыі кнігі, Вікіпэдыя, сапраўды, сталася актыўнай і аўтарытэтнай крыніцай. Нам будзе цікава паглядзець, як гэтая мультымоўная і надзвычай сучасная плятформа, якая імгненна рэагуе на актуальныя выклікі і зьмяненьні, фэмінізуе назвы пасадаў. Вікіпэдыя-параўнаньне, зьяўляецца, такім парадкам, даступнай экспрэс-праверкай рэальнай фэмінізацыі, бо, прыгадаем, паводле правілаў Вікіпэдыі, стваральнікі вікі-тэкстаў мусяць карыстацца дзейнымі моўнымі правіламі. У якасьці праверачных элемэнтаў былі абраныя вядомыя актуальныя, а таксама гістарычныя жаночыя постаці (усяго 14): Аліза Ажэшка, Сьвятлана Алексіевіч, Сымона дэ Бавуар, Ларыса Геніюш, Даля Грыбаўскайце, Аляксандра Калантай, Ангела Мэркель, Эўфрасіньня Полацкая, Надзея Саўчанка, Леся Ўкраінка, Валянціна Церашкова, Цётка, Аўн Сан Су Чжы і Маргарыт Юрсёнар.

	Беларуская мова. Тарашкевіца	Беларуская мова. Наркамаўка	Польская мова	Украінская мова	Расейская мова	Французская мова	Летувіская мова
Цётка	паэтка, пісьменьніца, дзяячка	паэтэса, дзеяч, публіцыст	poetka, założycielka	поетеса, громадська діячка, публіцистка, педагог	поэтесса, прозаик, общественно-политический деятель, актриса, педагог	няма	poetė, revoliucinė veikėja
Леся Ўкраінка	паэтка, пісьменьніца, перакладчыца, культурная дзеячка	паэтэса, пісьменніца, перакладчык, культурны дзеяч	poetka, pisarka, krytyk literacki	письменниця, перекладач, культурний діяч	поэтесса, писательница, переводчица, деятель культуры	écrivaine, poétesse	poetė, rašytoja, politinė, pilietinė aktyvistė
Ларыса Геніюш	паэтка, пісьменьніца, дзяячка	паэтэса, празаік, грамадскі дзеяч	poetka, polityk emigracyjny	поетка, письменниця, громадський діяч	поэтесса, писательница, общественный деятель	poétesse biélorusse, écrivaine, dissidente	Няма
Сымона дэ Бавуар	філёзафка-экзыстэнцыя-лістка, пісьменьніца, ідэоляг фэміністычнага руху, сяброўка, аднадумка	пісьменніца, філосаф, ідэолаг феміністкага руху, сяброўка, аднадумца	pisarka, filozofka, feministka	письменниця, філософ, ідеолог фемінізму, авторка	писательница, представительница (экзистенциальной философии), идеолог (феминистского движения), единомышленница	philosophe, romancière, épistolière, mémorialiste, essayiste française	rašytoja, filosofė, feministė
Алаіза Ажэшка	пісьменьніца, грамадзкая дзяячка, пэдагог	Пісьменніца	Pisarka	письменниця	писательница, общественный деятель	femme de lettres	rašytoja, novelistė, publicistė

	Беларуская мова. Тарашкевіца	Беларуская мова. Наркамаўка	Польская мова	Украінская мова	Расейская мова	Французская мова	Летувіская мова
Маргарыт Юрсёнар	пісьменьніца, паэтка, перакладніца, акадэміня, эсэістка	Няма	Pisarka	письменниця	писательница	poète, traductrice, essayiste, critique littéraire, femme de lettres	rašytoja, autorė, vertėja
Калантай Аляксандра	дзяячка, чалец, фэміністка, публіцыстка, першая ў сьвеце жанчына-міністар	дзеяч, член першага бальшавіцкага ўрада, народны камісар, феміністка, публіцыст, першая ў свеце жанчына-міністр	komunistka, rewolucjonistka	учасниця революційного руху, політичний діяч, перша у світі жінка-посол, учасниця міжнародного жіночого руху, публіцист, дипломат	революционерка, государственный деятель, дипломат, нарком, женщина-министр	femme politique, socialiste, communiste, militante, féministe soviétique, ambassadrice	revoliucionierė, feministė, publicistė, diplomatė, pirmosios bolševikų vyriausybės narė
Валянціна Церашкова	касманаўт, першая жанчына ў космасе	касманаўт, першая жанчына ў космасе	kosmonautka, inżynierka, posiadaczka odznaki	космонавт, льотчик-космонавт СРСР, Герой Радянського Союзу (1963), перша у світі жінка-космонавт,	космонавт, первая в мире женщина-космонавт, Герой Советского Союза, генерал-майор (1995), кандидат технических наук,	la première cosmonaute soviétique, major-général	kosmonautė, parašiutininkė

	Беларуская мова. Тарашкевіца	Беларуская мова. Наркамаўка	Польская мова	Украінская мова	Расейская мова	Французская мова	Летувіская мова
				кандидат технічних наук, полковник (1970), генерал-майор авіації у відставці (перша в російській армії жінка-генерал)	профессор, лётчик-космонавт		
Сьвятлана Алексіевіч	пісьменьніца, ляўрэатка	журналістка, пісьменніца, лаўрэат	pisarka, dziennikarka, laureatka	письменниця, публіцистка, лауреат	писательница, журналистка, сценарист, лауреат	personnalité littéraire, journaliste, dissidente	rašytoja, žurnalistė, scenaristė
Ангела Мэркель	палітык, лідэр ХДЗ, фэдэральны канцлер	палітык, старшыня, канцлер	polityk, kanclerz Niemiec	політик, лідер ХДС, федеральний канцлер	политический деятель, канцлер, лидер партии	femme d'État allemande, chancelière fédérale	politikė, mokslininkė, kanclerė
Даля Грыбаўскайце	эканамістка, дыпляматка, палітык, міністар фінансаў, камісар, прэзыдэнт	палітык, эканаміст, міністр фінансаў, камісар, прэзідэнт	polityk, ekonomistka, prezydent Litwy, minister finansów, komisarz	президент, комісар, міністр фінансів	политик, экономист, президент	femme d'État, présidente de la République	politikė, diplomatė, buvusi LR ministrė, viceministrė, Europos Sąjungos komisarė, prezidentė

	Беларуская мова. Тарашкевіца	Беларуская мова. Наркамаўка	Польская мова	Украінская мова	Расейская мова	Французская мова	Летувіская мова
Эўфрасіньня Полацкая	князёўна, ігуменьня, сьвятая, асьветніца, апякунка	манахіня, ігуменння, асветніца	księżniczka, święta, mniszka, pierwsza kobieta-święta	княжна Полоцька, черниця, свята	инокиня, просветительница	princesse, moniale de Polotsk, sainte	Няма
Надзея Саўчанка	вайсковец, штурманка-апэратар верталёту, капітан, Герой Украіны	вайсковец, штурман-аператар, капітан, Герой Украіны	porucznik, lotnik, nawigator, posłanka do Rady Najwyższej Ukrainy, Bohater Ukrainy	військова, штурман-оператор вертольота, старший лейтенант, Герой України (2015), народний депутат, делегат	военнослужащая вооружённых сил Украины, капитан, штурман-оператор вертолёта, депутат	une pilote ayant le grade de lieutenant de l'armée ukrainienne, femme politique	Няма
Аўн Сан Су Чжы	палітычны дзяяч, лідэр апазыцыі ваеннай хунты, ляўрэат Нобэлеўскай прэміі міру	палітычны дзеяч, лаўрэат Нобелеўскай прэміі міру	opozycjonistka, działaczka polityczna	політична діячка М'янми, лідерка опозиції військовій хунті, лауреатка Нобелівської премії миру	политический деятель, лидер партии „Национальной лиги за демократию", лауреат Нобелевской премii	femme d'État birmane, figure de l'opposition non-violente, lauréate du prix Nobel de la paix	opozicijos politikė, Nacionalinės Demokratijos Lygos generalinė sekretorė

Азначэньні кабетаў у шасьці прыгаданых мовах пакідаюць наступныя заўвагі:

1. Французская і летувіская мовы фэмінізуюць усе прафэсійныя і кваліфікацыйныя званьні кабетаў. Калі ў летувіскай мове фэмінізацыя назваў пасадаў ніколі не выклікала праблемаў (з 37 назваў пасадаў і званьняў у апісаньні выбраных намі кабетаў усе 37 – фэмінітывы), то аналіз французскай мовы ў Вікіпэдыі даводзіць цьверджаньне бальшыні сучасных франкамоўных лінгвістаў аб актыўным пераходзе новых генэрацыяў франкафонаў да амаль татальнай фэмінізацыі *Nomina agentis*[290]. У франкамоўным сэгмэнце Вікіпэдыі для апісаньня 14 выбраных вышэй кабетаў задзейнічаныя 39 агентываў, зь якіх толькі адзін падаецца ў мужчынскім родзе (*major-général – генэрал-маёр*).
2. Далей ідзе польская мова, якая ў Вікіпэдыі шмат фэмінізуе (з 33 азначэньняў пасадаў і званьняў кабетаў 12 пададзеныя ў мужчынскім родзе, 21 – у жаночым), пры гэтым такія пасады як *krytyk*, *polityk*, *lotnik*, *kanclerz*, *minister*, *prezydent* працягваюць заставацца па-за ўвагай фэмінізацыі і падаюцца выключна ў мужчынскай форме.
3. Потым ідуць: варыянт тарашкевіца беларускай мовы (з 43 агентываў, якія апісваюць кабетаў, 14 – маскулінітывы, астатнія 29 – фэмінітывы) і ўкраінская мова (з 43 агентываў 25 – маскулінітывы, 18 – фэмінітывы), якія часта і досыць спарадычна фэмінізуюць званьні і пасады ў Вікіпэдыі. Аднак часта пакідаюць у мужчынскай форме назвы, якія ў прэсе фэмінізуюцца: *міністар*, *прэзыдэнт*, *педагог*, *лідар*, *палітык*, *камісар*, *касманаўт*, *штурман*, *лётчык*, *ідэолаг*. Неабходна адзначыць, што тарашкевіца ў Вікіпэдыі досыць адрозьніваецца ад тарашкевіцы дыяспары і „Радыё Свабода": звычайна тарашкевіца без праблемаў фэмінізуе назвы пасадаў, але ў Вікіпэдыі, дзе, як лічыцца, задзейнічаныя маладыя адміністратары назвы пасадаў пазначаюцца, як у наркамаўцы і расейскай мове. Таму ёсьць усе абгрунтаваньні лічыць, што маладое пакаленьне беларусаў, якія працуюць у сеціве, у Вікіпэдыі, у прыватнасьці, нібы на тарашкевіцы, насамрэч, паходзяць з асяродкаў расейскамоўных і/ці беларускамоўных наркамаўскай традыцыі. Якраз у Вікіпэдыі адлюстроўваецца стылістыка, эстэтыка мовы/моваў, якая/якія ім бліжэй. Такім парадкам, фэмінізацыя мовы дапамагае выявіць моўныя, а разам з гэтым ідэалягічныя асновы і культуру супрацоўнікаў Вікіпэдыі. Маладыя генэрацыі тарашкевічаўцаў не заўсёды добра і дасканала ведаюць тарашкевіцу, прыўносяць з родных наркамаўкі і расейскай мовы ігнараваньне, напрыклад, фэмінізацыі мовы.
4. Зрэшты, слабей за ўсіх фэмінізуе назвы пасадаў у Вікіпэдыі варыянт наркамаўка беларускай мовы (10 фэмінітываў з 37 агентываў), яшчэ радзей і слабей фэмінізуе расейская мова (8 фэмінітываў з 36 агентываў, якія апісваюць пасады, званьні кабетаў).

---

[290] M.-E. Arbour, H. de Nayves, *Féminisation linguistique…*, *op.cit.*, p. 31–51.

3 Фэмінізацыя мовы: паміж моўным каляніялізмам (імпэрыялізмам) і патрыярхальнасьцю

3.1 Фэмінізацыя мовы і каляніялізм (тэарэтычны аналіз)

З папярэдніх частак вынікае, што фэмінізацыя застаецца важнай часткай мовы ў цяперашняй тарашкевіцы і калісьці (да русіфікатарскіх рэформаў) зьяўлялася неадымнай часткай наркамаўкі. Нам вядома, дзякуючы параўнаньню, у іншых – суседніх мовах – гісторыя фэмінізацыі мовы прайшла падобны шлях ад актыўнага ўжываньня да забароны ці ігнараваньня і зноў да адновы ў канцы XX – пачатку XXI ст. А гэта азначае, што неабходна ідэнтыфікаваць рэальныя прычыны такой пакручастай траекторыі разьвіцьця мовы. Мовазнаўцы і гісторыкі мовы пазначаюць канкрэтныя даты, пэрыяды, калі адбылася маргіналізацыя традыцыі фэмінізацыі мовы (пачатак 30-ых гадоў мінулага стагодзьдзя для беларускай і ўкраінскай мовы; пэрыяд пасьля Другой сусьветнай вайны для польскай мовы; 1676 год для францускай мовы; 20-ыя гады XX ст. для расейскай мовы) і канстатуюць, што так адбылося не па моўных, а перадусім па экстрамоўных прычынах.

Такім парадкам, проста моўнага аналізу і канстатацыі, што ў пэўны пэрыяд адбылося зьніжэньне выкарыстаньня фэмінітываў ці жаночых суфіксаў не дастаткова, каб патлумачыць зьяву. Таму неабходны поўны сацыялінгвістычны аналіз гісторыі мовы, цяперашняй сытуацыі – з дапамогаю інтэрвію і апытанак экспэртак і экпэртаў, што дапаможа знайсьці прычыны маргіналізацыі фэмінізацыі ў адным варыянце мовы і, наадварот, ягонай безупыннай актуалізацыі ў іншым варыянце.

Такім парадкам, у цэнтры ўвагі трэцяй часткі ляжаць сучасныя практыкі беларускай мовы (у розных яе вэрсіях), фэмінізацыя *Nomina agentis* беларускай мовы, моўная калянізацыя, русіфікацыя, антыкаляніяльныя, а таксама дэкаляніяльныя стратэгіі ў мове і культуры, вяртаньне (нэа)каляніяльных практыкаў праз перамогу прасавецкіх элітаў. Калі яшчэ вузей, то фокус робіцца на моўную і культурную калянізацыю, калянізацыю беларускай прасторы і мовы, або, калі ўжыць паняткі, прапанаваныя некаторымі лінгвістамі ды ідэолягамі, у цэнтры ўвагі месьціцца культурны[291] і моўны імпэрыялізм[292], але ў дачыненьні да беларускай мовы і культуры. Якраз на такой адносна вузкай тэме, як фэмінізацыя

[291] F. Fanon, *Les damnés de la terre*, La Découverte, Paris 1961; E. Said, *Culture and Imperialism*, Knopf, 1993.

[292] R. Philippson, *Linguistic Imperialism*, Oxford University Press, Oxford 1992; P. Casanova, *La Langue mondiale. Traduction et domination*, Seuil, 2015.

Nomina agentis прапаную разгляд практыкаў ігнараваньня і/або маргіналізацыі гэтай тэмы ў „афіцыйнай” беларускай мове або, наадварот, яе актуалізацыі ў гэтак званай тарашкевіцы. З выключна моўнай плашчыні адрозьненьні ў моўных практыках трапляюць у палітычнае, ідэалягічнае вымярэньне, і канфлікт гэты вынікае зь дзьвюх антаганістычных лёгікаў: каляніялізм ды падпарадкаванае мысьленьне, з аднаго боку, і дэкаляніялізм ды актыўная незалежніцкая пазыцыя з другога. Фэмінізацыя мовы і ступень ужываньня гэтага лінгвістычнага рэсурсу можа служыць лякмусаваю паперкаю каляніялізму, крытэрам самастойнасьці лінгвістаў, інтэлектуалаў і носьбітаў мовы, а таксама паказьнікам ступені выкарыстаньня нутранага культурнага патэнцыялу.

У дадатак, карысны і дасюль актуальны сацыялінгвістычны падыход да аналізу нашай тэмы прапануе Люі-Жан Кальвэ. Праца францускага дасьледніка *Лінгвістыка і каляніялізм*[293] – адна зь першых не гістарычных, не філязофскіх, не ідэалягічных, а мовазнаўчых (сацыялінгвістычных) спробаў аналізу дамінаваных, падпарадкаваных моваў праз прызму каляніялізму, імпэрыялізму. Аўтар прапануе, насамрэч, схему, па якой адбывалася і адбываецца маргіналізацыя дамінаванай, званай мовы. Нам цікавая гэтая схема па прычыне таго, што зьмены дамінаванай, змаргіналізаванай мовы, якая часта губляе статус мовы і становіцца дыялектам, гаворкай, „*наречием*”, „*patois*”, тычацца як формы, так і зьместу. Фэмінізацыя беларускай мовы, ці дакладней паступовая маргіналізацыя гэтага рэсурсу ў афіцыйнай беларускай мовы (наркамаўкі), падпарадкаванай расейскай мове, якраз месьціцца ў прапанаваную францускім дасьледнікам схему. Але пакуль вернемся да схемы: так, нэгатыўны варыянт гэтай схемы мае назоў у Люі-Жана Кальвэ – *глётафагія*, альбо паглынаньне адной мовай іншай. Пасьля званьня тэрыторыі, краіны, народу новая ўлада пачынае палітыку па маргіналізаваньні мясцовай мовы, якая хутка пераўтвараецца ў просты дыялект мовы цэнтральнай (беларуская мова за царызмам трактавалася, як „*наречие*”, брэтонская мова трактавалася ў Францыі, як архаічны недаразьвіты дыялект, „*patois*”, правансальская мова падавалася як дыялект францускай мовы і пад.). Цікава, што ня толькі мэтраполія лічыла так, паступова самі мясцовыя жыхары пачыналі ўспрымаць сваю мову як дыялект, як нешта непаўнавартаснае і пад. Каляніяльная падача інфармацыі, такім парадкам, абясцэньвала, маргіналізавала званую мову праз прызму дыхатаміі (барбарыя/цывілізацыя; мова/дыялект, жаргон, гаворка; народ, нацыя/плямя, этнас). Так, у канцы XIX ст. 6–7 мільёнаў беларусаў апісваліся, як плямя, як частка рускага народу, а некалькі дзясяткаў тысячаў ісьляндцаў падаваліся, як самастойная нацыя, як народ. Далей каляніяльная палітыка ахоплівала пытаньне называньня, тапаніміі: той, хто дае назву, мае сілу, мае права. З антычнасьці вядомы гэты фэномэн названьня іншага абразь-

[293] L.-J. Calvet, *Linguistique et colonialisme...*, *op.cit*.

лівым ці насьмешлівым паняткам: грэкі – барбары, славяне – немцы (славяне, як нявольнікі, немцы, як нямчуры, немыя, прусы і прусакі, як жамяры-паразіты, бульбашы, бульбаеды і пад.). У моўным пляне Л.-Ж. Кальвэ вылучае тры этапы каляніяльнага працэсу[294]:

1. Права называньня (Менск становіцца Мінскам, Беларусь – Белоруссией, Лёзна – Ліёзнам, Мёры – Міорамі; дырэктарка – дырэктарам, дэпутатка – дэпутатам і пад.).
2. Пачатак каляніялізму (атабарываньне на новых землях ваенных, адміністрацыі і гандляроў[295]; потым надыходзіць чарга школак, адукацыі – праз гэтыя каналы і адбываецца глётафагія).
3. Трыюмф каляніялізму (падзел краіны на цывілізаваную, урбаністычную, расейскамоўную частку і барбарскую, нецывілізаваную, вясковую і беларускамоўную–трасянкамоўную).

Акрамя гэтых трох этапаў калянізацыя мовы можа праяўляцца ў іншых сфэрах: сыстэма моўных запазычаньняў (замена ўласных словаў масавымі русізмамі), зьмены ў этнаніміі, тапаніміі, наўмыснае стрымліваньне разьвіцьця лексыкі, маргіналізацыя стандартаў мовы, якія разьвіваюцца самастойна (напрыклад, тарашкевіца), фізычнае вынішчэньне крытычных мовазнаўцаў, стылістычная асыміляцыя, фармаваньне цалкам падпарадкаванага мясцовага мовазнаўства, прэзэнтацыя Беларусі па-за межамі ў русацэнтрычнай традыцыі (Byelorussia, Biélorussie), адсутнасьць перакладных слоўнікаў, слабое разьвіцьцё перакладу з заходніх моваў на беларускую наагул і пад. Нэгатыўны сцэнар завяршаецца зьнікненьнем мовы – „*поўнай глётафагіяй*"[296], але ў Л.-Ж. Кальвэ ёсьць і станоўчы сцэнар г.зв. „*лінгвістычнага вызваленьня*"[297] (прыклад каталёнскай мовы).

Пытаньне фэмінізацыі беларускай мовы можна прааналізаваць праз схему каляніялісцкага працэсу Л.-Ж. Кальвэ: фэмінізацыя мовы, як толькі адзін пэўны элемэнт, маргіналізуецца разам з усёй мовай. Зьява фэмінізацыі адкідваецца, успрымаецца, як лішняя, архаічная, прастамоўная ўласьцівасьць мовы. Створаная новая беларуская мовазнаўчая школа, як раўназначны адбітак школы расейскай, завуаляванай пад назовам савецкая, – гэта прадукт каляніялізму, які не прадукуе крытычнай веды, а толькі калькуе цэнтральны, мэтрапольны стандарт. Так, савецкія беларускія мовазнаўцы (М. Цікоцкі[298], А. Баханькоў[299]) у актуальнай пэрспэк-

---

[294] Тамсама, с. 56–73.

[295] Аналіз мовы XIX ст. на аснове слоўніка (на прыкладзе словаў *каляніяльны*, *калянізацыя* ў тагачаснай мове) Я. Ціхінскага якраз дапамагае лепей зразумець каляніялісцкую лёгіку, апісаную францускім лінгвістам Л.-Ж. Кальвэ. Так, панятак каляніяльны перадусім асацыяваўся з таварам (*каляніяльны тавар*). Калянізацыя азначала '*засяленьне якога краю перасяленцамі*', а дзеяслоў *калянізаваць* тлумачыўся, як '*асаджаць на жыцьцё*'.

[296] Тамсама, с. 79.

[297] Тамсама, с. 138.

[298] М. Цікоцкі, *Стылістыка...*, тамсама, с. 153–154.

[299] *Лексікалогія сучаснай беларускай...*, тамсама, с. 363.

тыве падаюць зьяву фэмінізацыі, як прастамоўную, уласьцівую гутарковаму стылю. То бок савецкія спэцыялісты і носьбіты мовы прынялі стылістычную норму мовы расейскай, а, насамрэч, дамінантная (расейская) мова навязала ў межах каляніяльнай палітыкі чарговую норму чужой, але дамінаванай, падпарадкаванай беларускай мове. І нават той факт, што мовазнаўца М. Паўленка за савецкім часам актыўна займаўся фэмінітывамі старабеларускай мовы тлумачыцца каляніялісцкім чыньнікам: дазвалялася займацца гісторыяй мовы, але мовазнаўцам у БССР не дазвалялася пераходзіць пэўныя лініі, вызначаныя ў Маскве, брацца за пэўныя тэмы, якіх не падтрымае Масква.

Толькі ў дыяспарнай літаратурнай традыцыі захоўваецца правіла фэмінізацыі назваў пасадаў. І тут гэта натуральная моўная норма, але якая захавалася дзякуючы фізычнай, геаграфічнай адлегласьці і выпаданьню з каляніялісцкага дыскурсу і з-пад уплыву расейскай мовы.

На карысьць таго, што беларуская мова разьвіваецца, паводле каляніялісцкай лёгікі сьведчыць, у прынцыпе, уся гісторыя беларускай мовы за апошнія стагодзьдзі: статус дыялекта („*наречия*") у Расейскай імпэрыі, бязупынныя, актыўныя спрэчкі вакол правапісу, шматлікія артыкулы і кнігі, прысьвечаныя ачышчэньню сучаснай мовы ад калек, неадэкватных запазычаньняў, „рэабілітацыі" асобных пластоў мовы. У рэчышчы спробаў такой моўнай рэабілітацыі ўвага зьвяртаецца не толькі на структуру – граматыка, лексыка, – але і праблемы, так бы мовіць, эстэтычныя, „экалёгію мовы". Гэта тычыцца спробаў зьменшыць колькасьць як відавочных русізмаў (напрыклад, ужываньня суфіксаў *-ш-а* або *-унн-я*), так і ўплываў іншага ўзроўню, якія палягаюць у пластах псыхалягічных, лексычных ды фразэалягічных. Трэба адзначыць, што да сёньня шмат у чым беларуская філялёгія застаецца залежнай ад савецкай і расейскай. Мы ўжо пазначалі, што сумненьні і праблемы беларускай мовы разьвязваюцца часьцяком ня ў Менску, а ў сталіцы суседняй краіны. Прыкладам можа быць нядаўняя праца вядомага мовазнаўцы Віктара Іўчанкава пра гісторыю беларускай артаграфіі, якая часта грунтуецца на апэляцыі да расейскіх аўтарытэтаў[300]. Ніжэй пры разглядзе праблемы беларускай мовы мы абапіраемся на пэўную антыкаляніяльную традыцыю, паводле якой Беларусь і беларусы сталіся аб'ектам расейскага каляніялізму, а сама Беларусь ёсьць калі не клясычнаю калёніяй, то прынамсі краінаю, якая трапіла і застаецца ў зоне інтарэсаў і распаўсюду культурнага ды моўнага імпэрыялізму. Прадстаўнікамі беларускай антыкаляніялісцкай традыцыі мы бачым дысыдэнтаў кшталту Ларысы Геніюш[301], Алеся Каўкі[302], Алега Бембеля[303], Міколы Ермаловіча[304] ды

[300] В. Іўчанкаў, *Беларуская арфаграфія: апавяданні і гісторыі*, Пачатковая школа, Мінск 2010.
[301] Л. Геніюш, *Споведзь*, Мінск 1993.
[302] *Letter to a Russian friend*, London 1979.
[303] А. Бембель, *Роднае слова...*, тамсама.

іхныя вядомыя працы: *Споведзь*, *Ліст расейскаму сябру* і *Роднае слова і маральна-эстэтычны прагрэс*, публіцыстыка Ермаловіча. Сюды ж мы прылічваем такіх інтэлектуалаў, як Леанід Лыч[305], Валянцін Грыцкевіч[306], Зянон Пазьняк[307]. Пры гэтым паняткі „моўны імпэрыялізм", „культурны імпэрыялізм" і „нэакалянізацыя праз мову", хоць і ўзьніклі пад уплывам марксісцкіх ідэяў і былі ў значнай ступені палітызаваныя, сёньня стабільна прызнаюцца і ўжываюцца ў сучаснай акадэмічнай мове[308]. На сучасным этапе ў беларускім незалежным паліталягічным, філязофскім і этналягічным атачэньні робяцца спробы артыкуляваць гэтыя паняткі (а таксама новы – „дэкаланіялізм") і ўвесьці іх ва ўжытак, а таксама назіраецца пэўнае намаганьне ня толькі паказаць саму Беларусь як краіну, што можа ўспрымацца і апісвацца як былая калёнія, але надаць гэтаму падыходу тэарэтычную абгрунтаванасьць[309]. Варта зазначыць, што некаторыя іншыя мясцовыя і замежныя мысьляры, навукоўцы таксама спрыяюць разьвіцьцю і распаўсюду дыскурсу пра беларускую і рэгіянальную (пост)каляніяльнасьць, пра моўны і культурны імпэрыялізм[310].

Дысыдэнты скіроўвалі ўвагу на давядзеньне наяўнасьці калёніі ды каляніялізму, на тое, каб паказаць, што Беларусь – гэта калёнія, а ня роўная рэспубліка сярод іншых. Тым самым яны спрычыніліся да выпрацоўваньня пэўнай антыкаляніяльнай стратэгіі. Пазьней, у пэрыяд незалежнасьці, асобныя інтэлектуалы на аснове напрацовак папярэднікаў распачалі дэкаляніяльны дыскурс. Яны ня проста змагаліся супраць каляніялізму, а выпрацоўвалі пэўныя захады і стратэгіі для выхаду з каля-

---

304 М. Ермаловіч, *Успаміны, творы, фотаматэрыялы*, Мінск 2007, http://pawet.net/library/history/bel_history/_books/ermalovich/Мікола_Ермаловіч._Успаміны,_творы,_фотаматэрыялы.htm [доступ: 26.01.2017]; *Выбранае*, Мінск 2010.

305 Л. Лыч, *Беларуская нацыя...*, тамсама.

306 В. Грыцкевіч, *Гісторыя і міфы*, Мінск 2000.

307 З. Пазьняк, *Беларуска–расейская вайна*, Беларускія ведамасьці, Варшава 2005, http://www.bielarus.net/pdf/ksiazka_2004_rok_srodek.pdf [доступ: 26.01.2017].

308 F. Fanon, *Les damnés..., op.cit.*; R. Philippson, *Linguistic Imperialism..., op.cit.*; E. Said, *Culture and Imperialism*, Knopf, 1993; L.-J. Calvet, *Linguistique et colonialisme..., op.cit.*; L.-J. Calvet, *La guerre des langues..., op.cit.*; Ch.-X. Durand, *La nouvelle guerre contre l'intelligence*, Editions François-Xavier de Guibert, Paris 2003, http://www.imperatif-francais.org/bienvenu/articles/2003/la-nouvelle-guerre-contre-l-intelligence.html [доступ: 26.01.2017].

309 А. Казакевіч, *Пра калёнію*, „Палітычная сфера", 1, 2001, с. 44–47, http://journal.palityka.org/wp-content/uploads/2011/04/1911-9.pdf [доступ: 26.01.2017]; І. Бабкоў, *Посткаляніяльныя досьледы, лекцыі*, Беларускі Калегіюм, 2011, http://bk.baj.by/lekcyji/litaratura/postcolonial/babkou_06.htm [доступ: 26.01.2017]; У. Гарбацкі, *За дэкалянізацыю...*, тамсама, http://news.arche.by/by/page/works/narysy-tvory/2928 [доступ: 26.01.2017].

310 П. Сцяцко, *Русіфікацыя беларускай мовы як праява лінгвацыду*, [у:] *Аняменне. З хронікі знішчэння беларускай мовы*, Вільня 2000, с. 121–124; Т. Кузё, *Заходняя тэорыя і практыка шматкультурнасьці: наколькі яна прыдатная для постсавецкіх дзяржаваў*, „ARCHE", 11 (51), 2006, https://arche.by/item/1898 [доступ: 26.01.2017] ; М. Рабчук, *Імпэрыя як дыскурс*, „ARCHE", 1 (24), 2003, https://arche.by/item/3918; Э. Томпсан, *Песняры імперыі. Расійская літаратура і каланіялізм*, Мінск 2009; V. Symaniec, J.-Ch. Lallemand, *Biélorussie, mécanique d'une dictature*, Les Petits Matins, Paris 2007; М. Паўлышын, *Казакі на Ямайцы: праявы посткаляніялізму ў сучаснай украінская культуры*, „Перекрёстки", 3–4, 2005, http://knihi.com/storage/frahmenty/6pawlyshyn.htm [доступ: 26.01.2017].

ніяльнага стану і пазбаўленьня комплексаў і ўстановак, уласьцівых залежнасьці. Такім парадкам, у сваім дасьледаваньні мы як ад базавых адштурхоўваемся ад такіх паняткаў, як моўны каляніялізм, калянізацыя беларускай мовы, русіфікацыя беларускай мовы, каляніяльны лад мысьленьня, дэкалянізацыя, дыскурс дэкалянізацыі. Значная частка аўтараў інтэрпрэтуе каляніялізм як зьяву, характэрную для Афрыкі і Азіі. У адпаведнасьці з такою лёгікай у Эўропе няма і быць ня можа ні калёніяў, ні калянізатараў. Ірляндзкая, брэтонская або беларуская мовы „натуральным чынам" зьнікаюць у Эўропе без калёніяў. Тым ня менш, дастаткова аформленым ёсьць бачаньне, што ахвярамі культурнага і моўнага імпэрыялізму выступаюць ня толькі былыя „клясычныя" калёніі (краіны Афрыкі, Азіі або Лацінскай Амэрыкі), але і калёніі „невідавочныя" і/або інтэграваныя ў склад мэтраполіі ў самой Эўропе (Корсыка, Брэтань, Каталёнія, Беларусь і г.д.) або ў Амэрыцы (індзейцы, інуіты, а таксама, у пэўны пэрыяд, квэбэкцы)[311]. Гэтак, адзін зь лідараў ды ідэолягаў квэбэцкага руху П'ер Вальер у 1967 годзе напісаў скандальнае эсэ *Белыя нэгры Амэрыкі*, маючы на ўвазе франкамоўных квэбэкцаў, у якім пашырыў звычайнае кола калянізаваных[312]. Сучасная (нэа)калянізацыя хутчэй разгортваецца паводле новых мадэляў і абапіраецца на эканоміку, інфармацыйныя тэхналёгіі, а таксама сымбалічную зброю. Паводле францускага мовазнаўцы Шарля Д'юрана, які дасьледуе і тлумачыць тэхнічную, навуковую і моўную манаполію англа-амэрыканцаў, усе культуры і мовы сучаснасьці зьведваюць „фантастычную хвалю нэакалянізацыі (менавіта) праз мову", і „адбываецца вяртаньне каляніялізму, які ахоплівае ўжо не выключна разьвіваныя краіны, але і (пост)індустрыяльныя краіны"[313]. Ня толькі традыцыйна маргінальныя мовы (беларуская, карсыканская, украінская), але і былыя імпэрскія мовы (француская, партугальская, гішпанская) калянізуюцца і маргіналізуюцца праз тэхнічнае, навуковае, інфармацыйнае і фінансавае дамінаваньне ангельскай мовы. Беларусы таксама належаць да катэгорыі нэакалянізаваных, бо на карысьць (нэа)калянізаванасьці культуры і мовы сьведчыць вялікая колькасьць зьяваў і фактаў. Добрым прыкладам можа быць надзвычайная палітызацыя моўнай тэмы. Апошнія нацыянальныя перапісы, рэфармаваньне мовы, урэшце, параза „дзеясловіцы" і нашаніўскай „тарашкевіцы" ў адстойваньні сваіх прынцыпаў і каштоўнасьцяў, а таксама масавы пераход з 2009–2010 гадоў на „наркамаўку" – усё гэта якраз сьведчыць пра лёгіку каляніяльнай сыстэмы. Пры гэтым падчас усіх гэтых змагань-

[311] Э. Сміт, *Нацыяналізм у дваццатым стагоддзі*, Мінск 1995; R. Lafont, *Clefs pour l'Occitanie*, Seghers, Paris 1971; L.-J. Calvet, *Linguistique et colonialisme…*, *op.cit.*; В. Іванишин, *Мова і нація*, Дрогобич 1994.

[312] P. Vallières, *Nègres blancs d'Amérique, autobiographie précoce d'un „terroriste" québécois*, Editions Parti pris, Montréal 1967.

[313] Ch.-X. Durand, *La nouvelle guerre…*, *op.cit.*, http://www.imperatif-francais.org/bienvenu/articles/2003/la-nouvelle-guerre-contre-l-intelligence.html [доступ: 26.01.2017].

няў расейская мова як адна з афіцыйных моваў краіны застаецца па-за палітыкаю, нечапанаю, дамінантнаю ды імпэрскаю моваю. Скалянізаванай ёсьць ня толькі расейскамоўная беларуская культура, але і ўласнабеларускамоўная. Існаваньне некалькіх стандартаў мовы („наркамаўка", „тарашкевіца", „дзеясловіца") выкліканае сытуацыяй, мала спрыяльнай для разьвіцьця мовы. У пэўнай ступені перамогу „афіцыйнага стандарту" можна ўспрымаць як перамогу каляніяльнага дыскурсу, каляніяльнага прадукту. Беларускія лінгвісты – „афіцыйныя" (Аляксандр Лукашанец, Аляксандр Падлужны), „альтэрнатыўныя" (Вінцук Вячорка, Юры Пацюпа, Зьміцер Санько, Павал Сьцяцко, Генадзь Цыхун), а таксама лінгвісты дыяспары (Ніна Баршчэўская, Валентына Пашкевіч, Янка Станкевіч) – прызнаюць, што ў XX ст. беларуская мова, перад тым як пачала вынішчацца і зьнікаць, зьведала моцныя хвалі русіфікацыі. Адмыслоўцы ў культуры мовы (Алесь Каўрус[314], Юры Пацюпа[315], Павал Сьцяцко[316]) аналізавалі пранікненьне расейскай мовы ў беларускую празь вялікую колькасьць калек і сынтагмаў, да пэўнай ступені завуаляваных і інкруставаных. Мова мяняецца ня толькі ў сваёй структуры, але і вонкава – эстэтычна і стылістычна. Цэнтральны ў нашым дасьледаваньні прыклад такой „эрозіі" мовы – пытаньне фэмінізацыі пасадаў, званьняў. Калі „тарашкевіца" традыцыйна выказвалася за фэмінізацыю *Nomina agentis*, то „наркамаўка", як зьлегчаны прадукт каляніялізму, працягвала традыцыю расейскай мовы, якая заўсёды адносіла фэмінізацыю да зьявы размоўнай. Адпаведна і ў афіцыйнай беларускай мове фэмінізацыю не ўспрымаюць усур'ёз – інтэрпрэтуюць як *размоўнае*, *абласное* ці часам *жартлівае* ці папросту наагул цалкам ігнаруюць.

У незалежнай Беларусі (нэа)каляніялісцкія практыкі дамінуюць, як да беларускай мовы наагул, так да фэмінізацыі мовы ў прыватнасьці: адным з апошніх прыкладаў можа стацца папулярны і ўзмацнёны апошнямі падзеямі расейска–ўкраінскай вайны дыскурс многіх беларускіх афіцыйных і неафіцыйных асобаў аб „другараднасьці", „няразьвітасьці" беларускай мовы і „харастве" і „ўнівэрсальнасьці" расейскай мовы[317]. Вынікам і апагеем нэакаляніялісцкай моўнай практыкі ў самой Беларусі можна лічыць нядаўні друк школьнага дапаможніка, у якім беларуская

---

[314] А. Каўрус, *Да свайго слова. Пытанні культуры мовы*, Мінск 2011.

[315] Ю. Пацюпа, *Правапісны сымптом моўнай хваробы*, „ARCHE", 11 (62), 2007, http://arche.bymedia.net/2007-11/paciupa711.htm [доступ: 26.01.2017].

[316] П. Сцяцко, *Русіфікацыя беларускай мовы як праява лінгвацыду*, [у:] *Аняменне. З хронікі знішчэння...*, тамсама, с. 121–124.

[317] Тут спасыланьне варта пачаць з вядомай прамовы прэзыдэнта А. Лукашэнкі ў 1994 годзе („*Людзі, якія размаўляюць па-беларуску, не могуць нічога рабіць, акрамя як размаўляць на ёй, таму што па-беларуску нельга выказаць нічога вялікага. Беларуская мова – бедная мова. У сьвеце існуе толькі дзьве вялікія мовы – расейская і ангельская*"). З маргіналізуючымі беларускую мову нэакаляніялісцкімі дыскурсамі ўнутры краіны апошніх гадоў можна азнаёміцца на старонцы ТБМ імя Ф. Скарыны, якія месьцяцца ў частцы маніторынг (http://tbm-mova.by/monitoring.html [доступ: 26.01.2017]).

мова параўноўваецца з бабрынай мовай[318]. Каб заахвоціць трэцяклясьнікаў вывучаць хаця б мінімальна беларускую мову, Міністэрства адукацыі параўноўвае адну з афіцыйных моваў з мовай баброў, складаецца бабрыны слоўнік і пад. Каляніялісцкая лёгіка, такім парадкам, зыходзіць ня з боку іншай краіны, а знутры: самамаргіналізацыя, нялюбоў да сябе і ўхвала культуры і мовы калянізатара, калі ўзгадаем, развагі францускага сацыялінгвіста Люі-Жана Кальвэ аб мове і каляніялізьме[319], зьяўляюцца неадымнай і фінальнай часткай глётафагіі, вынішчэньня адной мовай другой.

У зьвязку з гэтым фэмінізацыя мовы паўстае ня проста, як нейкая нязначная, дробная ці вузкамоўная праблема, а як праблема сымбалічнай важнасьці, якая раскрывае куды большую праблему, чым гэта адразу падаецца: праблему калянізацыі, русіфікацыі мовы з аднаго боку, а, з другога, праблему маргіналізацыі жанчынаў. У дасьледчай частцы – у апытаньнях экспэртаў мовы, у гістарычным аналізе мовы, у параўнаўчым моўным аналізе, а таксама падчас гульні ў фэмінізацыю мовы з студэнцтвам – выразна вымалёўваюцца тлумачэньні заняпаду ці маргіналізацыі фэмінізацыі беларускай мовы ў выніку палітыкі русіфікацыі, а таксама ў выніку антыфэміністкай скіраванасьці ўладатрымалых элітаў.

3.2 ФЭМІНІЗАЦЫЯ МОВЫ І ЧЫНЬНІК ПАТРЫЯРХАЛЬНАСЬЦІ

Ужо хуткі сацыялінгвістычны агляд і аналіз беларускіх слоўнікаў і жывой мовы дэманструюць граматычную і сэмантычную асымэтрычнасьць жаночага і мужчынскага роду. Дадзенасьць уваходзіць у пэўны канфлікт зь цяперашнімі дэмакратычнымі тэндэнцыямі і павевамі ў духу палітычнай карэктнасьці: немажліва ці вельмі складана пакуль што стоадсоткава гендарна гарманізаваць, напрыклад, назвы пасадаў. Вядзецца спроба адновы і пашырэньня фэмінітываў-агентываў, задзейнічаньне іншых, часам валюнтарысцкіх рэсурсаў і мэханізмаў мовы (актывізацыя, напрыклад, эпіцэнаў), скіраваных на распаўсюд эгалітарысцкай, парытэтнай мовы, але пакуль што ўтапічнай бачыцца дасягненьне поўнай сэмантычнай і граматычнай гендарнай сымэтрычнасьці.

І якраз гэтая моўна-гендарная граматычная (мужчынскі род, як генэрычны, унівэрсальны) і сэмантычная (саліднасьць панятку *шэф-повар* і гутарковасьць ці часам пэяратыўнасьць панятку *шэф-поварка*, напрыклад) асымэтрычнасьць увасабляе патрыярхальнасьць, кансэрватызм у мове. Залежнасьць, выточнасьць жаночага ад мужчынскага і частая маргіналізацыя жаночага ў мове вынікаюць зь першапачатковай патрыярхальнай традыцыі, якая ўсталявалася ў заходніх грамадзтвах, у

[318] *„У мяне ёсць руска–бабрыны слоўнік". Як у школьным дапаможніку называюць беларускую мову*, „Наша Ніва", 26.08.2016, http://nn.by/?c=ar&i=176100 [доступ: 26.01.2017].
[319] L.-J. Calvet, *Linguistique et colonialisme…*, *op.cit.*, p. 57.

тым ліку ў Беларусі, разам з усталяваньнем юдэйска-хрысьціянскай мадэлі мысьленьня, каштоўнасьцяў ці юдэйска-хрысьціянскай спадчыны[320], якая маргіналізавала і зьвяла жаночы род да роўню іншасьці, другасьці, падпарадкаванасьці[321].

Асымэтрычнасьць як праява патрыярхальнасьці ў мове назіраецца на ўсіх узроўнях: у фэмінізацыі назваў пасадаў, калі няма праблемы з стварэньнем фэмінітываў, то абавязкова паўстае праблема ва ўжываньні фэмінітываў у публічнай, літаратурнай прасторы. Асымэтрычнасьць у нэгатыўнай прэзэнтацыі кабетаў: без матэматычнага падліку ў слоўніках кідаецца ў вочы большая колькасьць абразьлівай, маргінальнай ці насьмешлівай лексыкі, якая апісвае кабетаў. Напрыклад, у слоўніку Я. Ціхінскага можам пералічыць наступныя апісаньні кабетаў: *выцярашка* (*распусьніца*), *вядзьмарка*, *галасьніца* (*языкатая кабета*), *дармадаўка*, *дармоха*, *дзівачка*, *драціца*, *камяніца* (*няплодная кабета і зямля*), *капрызьніца*, *картафлярка*, *кашніца*, *кісьлячка* (*сьмяхуцкая*), *кляпачка* (*гаваруха*), *курва*, *курвішча*, *курвярка*, *маднярка*, *мадыстка*, *манкетніца*, *мардапышыца* (*мардапыска*), *падлячка*, *памыйніца*[322] і пад. У іншых слоўніках назіраецца падобная сытуацыя: вядомы *Вушацкі словазбор* Рыгора Барадуліна таксама выразна дэманструе падобную асымэтрычнасьць у прэзэнтацыі жанчыны і мужчыны. У слоўніку значна больш абразьлівай, пэератыўнай, абсцэннай лексыкі, якая апісвае пераважна жанчынаў: *крутуха*, *нецель*, *падбочніца*, *пасьцельніца*, *раз'еханая*, *рассяканка*[323] і г.д. Мужчынскіх адпаведнікаў тут няма і ў патрыярхальным, кансэрватыўным грамадзтве быць ня можа – мужчына апісвае, кантралюе, называе жанчыну, дазваляе ёй ці не рабіць тое ці іншае, не мужчына, а жанчына зьяўляецца аб'ектам, прадметам ў сьвеце мужчынаў[324]. Такім парадкам, мужчына стварае, патурае ўзьнікненьню мовы нянавісьці, як цьвердзіць у фундамэнтальнай і ўжо клясычнай сацыялінгвістычнай і фэмінісцкай працы француская мовазнаўка Марына Ягело[325]. Вышэй пералічаныя словы-прыклады-абсцэнізмы з слоўнікаў Я. Ціхінскага і Р. Барадуліна да ўсяго яскрава аздабляюць цьверджаньне мовазнаўкі: велізарны пласт розных фэмінітываў ахоплівае зусім не сфэры назваў пасадаў, а апісаньні фізычныя, сэксуальныя. Гэта словы, створаныя мужчынамі, мужчынскай патрыярхальнай культурай, якія ілюструюць расклад сілаў у грамадзтве. Цікава пазначыць, што ў стварэньні і пашырэньні абразьлівай лексыкі, якая ахоплівае кабетаў, няма ані праблемаў, ані перашкодаў, але чамусьці яны паўстаюць, як размова заходзіць пра фэмінітывы-агентывы. Фэмінісцкі сацыялінгвістычны аналіз адназ-

[320] M. Simon, *La civilisation de l'antiquité et le christianisme*, Arthaud, 1972.
[321] S. de Beauvoir, *Le deuxième sexe*, tome 1, Gallimard, 1974, p. 91.
[322] Я. Ціхінскі, *Biełaruska–polska–rasijski sloŭnik…*, тамсама.
[323] Р. Барадулін, *Вушацкі словазбор…*, тамсама, с. 13–191.
[324] P. Bourdieu, *De la domination masculine…*, *op.cit.*, p. 24.
[325] M. Yaguello, *Les mots…*, *op.cit.*, p. 149.

назчна адказвае на гэта пытаньне: у мове закадаваныя традыцыйныя каштоўнасьці, якія не прадугледжваюць роўнасьці палоў, а толькі асымэтрычнасьць і падпарадкаванасьць кабеты марам, фантазмам мужчыны. Сапраўды, калі выйсьці па-за межы пытаньня фэмінізацыі назваў пасадаў і паспрабаваць ахапіць фэмінізацыю мовы шырэй, то пабачым, што ў мове кабета багата апісваецца альбо як распусьніца, альбо як сьвятая ці панна. Гэтыя рамкі *распусная кабета – сьвятая кабета* – зьява ўнівэрсальная, вядомая бальшыні эўрапейскіх моваў і зьяўляецца вынікам патрыярхальнасьці, кансэрварызму, антыфэмінізму. М. Ягело апісала падобную зьяву ў францускай мове[326], Леся Ставіцкая ў слоўніку нецэнзурнай лексыкі ўкраінскай мовы спынілася на падобных высновах што да ўкраінскай мовы[327].

У беларускай мове рамкі, у якія патрыярхальная культура месьціць жанчыну, – панна альбо распусьцніца ці, кажучы мовай XVI–XVII ст. *вісьлена*[328], тлумачацца да ўсяго дамінаваньнем шляхецкай патрыярхальнай культуры, якая хоць і ўзвышала кабету-маці, маргіналізавала ці папросту ігнаравала яе ва ўсіх іншых іпастасях. Ідэал кабеты патрыярхальнага беларускага грамадзтва XVI–XVII ст. – маці-панна ці хаця б пабожная ўдавіца-самотніца[329] абмяжоўвала жанчыну мінулага. Культ Панны і культ маці цудоўна суіснаваў з культам плоцевай кабеты (*каханіца*, *пабочніца*, пазьней *амантка*), што адбівалася і адбіваецца ў мове. Амальгамнае бачаньне мужчынамі, патрыярхальнай культурай наагул ролі і месца кабеты – альбо *мадонна*, альбо *путана*[330], альбо *ашмётка*[331], альбо *магніфіка*[332], кажучы беларускай мовай XIX ст. – не спрыяла эмансыпацыі кабетаў, прывязвала іх да аднабаковай, выключна патрыярхальнай мадэлі кабеты на службе, на абслузе мужчынаў. У XX ст. сацыяльныя зварушэньні і рэвалюцыі адкінулі патрыярхальнасьць прынамсі ў шляхецкім варыянце, і беларускія жанчыны зьведалі пэрыяд эмансыпацыі на савецкі капыл. Актыўная фэмінізацыя назваў пасадаў у беларускай мове, распачатая ў 20-ыя гады, потым у пасьляваенны пэрыяд, і якая працягваецца па сяньня, сьведчыць аб прынцыповых зьменах ролі і месцы беларускі ў грамадзтве. Хаця нельга сьцьвярджаць пра дасягненьне рэальнай роўнасьці палоў, яна толькі ў працэсе станаўленьня. Просты аналіз фэмінітываў беларускай мовы XX ст., без усякай прывязкі да бурлівых падзеяў стагодзьдзя, ужо дае поўную карціну

---

[326] Тамсама.
[327] Л. Ставіцька, *Українська мова без табу*, Київ 2008.
[328] Сынонім слова *прастытутка* ў старабеларускай мове.
[329] Н. Сліж, *Шлюбныя і пазашлюбныя стасункі шляхты ВКЛ у XVI–XVII стст.*, Смаленск 2015, с. 77–81.
[330] M. Yaguello, *Les mots…*, *op.cit.*, p. 163.
[331] *Распусьніца, курвярка ў беларускай мове XIX ст.* Гл. Я. Ціхінскі, *Biełaruska–polska–rasijski słoŭnik*, Аддзел рукапісаў Бібліятэкі ім. Урублеўскіх Летувіскай АН, Вільня, F21.
[332] *Пані, кабета высокага рангу.* Гл. Я. Ціхінскі, *Biełaruska–polska–rasijski słoŭnik*, Аддзел рукапісаў Бібліятэкі ім. Урублеўскіх Летувіскай АН, Вільня, F21.

прынцыповай зьмены ролі жанчыны. Да ўсяго гістарычны, моўны аналіз падзеяў мінулага стагодзьдзя тлумачыць і багата ілюструе фактычную эмансыпацыю жанчынаў XX ст.

Зрэшты, гендарная асымэтрычнасьць як вынік патрыярхальнасьці ў мове праяўляецца яшчэ ў адным значным вымярэньні – пытаньні жаночых уласных назоваў ці прозьвішчаў, альбо кажучы беларускай мовай 30-ых гадоў мінулага стагодзьдзя, у пытаньні „жаночага падданства"[333]. Патрыярхальная беларуская мадэль названьня кабетаў і дзяўчатаў таксама базуецца на мужчынскай аснове, зь якой вытвараюцца мадэлі кшталту: Антоніха ад Антон, Сідаровічыха ад Сідар, Сідаровіч, Якубянка ад Якуб і г.д.[334]. Сучасная размоўная і дыялектная беларуская мова ведае падобныя мадэлі, але, напрыклад, назовы дзяўчатаў, непабратых жанчынаў (дзявочыя прозьвішчы) на *-ішка*, *-ышка* (Антонішка, Сідаровічышка) амаль цалкам зьніклі з ужытку. Застаюцца актыўнымі ў дыялектах хіба мадэлі на *-іха*, *-ыха*[335]. У афіцыйнай мове дадзеная традыцыя не падтрымліваецца, бо кабета больш не ідэнтыфікуецца праз бацьку ці мужа. Хаця і сяньня, не зважаючы на стагодзьдзе эмансыпацыі і адкрытасьць закону ў пытаньні захаваньня кабетай дзявочага прозьвішча пры выхадзе замуж, кабеты працягваюць браць прозьвішча мужа. Пры гэтым і сама інстытуцыя г.зв. *дзявочага прозьвішча* – стварэньне патрыярхальнай культуры, бо дзяўчына, жанчына атаясамляецца з прозьвішчам мужчыны-бацькі.

Сяньня некаторыя рамантычныя дзеячы (С. Харэўскі, Ю. Пацюпа) спрабуюць аднавіць прынамсі тэарэтычна і вярнуць завядзёнку традыцыйных жаночых назоваў тыпу Акудовічыха ад Акудовіч, Яўменіха ад Яўмен і г.д. З аднаго боку, гэта йдзе ў рэчышчы беларусізацыі, але з другога боку, гэта варта разумець, як вяртаньне патрыярхальнай культуры. Насамрэч, назоў і ідэнтыфікацыя кабеты застаюцца ў палоне патрыярхальнай парадыгмы: і традыцыйная манера называньня тыпу Яўменіха ад Яўмен, і сучасная традыцыя назову кабеты накшталт Доўбік Ірына Міхалаўна (Доўбік – прозьвішча ад мужа, Міхайлаўна – імя па бацьку ад бацькі) – праявы невыпраўнай старой ці новай патрыярхальнасьці. Да ўсяго дамешваецца каляніялісцкая лёгіка – імя па бацьку, як элемэнт ідэнтычнасьці навязаны расейскай культурай. Бо як сьведчаць многія аўтарытэтныя навукоўцы, мовазнаўцы, гісторыкі, публіцысты імёны па бацьку зьявіліся ў беларусаў у выніку сужыцьця з расейцамі ў Саветах[336].

---

[333] „Жаноцкая справа", 3, травень 1931, Вільня, с. 3.

[334] Я. Станкевіч, *Падручнік крывіцкае...*, тамсама, с. 121.

[335] Практыка асабістых назоваў кабетаў – замужкі перадусім, як пазначае Я. Станкевіч, – з дапамогаю *-іха*, *-ыха* дапамагае таксама зразумець маргінальнасьць, выточнасьць, неадназначнасьць фэмінітываў-агентываў на *-іха*, *-ыха*: *каваліха*, *урачыха*, якія адначасова могуць азначаць 'жонку каваля ці ўрача' і саму 'кабету, якая займаецца кавальствам ці лекарствам'.

[336] Я. Станкевіч, *Падручнік крывіцкае...*, тамсама, с. 121; З. Верас, *Выбранае...*, тамсама, с. 367; М. Улашчык, *Выбранае*, Мінск 2001, с. 321–322.

Такім парадкам, чыньнік патрыярхальнасьці моцна ўплываў і працягвае ўплываць на беларускую мову і прээнтацыю жанчыны ў ёй. Старыя і новыя стратэгіі патрыярхальнай культуры, хоць часам і хаваюцца пад маскай шляхецкай культуры, насамрэч, скіраваныя на апісаньне жанчыны з пазыцыі мужчынаў, мужчынскай культуры. Выйсьцем з дадзенай пазыцыі можа быць спроба прынцыповай актыўнай фэмінізацыі мовы, назваў пасадаў перадусім, а таксама пераход да практыкаў, прапанаваных у рэчышчы палітычнай карэктнасьці (выпрацоўка нэўтральнай мовы, змаганьне з сэксізмамі, ужываньне эпіцэнаў, падтрымка практыкаў захаваньня дзявочых прозьвішчаў ці стварэньня новых формаў прозьвішчаў, якія б не прывязвалі жанчыну да бацькі ці мужа).

3.3 Чыньнікі расейскай мовы і патрыярхальнасьці ў адказах экспэртаў[337]

У адказах і развагах экспэртаў аб прычынах маргіналізацыі фэмінізацыі мовы ў афіцыйным узусе ці гэтак званай наркамаўцы дамінуюць два чыньнікі, якія вызначаюць маргіналізацыю. Перадусім, гэта чыньнік расейскай мовы, уплыву расейскай мовы. З шаснаццаці адмыслоўцаў мовы дзевяць у той ці іншай ступені пазначылі чыньнік расейскай мовы. Пры гэтым ня ўсе экспэрты вылучылі чыньнік патрыярхальнасьці ці проста кажучы няроўнасьці палоў у эўрапейскай і, у прыватнасьці, беларускай гісторыі: з шаснаццаці апытаных чатыры падкрэсьлілі „патрыярхальныя ўстаноўкі", „гендарныя стэрэатыпы", „мужчынскае дамінаваньне" і „жаночую другаснасьць", як тое, што паўстае на шляху фэмінізацыі мовы. Большая частка адказаў спалучае ўплыў расейскай мовы і пэўны кансэрватызм грамадства ў мінулым і цяпер.

1. Цікава пазначыць, што мовазнаўцы па адукацыі асабліва далікатна падкрэсьліваюць уплыў расейскай мовы на фэмінізацыю беларускай мовы, аддаючы перавагу панятку „экстралінгвістычныя прычыны". І, наадварот, паэты, паэткі, перакладніцы і рэдактары пазначылі проста – „з-за ўплыву расейскай мовы".
2. Іншая важная заўвага: мовазнаўцы ў адрозьненьне ад іншых апытаных найбольш скептычна ставяцца да фэмінізацыі мовы. Бальшыня зь іх хоць і прызнае натуральнасьць фэмінізацыі беларускай мовы, але ня бачыць асаблівай праблемы ці стараецца патлумачыць яе стрымана, унікаючы ўсякага ідэалягізму.
3. Нарэшце, яшчэ адна заўвага: усе экспэрты мовы з дыяспары заўважаюць, што „нефэмінізаваныя формы рэжуць вуха", „гучаць дзіўна", а фэмінізаваныя назоўнікі „надаюць яснасьці ў маўленьні". Таксама з гэтым пагаджаецца частка экспэртаў зь Беларусі. Пры гэтым сярод

337 Адказы экспэртаў мовы глядзіце ў дадатку 9.

шаснаццаці апытаных два экспэрты мовы зь Беларусі адказалі, што ніколі не фэмінізуюць назвы пасадаў.

4. З шаснаццаці адказаў толькі ў двух малюецца пэсымістычная будучыня ў фэмінізацыі мовы („з-за русіфікацыі фэмінізацыя немагчымая”), пры гэтым чатырнаццаць апытаных адказваюць станоўча, бо фэмінізацыя – „гэта запатрабаваньне часу”, „у гэтым кірунку рухаецца ўвесь сьвет”, „праява роўнасьці паміж паламі”, „заканамернасьць мовы”, „багацьце і пэрспэктыўнасьць мовы” і „прынцыповая адметнасьць мовы”.

Хоць у апытаньні экспэртамі ні разу ня быў ужыты панятак „моўны каляніялізм” ці „моўны імпэрыялізм”, тым ня менш, з улікам сацыялінгвістычнага, глётапалітычнага, калі зусім дакладна, аналізу моўнай гісторыі Беларусі, тлумачэньні кшталту „з-за расейскай мовы”, „з-за ўплыву расейскай мовы”, „гэта сьлед расейскага ўплыву” аўтаматычна трапляюць у рэестар (нэа)каляніялісцкага дыскурсу. Як мы пазначылі і апісалі ў папярэдняй частцы 3.1 усьлед за францускім сацыялінгвістам Л.-Ж. Кальвэ, а таксама В. Шыманец, францускай дасьледніцай Беларусі і беларускай мовы ў прыватнасьці, уся гісторыя беларускай мовы XIX–XXI ст. – гісторыя каляніялісцкіх беларуска–расейскіх адносінаў, гісторыя паўстаньня каляніяльнай і каляніялісцкай лінгвістыкі ўнутры Беларусі, а таксама апісаньне беларускай рэчаіснасьці, мовы праз прызму каляніяльнай расейскай лінгвістыкі. Апісаньне беларускай мовы, як дыялекта (маргіналізацыя мовы), навязаньне мовы цэнтру (расейскай мовы), практыкі пераназову мясцовых геаграфічных назваў і імёнаў, палітыка русіфікацыі, фізычнае і сымбалічнае вынішчэньне мовы і ейных носьбітаў, моўны кантроль і рэфармаваньне мовы пэрыфэрыі з цэнтру, усё гэта сьведчыць на карысьць таго, што паняткі „моўны каляніялізм” ці „моўны імпэрыялізм” маюць сэнс, апраўданьне і ўжо акадэмічны ўжытак.

Да ўсяго варта адзначыць, што далікатнасьць у адказах не на карысьць крытычнасьці некаторых экспэртаў падчас апытанкі, жаданьне застацца ананімамі двух экспэртаў з афіцыйных моўных структураў, адмова трох афіцыйных экспэртак мовы даць інтэрвію таксама сьведчаць аб няпростай моўнай сытуацыі ў цяперашняй Беларусі. Гэта сьведчыць аб тым, што каляніялісцкая лёгіка дасюль існуе і дамінуе ў беларускай моўнай прафэсійнай прасторы.

Чыньнік патрыярхальнасьці агучваецца часткай экспэртаў і экспэртак (у чатырох выпадках). З гэтай нагоды цікава адзначыць, што патрыярхальнасьць, з аднаго боку, вынікае з лякальнай беларускай культуры, а, з другога, з зьнешняй расейскай культуры, прыўнесенай у выніку каляніялісцкай інтэрвэнцыі.

3.4 Аналіз вынікаў гульні „Фэмінізацыя мовы”

Як дадатковы і альтэрнатыўны мэтад у працы выкарыстаны мэтад экспэрымэнту-гульні ў словатворчасьць, у фэмінізацыю і маскулінізацыю мовы адначасова (г.зв. *словатворны ці нэалягічны экспэрымэнт*). Падчас сэмінараў *Мова і гендар* (сакавік 2008, Менск), таксама ў межах курсу *Палітыка і гендар* (2014–2016 гады) удзельнікам, студэнцтву была прапанаваная гульня *Фэмінізацыя і маскулінізацыя мовы.* Умова гульні – валоданьне мовай, таму ў гульні бралі ўдзел беларускія студэнты, якія навучаліся ў розных ВНУ Беларусі, а таксама ў ЭГУ (Вільня) – усяго 55 чалавек. Удзельнікам былі прапанаваныя найбольш складаныя (якія не фэмінізуюцца ў афіцыйных слоўніках) для фэмінізаваньня словы: *акадэмік*, *багаслоў*, *гісторык*, *драматург*, *стаматоляг*, *стратэг*, *тэарэтык*, *філёзаф*, *хімік*, *чалец-карэспандэнт*, *этноляг.* Акрамя гэтага ўсім была прапанаваная адваротная гульня ў маскулінізацыю пэўных званьняў: *какетка*, *манікюрка*, *павітуха*, *пакаёўка*, *прачка*, *швачка.*

Асноўныя вынікі гульні можна падаць наступным парадкам:

1. Палове адказаў папярэднічала заўвага ўдзельнікаў аб тым, што (да сэмінару) „раней не ўзьнікала жаданьня фэмінізаваць”.
2. З 55 адказаў толькі адзін адказ быў „нэгатыўны”: удзельнік ня выступіў катэгарычна супраць фэмінізацыі мовы, але ў гульню не гуляў і замест варыянтаў фэмінітываў пакінуў наратыў аб тым, што няма неабходнасьці ў фэмінізацыі мовы, калі ўжо існуюць унівэрсальныя, абодва палы ахопныя назвы прафэсіяў – *доктар*, *прэзыдэнт.*
3. Наступная цікавая заўвага з гульні датычыць найбольш прадуктыўнага суфіксу фэмінізацыі: беларуская дзьвюхмоўная (расейска- і беларускамоўная адначасова) моладзь актыўна выбірае суфікс *-к-а*, як найбольш распаўсюджаны і прадуктыўны ў фэмінізаваньні (*акадэмка*, *афіцэрка*, *багаслоўка*, *драматуржка*, *рэктарка філёзафка*).
4. Далей цікава пазначыць, што ў 2008 годзе ў Менску падчас гульні другім па прадуктыўнасьці суфіксам быў выбраны суфікс *-іц-а/-ыц-а*: *акадэміца*, *багаславіца*, *гістарыца*, *хіміца этналягіца* й пад. Свой выбар часьцяком студэнцтва азначае „як у школе”. Падчас жа гульні ў 2014–2016 гадох студэнцтва пазначыла другім па прадуктыўнасьці ў фэмінізаваньні суфікс *-ін-а/-ін-я* і *-ын-а/-ын-я*: *драматургіня*, *стаматалягіня*, *стратэгіня*, *тэарэтыня*, *этналягіня* й пад.
5. Рэдкія мадэлі фэмінізаваньня тыпу на *-істая*, *-эс-а/-ес-а* вядомыя сучаснай моладзі, бо часам яны фэмінізуюць (хоць і гуляючыся) назвы пасадаў наступным чынам: *афіцэрэса*, *генэтэса*, *стаматалягістая*, *стратэгеса*, *стратэгістая*, *тэарэтыстая*, *філязафістая* і *філязафэса*, *хімеса.*
6. Зрэшты, падчас гульні ўзьніклі новыя, экзатычныя, невядомыя раней фэмінітывы кшталту *акадэмка* і *акадэміна* (жаночы варыянт ад

акадэмік), *драматуржка*, *стаматалёжка*, *стратэжка*, *тэарэтка*, *генэтоўка і генэтаўка*, *паліталягоўна*, *рэктарэса*, *хімэса* (*хімеса*), *хімічыня*, *хімікоўка* і *хімка.*

На аснове вышэй пададзеных вынікаў гульні вымалёўваюцца наступныя высновы:

1. Перадусім тэма фэмінізацыі мовы знаходзіцца ў стане здранцьвеньня, замарозкі: маладыя беларусы спачатку зьдзіўляюцца артыкуляцыі падобнай тэмы, але потым актыўна далучаюцца і задзейнічваюць гэты рэсурс. Пры гэтым студэнцтва ведаючы ці проста інтуіцыйна выбірае натуральныя, здаўна вядомыя (з часоў старабеларускай мовы) актыўныя мадэлі фэмінізацыі мовы з дапамогаю суфіксаў: *-к-а*, *-іц-а*, *-ін-а*, *-ін-я*.
2. Як і ў пэрыяд старабеларускай мовы цяперашнія фэмінітывы-агентывы адрозьніваюцца ад мужчынскіх адпаведнікаў нестабільнасьцю, незафіксавананасьцю і большай варыянтнасьцю[338]: напрыклад, для аднаго маскулінітыва *этноляг* існуе некалькі фэмінітываў: *этналягіня*, *этналягіца*; для аднаго маскулінітыва *філёзаф* – некалькі фэмінітываў: *філёзафка*, *філязафіня*, *філязафіца* і пад. Варыянтнасьць, хоць і ўзбагачае мову, але пры гэтым азначае, што норма для фэмінітываў не ўсталявалася, а таму многія фэмінітывы застаюцца маргінальнымі, неафіцыйнымі, пазаслоўнікавымі.
3. Такім парадкам, гульня ў фэмінізацыю мовы з студэнцтвам сталася ў дадатак своеасаблівай нэалягічнай лябараторыяй, асновай для ўдакладненьня складаных момантаў фэмінізацыі і мажліва асновай для зьбіраньня новага матэрыялу.

---

338 М. Паўленка, *Аднакарэнныя жаночыя Nomina agentis…*, тамсама, с. 3.

Заканчэньне

Як вынікае зь гістарычнага, мастацкага, сацыялінгвістычнага аналізу, фэмінізацыя – важны і натуральны кампанэнт беларускай мовы цягам апошніх шасьці стагодзьдзяў. І ейная цяперашняя маргіналізацыя ўнутры краіны абумоўлена перадусім чыньнікам дамінаваньня расейскай мовы, а таксама, як працяг уплыву ўжо ўзгаданага чыньніка расейскай мовы, абумоўлена крохкай дэмаграфічнай, фізычнай сытуацыяй носьбітаў мовы. Часта ў мовах надзвычай палітызаваных, падкантрольных, а пагатоў у крызысны пэрыяд – заняпад, асыміляцыя, выміраньне мовы – адбываецца зьява „ўніфікацыі моўнага поля"[339], эканоміі, мінімізацыі і задзейнічаньня асабліва важных рэсурсаў, неабходных для выжываньня, а таму тэма эстэтызацыі, разнастайнасьці, роўнасьці, да якой, безумоўна, можна аднесьці фэмінізацыю мовы, пакуль не задзейнічваецца, успрымаецца лішняй. Насамрэч, у Беларусі адбываецца па ініцыятыве ўладатрымалых элітаў, як крытычна пазначыў П'ер Бурд'ё, у дачыненьні да падобнай любой іншай сытуацыі, – „фэтышызацыя афіцыйнай мовы"[340], калі абмяжоўваюцца, маргіналізуюцца ці нават забараняюцца ўсе альтэрнатыўныя тэндэнцыі, варыянты афіцыйнай мовы, бо пэўныя групы, клясы, эліты валодаюць ці не валодаюць культурным, сымбалічным і лінгвістычным капіталам, а таму і маюць манаполію на мову, на той варыянт, які яны фэтышызавалі. У беларускім афіцыйным выпадку гэта беларуская мова (*наркамаўка*), а клясычная беларуская мова (*тарашкевіца*) капіталам не зьяўляецца, а трактуецца сымбалічна і палітычна, як хібная, памылковая, маргінальная, чужая і пад.

Адштурхоўваючыся ад пастуляту перавагі пазамоўных (сацыяльных, палітычных) вызначальных чыньнікаў над проста моўнымі ў функцыянаваньні, зьмяненьні кожнай мовы, падкрэслю яшчэ раз, што моўная няроўнасьць і маргіналізацыя фэмінізацыі назваў пасадаў у Беларусі стала магчымай ня ў вынікаў проста пэўных нутрамоўных асаблівасьцяў беларускай і расейскай моваў, а ў выніку пэўнай палітыкі як унутры Беларусі, так і ў суседняй Расеі ў дачыненьні да беларускай (маргіналізацыя, ігнараваньне) і расейскай моваў (спэцыяльная падтрымка).

Да ўсяго прызнаючы (у частцы 3), што беларуская культура і мова ў гістарычнай пэрспэктыве калянізаваныя (гэта спалучаецца з рознымі практыкамі дэкалянізацыі), што пацьвярджаецца, між іншымі, вынікамі інтэрвію на прыкладзе вузкай моўнай тэмы – фэмінізацыі *Nomina agentis* – можна зрабіць наступныя высновы:

Па-першае, беларуская мова і ў межах незалежнай дзяржавы застаецца ўнармаванаю на ўзор расейскай мовы. Атрымаўшы незалеж-

[339] P. Bourdieu, *Le fétichisme de la langue…*, *op.cit.*, p. 3.
[340] Тамсама.

насьць, беларусы не пазбавіліся былых уплываў і, як часта здараецца ў посткаляніяльны пэрыяд, захавалі шматлікія звычкі, мысьленьне і мэнтальныя мадэлі імпэрыі, былых каляніялістаў, так бы мовіць, прадстаўнікоў цэнтру[341]. У грамадзтве назіраюцца супярэчлівыя тэндэнцыі: афіцыйнае спрыяньне пашырэньню расейскай мовы спалучаецца з маргіналізацыяй беларускай на ўсіх сацыяльных узроўнях; адбылося рэфармаваньне мовы пад моцным кантролем ідэалягічна і эстэтычна русафільскай і расейскамоўнай улады. Дэбаты вакол правапісу ў апошнія гады і асабліва інстытуцыйная перамога гэтак званага „школьнага правапісу" дэманструюць трываласьць моўнага каляніялізму. Насупор багатай традыцыі, як сьведчаць шматлікія дасьледаваньні ў гістарычнай граматыцы і дыялекталёгіі беларускай мовы, сяньня фэмінізацыя мовы ў афіцыйным рэчышчы аднесеная да размоўнага рэгістру, што назіраецца ў расейскай мове.

Па-другое, цікава і парадаксальна, што мясцовы фэмінісцкі рух амаль ніяк не спрычынены да натуральнай фэмінізацыі назваў пасадаў і ніяк не выкарыстоўвае сяньня гэтага надзвычайнага рэсурсу. Такім чынам, артыкуляваньне тэмы фэмінізацыі *Nomina agentis* у беларускай мове – справа выключна мовазнаўцаў, якія ніякім чынам не зьвязаныя з фэмінізмам і прытрымліваюцца ў прыватным жыцьці пераважна традыцыяналісцкіх поглядаў.

Па-трэцяе, не зважаючы на перамогу „кампраміснага" моўнага праекту ў 2009 годзе, гісторыя разьвіцьця мовы і ейных нутраных рэсурсаў (сярод якіх і натуральная фэмінізацыя мовы) даводзіць прынцыповую стылістычную, эстэтычную, экалягічную і нават ідэалягічную адрознасьць праекту афіцыйнага правапісу ад „тарашкевіцы". Трэба разумець, што якраз у разрэзе канфлікту паміж „тарашкевіцай" і „наркамаўкай" палягаюць пытаньне і праблема каляніялізму. А ўсьвядоміць і разьвязаць іх дапамагаюць такія маркеры, як фэмінізацыя назваў пасадаў. Як бы рэформа ні ігнаравала гэты рэсурс, ён усё адно актыўна выкарыстоўваецца носьбітамі мовы. Зрэшты, пытаньне фэмінізацыі мовы, хоць і разглядаецца лепей і актыўней у межах „тарашкевіцы", застаецца збольшага па-за ідэалёгіяй і палітыкаю. Наколькі б глыбокімі і прынцыповымі ні былі разыходжаньні паміж двума лягерамі, нават прыхільнікі гэтак званай афіцыйнай беларускай мовы надаюць шмат увагі тэме фэмінізацыі назваў пасадаў, званьняў і катэгорыяў, што выразна бачна, напрыклад, у афіцыйным *Тлумачальным слоўніку*[342], дзе аўтары побач са словамі ў мужчынскім родзе амаль заўсёды падаюць варыянт у жаночым родзе. І вельмі часта гэта прынцыпова адрозьніваецца ад мовы расейскай, адкуль традыцыйна чэрпае афіцыйная беларуская мова.

---

[341] H. Béji, *Nous, décolonisés*, Arléa, Paris 2008, http://www.evene.fr/livres/livre/hele-beji-nous-decolonises-33545.php [доступ: 26.01.2017]; У. Гарбацкі, *За дэкалянізацыю…*, тамсама, http://news.arche.by/by/page/works/narysy-tvory/2928 [доступ: 26.01.2017].

[342] *Тлумачальны слоўнік беларускай літаратурнай мовы*, Мінск 1996.

Асноўныя і дадатковыя гіпотэзы, агучаныя ў пачатку працы, у цэлым спраўдзіліся ў выніку праведзеных аналізу зьместу прэсы, гістарычнай рэканструкцыі, моўнага, дыялекталягічнага, сацыялінгвістычнага аналізу, а таксама ў выніку праведзеных інтэрвію і гульні *Пэрспэктывы фэмінізацыі мовы*:

1. Так, на аснове задзейнічаных пералічаных вышэй мэтадаў – асабліва ў выніку аналізу зьместу прэсы, мастацкіх тэкстаў, а таксама ў выніку інтэрвію – удалося пацьвердзіць, што фэмінізацыя *Nomina agentis* у беларускай мове, хоць у большай ступені прысутнічае ў тарашкевіцы і ў меншай у наркамаўцы, зьяўляецца абавязковай спэцыфічнай пазнакай мовы, якая адрозьнівае яе ад расейскай мовы, напрыклад.
2. У гістарычнай пэрспэктыве выключна моваазнаўцы займаліся фэмінізацыяй мовы, тады як мясцовыя фэміністы ніяк не спрычыніліся да разьвіцьця тэмы. Толькі апошнім часам у XXI стагодзьдзі фэмінізм і мова, фэмінізацыя назваў пасадаў сышліся і пачалі кантактаваць пад парасонам то гендарных штудыяў, то цяпер пад парасонам новай у Беларусі дысцыпліны – гендарнай лінгвістыкі. Пры гэтым варта пазначыць, што хоць гістарычна мовазнаўцы апярэдзілі фэміністаў у зацікаўленасьці і разьвіцьці тэмы фэмінізацыі мовы, гэта не азначае поўнага разрыву паміж фэмінізмам і мовай у гістарычнай пэрспэктыве. Той факт, што ў беларускай мове натуральным чынам актыўна прысутнічала і папаўнялася тэма фэмінізацыі назваў пасадаў, ужо сьведчыць на карысьць таго, што фэмінісцкія, прафэмінісцкія ці папросту эгалітарысцкія памкненьні, ідэі былі вядомыя беларускаму грамадзтву здаўна. Проста спэцыфіка беларускай палітычнай, культурнай, у тым ліку і моўнай гісторыі палягае ў тым, што панятак „фэмінізм" (які паўстаў у XIX стагодзьдзі) зьяўляўся і зьяўляецца маргінальным, нэгатыўным, а таму афіцыйна ён нідзе не прысутнічае, ніводзін мясцовы спэцыяліст не падкрэсьліваў да XXI стагодзьдзя повязі з фэмінізмам. Аднак многія спэцыялісты старых генэрацыяў, безумоўна, былі вельмі дэмакратычнымі, адкрытымі ў пытаньні роўнасьці палоў, а таму ў працах надавалі шмат увагі эгалітарысцкаму вымярэньню ў тэмах. Так, у беларускім мовазнаўстве да такіх *эгалітарыстаў* можна аднесьці Я. Ціхінскага, мовазнаўцаў БССР (М. Паўленка, У. Піскун), дыяспарных мовазнаўцаў (В. Пашкевіч, Я. Станкевіч), сучасных мовазнаўцаў (Н. Баршчэўская, Ю. Бушлякоў, В. Вячорка, Ю. Пацюпа, Ф. Піскуноў, П. Сьцяцко). А таму хоць і ў прыхаванай форме, але ж фэмінізм і мова былі зьвязаныя ў Беларусі. Вяртаньне маладой генэрацыі дасьледнікаў і дасьледніцаў да „фэмінізму ў мове" (В. Гапеева, У. Гарбацкі, К. Кедрон, А. Пяршай) можна ўспрымаць не як нешта прынцыпова новае, а працяг вядомай эгалітарысцкай традыцыі. Прынцыпова новым будзе хіба сьмелы саманазоў „фэмінісцкі", „фэмінізм".
3. Фэмінізацыя беларускай мовы сталася сапраўднай лякмусавай паперай, якая выяўляе моўны, культурны і, шырэй гледзячы, палітычны

каляніялізм. Параўнаньне паміж двума узусамі беларускай мовы – тарашкевіцай і наркамаўкай, а таксама параўнаньне з расейскай мовай на прадмет фэмінізацыі даводзяць аб тым, што наркамаўка, як прамежкавы варыянт паміж тарашкевіцай і расейскай мовай, акумулюе ў сабе бальшыню нормаў мовы расейскай і адмаўляецца ад фэмінізацыі якраз па мадэлі расейскай мовы. А тарашкевіца, як своеасаблівы рэлікт, які захаваў вобраз і нормы наркамаўкі ў 20-ыя гады XX-га стагодзьдзя, наадварот, да сяньня актыўна фэмінізуе назвы пасадаў і падае гэтую зьяву ня як уласьцівасьць размоўнага стылю, а як літаратурную норму.

Акрамя гэтага інтэрвію, параўнаньні зь іншымі мовамі (з польскай[343] і ўкраінскай[344] перадусім), а таксама цьверджаньні маладых дасьледніцаў фэмінізацыі мовы (напрыклад, артыкул Я. Казлоўскай-Доды[345]) дадалі важную інфармацыю і значна пашырылі поле трактаваньня прычынаў маргіналізацыі ці замаруджваньня тэндэнцыі да фэмінізацыі мовы. Калі вонкавае вымярэньне – чыньнік расейскай мовы часта падкрэсьліваецца, як ці не галоўны вызначальнік маргіналізацыі фэмінізацыі мовы ў афіцыйным варыянце беларускай мовы, то нутранае вымярэньне, нутраныя прычыны на сучасным этапе недаацэньваліся. Якраз параўнаньне і погляд звонку – з Польшчы[346], напрыклад, і выказваньні паловы рэспандэнтаў у інтэрвію ў Беларусі падкрэсьлілі, што разам з уплывам расейскай мовы на выключэньне фэмінізацыі мовы з афіцыйнага рэгістру, уплывалі і ўплываюць мясцовыя кансэрватызм і патрыярхальнасьць грамадзтва (як носьбітаў мовы, так і спэцыялістаў мовы). Таксама ў межах нутраных чыньнікаў, якія абмяжоўваюць ужытак фэмінітываў-агентываў, неабходна пазначыць чыньнікі псыхалягічна-грамадзкага[347] і эстэтычнага кшталту: у многіх адказах (глядзіце дадатак 9) пазначалася, што фэмінітыў гучыць ці то дзіўна, ці то нязвыкла, а часам і ня надта прыгожа. Пры гэтым далей самі рэспандэнты адзначаюць, што да фэмінізацыі проста неабходна прызвычаіцца. І зноў чыньнік расейскай мовы паўстае ў дыскурсе, бо якраз адсутнасьць звычкі тлумачыцца тым, што менавіта з-за дамінаваньня расейскай мовы беларусы адвучыліся ад натуральнай беларускай мовы, у тым ліку ад фэмінізацыі. Што да псыхалягічна-грамадзкага чыньніка, то таксама варта мець на ўвазе, як дапамог нам у гэтым кампаратывісцкі падыход і аналіз сытуацыі вакол фэмінізацыі ў польскай мове[348], такі момант у гісторыі Беларусі, як урбанізацыя, калі фэмінітывы-агентывы часта асацыяваліся з мовай вяс-

---

[343] J. Miodek, *Rozmyślajcie nad ...*, *op.cit.,* s. 87; А. Малоха-Крупа, *Фемінізація сучасної ...*, тамсама, с. 133–134.

[344] А. Нелюба, „*Гендерна лінгвістика*"..., тамсама, с. 135–142.

[345] Я. Казлоўская-Дода, *Родавыя формы сучаснай беларускай мовы на матэрыялах газеты „Звязда*", [у:] *Беларуска–польскія моўныя...*, тамсама, с. 46–69.

[346] А. Малоха-Крупа, *Фемінізація сучасної...*, тамсама, с. 133–134.

[347] Тамсама, с. 133.

[348] Тамсама.

ковай, размоўнай, а таму пры пераходзе зь вёскі ў места і пры сутычцы, з аднаго боку, з мовай расейскай, а з другога, з службова-канцылярскім стылем беларускай мовы, былі маргіналізаваныя і замененыя генэрычнымі назвамі (маскулінітывамі).

Зрэшты, для комплекснага разуменьня праблемы варта заўсёды мець на ўвазе факт адарванасьці літаратурнай беларускай мовы XXI-га стагодзьдзя ад рэчаіснасьці: бальшыня беларусаў размаўляюць па-расейску ці на трасянцы (больш за 70% беларусаў размаўляюць па-расейску, паводле перапісу 2009 году[349]; у 2015 годзе сытуацыя не зьмянілася на карысьць беларускай мовы, а працягвае пагоршвацца[350]). Дадзены дэмаграфічна-моўны факт важны для разуменьня таго, што ў XXI-ым стагодзьдзі дэбаты, рэформы, у тым ліку што датычыць фэмінізацыі мовы, застаюцца тэарэтычнымі, адцягнутымі, малаўплывовымі. А таму сучасную зьяву фэмінізацыі мовы немажліва зразумець толькі паводле аналізу афіцыйнай прэсы па-беларуску, бо па-за ўвагай і па-за доступам спэцыялістаў застаецца вымярэньне рэальнай размоўнай беларускай мовы, якая прынцыпова адрозьніваецца стылістычна, лексычна і г.д. Мова пажылой вясковай беларускі з Палесься, Падняпроўя ці Браслаўшчыны прынцыпова адрозьніваецца ад мовы журналісткі газэты „Зьвязда", у тым ліку што датычыць ужываньня імі фэмінітываў.

Фэмінізацыя назваў прафэсіяў, пасадаў, тытулаў і званьняў у беларускай мове застаецца актуальным пытаньнем, не зважаючы на тэндэнцыі русіфікацыі, якія нясуць з сабою новыя стылістычныя нормы, скіраваныя на мінімізаваньне ўжытку *Nomina agentis* і максімізаваньне ўжытку маскулінітываў, схаваных пад канцэптам генэрычных назваў. Сяньня, счакаўшы восем гадоў пасьля ўдасканаленьня правапісу, які хутчэй аддаў перавагу кансэрватыўнаму вырашэньню пытаньня фэмінізацыі мовы (мінімізаваньне, ужываньне фэмінітываў-агентываў пераважна ў размоўным рэгістры ці рэгістры дыяспарнай мовы), фіксуецца значны інтарэс сярод беларускамоўных носьбітаў, а галоўнае спэцыялістаў і спэцыялістак мовы тэмай фэмінізацыі мовы, тэмай стварэньня формаў жаночага роду, што аднаўляе дэбаты, адкідвае нібыта рашэньне, прынятае падчас удасканаленьня правапісу і аднаўляе спрэчкі паміж прыхільнікамі і праціўнікамі фэмінізацыі.

У самым пачатку 2017 году можна канстатаваць два варыянты падыходу да вырашэньня пытаньня: кансэрватыўны (Беларусь, афіцыйны правапіс) і крэатыўны (беларуская дыяспара).

349 *Вынікі перапісу насельніцтва: для 53% насельніцтва беларуская мова – родная*, Радыё Свабода, 8 верасьня 2010, http://www.svaboda.org/a/2151688.html [доступ: 26.01.2017].
350 *Страшныя лічбы русіфікацыі: з 2010 года колькасць белмоўных вучняў зменшылася на 43 тысячы, белмоўнае студэнцтва практычна ліквідавана*, „Наша Ніва", 4 ліпеня 2015, http://nn.by/?c=ar&i=152272 [доступ: 26.01.2017].

Літаратура

Арашонкава Г., 1988: *Пра назоўнікі тыпу вынаходца, дарадца, стараста*, „Беларуская лінгвістыка”, 33, с. 66–70.

Арашонкава Г., 1991: *Пра назоўнікі тыпу вынаходца, дарадца, стараста*, [у:] *Пытанні культуры пісьмовай мовы*, Мінск, с. 114–121.

Архангельська А., 2011: *Систематизований покажчик слововживань неологізмів-фемінативів в українському мовленні кінця XX – початку XXI століття*, [у:] Г.М. Вокальчук, А.М. Архангельська, О.А. Стишов, Ю.П. Маслова, В.В. Максимчук, *Неологічні назви осіб у сучасних слов'янських мовах*, НаУ „Острозька академія”, Рівне–Оломоуць, с. 188–243.

Архангельская А., 2013: *К вопросу о подходах к сопоставительному лингвистическому описанию динамических процессов в современных славянских языках*, „Opera Slavica”, XXIII (4), https://digilib.phil.muni.cz/bitstream/handle/11222.digilib/128997/2_OperaSlavica_23-2013-4_2.pdf?sequence=1.

Архангельская Т., 2014: *Симметрия и ассиметрия граматической категории рода и семантической категории пола в славянских языках*, диссертация, Оломоуц.

Асіпчук А., Маршэўская В., Садоўская А., 2009: *Беларуская мова. Прафесійная лексіка*, Гродна, http://ebooks.grsu.by/bel_mova_pro_leks/lektsyya-2-gistarychnyya-etapy-farmiravannya-i-razvitstsya-belaruskaj-movy.htm.

Бабкоў І., 2011: *Посткаляніяльныя досьледы, лекцыі*, Беларускі Калегіюм, http://bk.baj.by/lekcyji/litaratura/postcolonial/babkou_06.htm.

Барадулін Р., 2006: *Руны перуновы*, Мінск.

Барадулін Р., 2013: *Вушацкі словазбор*, Мінск.

Баршчэўская Н., 2004: *Беларуская эміграцыя – абаронца роднае мовы*, Варшава, с. 113–136.

Бекіш В., 1968: *Субстантываваныя прыметнікі ў ролі назваў асобы*, [у:] *Праблемы беларускай філалогіі*: *тэзісы дакладаў рэсп. канф.*, *прысвечанай 50-годдзю БССР і КПБ*, БДУ, Мінск, с. 14–42.

Бембель А., 1985: *Роднае слова і маральна-эстэтычны прагрэс*, Лёндан.

Бірма: *лідар апазіцыі прыбірае на вуліцах смецце*, „Наша Ніва”, 13.12.2015, http://nn.by/?c=ar&i=161703.

Бронзавы прызёр Алімпійскіх гульняў у Пекіне Глафіра Марціновіч распавяла, чаму выбрала прафесію стаматолага, „Наша Ніва", 27.07.2016, http://nn.by/?c=ar&i=174358.

Брыль Я., 1965: *Жменя сонечных промняў*, Мінск.

Брыль Я., 1985: *Сёння і памяць*, Мінск.

Брыль Я., 1997: *Дзе скарб ваш*, Мінск.

Будзько І. [і інш.], 2016: *Лексіка старабеларускай літаратурна-пісьмовай мовы XIV – сярэдзіны XVI ст.*, Беларуская навука, Мінск.

Буднікова Л., 2004: *Назви осіб у сучасній словацькій літературній мові: словотвірний аспект*, автореферат, Київ.

Булахаў М., 1968: *Аб словаўтварэнні скарынінскіх выданняў*, [у:] *450 год беларускага кнігадрукавання*, Мінск.

Бурдьє П., Вакан Л., 2015: *Рефлексивна соціологія*, Медуза, Київ, с. 113–114.

Бушлякоў Ю., 2013: *Жывая мова*, Радыё Свабода, Мінск.

Вайтовіч В., 2008: *Марфолага-сінтаксічнае ўтварэнне канцылярска-справаводчай лексікі старабеларускай мовы*, http://elib.bsu.by/bitstream/123456789/27315/1/Вайтовіч-Марфолага-сінтаксічнае ўтварэнне-79-84.pdf.

Верас З., 2013: *Я помню ўсё*, Гародня–Ўроцлаў.

Верас З., 2015: *Выбранае*, Мінск.

Выйшаў феміністкі нумар часопіса „Прайдзісвет", 22.02.2016, https://makeout.by/2016/02/22/vyysha-femnsck-numar-chasopsa-praydzsvet.html.

Вынікі перапісу насельніцтва: для 53% насельніцтва беларуская мова – родная, Радыё Свабода, 8 верасьня 2010, http://www.svaboda.org/a/2151688.html.

Вячорка В., 2016: *„Беларусіца" – знявага ці камплімент?*, http://nn.by/?c=ar&i=173937.

Гапеева В., 2012: *Да гісторыі пытання: феміністкая крытыка мовы*, http://artaktivist.org/da-gistoryi-pytannya-feminisckaya-krytyka-movy/.

Гапеева В., 2012: *Да гісторыі пытання: феміністкая крытыка мовы*, http://hapeyeva.org/да-гісторыі-пытання-фемінісцкая-крыт/.

Гарбацкі Ў., 2011: *За дэкалянізацыю беларускай мовы*, http://news.arche.by/by/page/works/narysy-tvory/2928.

Гарбацкі Ў., 2012: *Беларуская дыяспарная мова і ейны досьвед супрацьстаяньня англіцызмам, русізмам ды іншым барбарызмам*, http://news.arche.by/by/page/ideas/cultura-idei/10208.

Гарбацкі Ў., 2012: *Аб фэмінізацыі беларускай мовы: фэмінізацыя nomina agentis і пэўных іншых катэгорыяў у сучаснай беларускай мове*, эсэ, belarusians.co.uk, Лестэр.

Гарбацкі Ў., 2012: *Чалавек з запасной душой* (*пра Брылёву мову*), „ARCHE", http://news.arche.by/by/page/works/natatki-tvory/10271.

Гарбацкі Ў., 2013: *Леаніла Чарняўская*: *„У новы век і праўда новая"*, „ARCHE", http://news.arche.by/by/page/works/narysy-tvory/13383.

Гарбацкі Ў., 2013: *Маскулінная Звязда*, „ARCHE", http://news.arche.by/by/page/ideas/hramadstva-idei/10744.

Гарбацкі Ў., 2013: *Новыя дозы барбарызмаў у беларускай мове*, http://news.arche.by/by/page/ideas/cultura-idei/11182.

Гарбацкі Ў., 2013: *Увага! Чужасловы*!, http://news.arche.by/by/page/ideas/cultura-idei/10449.

Гарбацкі Ў., 2014: *Пра геній старабеларускай мовы*, http://news.arche.by/by/page/reviews/navuka-ahliady/13649.

Гарбацкі Ў., 2016: *Мова жыцця Зоры Кіпель*, „Новы Час", http://novychas.by/poviaz/mova-zyccja-zory-kipel.

Гендер для медій, 2013: за ред. М. Маєрчик, О. Плахотнік, Г. Ярманової, Критика, Київ.

Геніюш Л., 1993: *Споведзь*, Мінск.

Гілевіч Н., 2007: *Гісторыя народа – у яго мове*, Мінск.

Гілевіч Н., 2008: *Напачатку было слова*, Мінск.

Гінзбург М., 2012: *Професійні назви як дзеркало гендерної рівності*, „Гуманітарна освіта у технічних вищих навчальних закладах", 24, с. 7–27.

Гістарычны слоўнік беларускай мовы, 1982–2016: Беларуская навука, Мінск.

Горбачик Н., 1993: *Название лиц по ремеслу и профессии в белорусском языке*, автореферат, Минск.

Грыцкевіч В., 2000: *Гісторыя і міфы*, Мінск.

Гурскі М., 1972: *Параўнальная граматыка рускай і беларускай моў*, Мінск.

Добровольский В., 1914: *Смоленский областной словарь*, Смоленск.

Дубоўка Ў., 1929: *Лацінка ці кірыліца*, Менск.

Ермаловіч М., 2007: *Успаміны, творы, фотаматэрыялы*, Мінск, http://pawet.net/library/history/bel_history/_books/ermalovich/Мікола_Ермаловіч._Успаміны,_творы,_фотаматэрыялы.htm.

Ермаловіч М., 2010: *Выбранае*, Мінск.

Ефремов В., 2014: *Словообразовательные гендерные асимметрии в словаре В.И. Даля*, [в:] *Лексикология, лексикография и корпусная лингвистика*: *сборник научных статей*, Спб, с. 40–41.

„Жаноцкая справа", 1931: 3, травень, Вільня.

Запруднік Я., 1992: *Гістарычныя і культурныя асновы беларускай нацыянальнай свядомасці*, „Спадчына", 2.

Запруднік Я., 2016: *Пра фемінізм з беларуска–амерыканска берага*, http://prajdzisvet.org/texts/prose/pra-feminizm-z-belaruska-ameryikanska-beraga.html.

Іванишин В., 1994: *Мова і нація*, Дрогобич.

Іваноў У., 2008: *Пра беларускі ўплыў на віцебскіх старавераў*, „Палітычная сфера", 10, с. 102–107.

Інтэрвію з А. Надсанам, 2010: *Айцец Аляксандр Надсан*: *„Мы ж не будзем карміць вашы ўлады!*", http://news.tut.by/society/168227.html.

Інтэрнэт-бачынка „Гендарнага маршруту": http://gender-route.org/.

Інтэрнэт-бачынка Belsat: http://belsat.eu/.

Інтэрнэт-бачынка газэты „Беларус": http://www.bielarus.org/.

Інтэрнэт-бачынка дыяспарнай суполкі: https://belarusians.co.uk/.

Іскра, Л., 1951: *Своеасаблівасьці беларускае мовы*, Парыж.

Іўчанкаў В., 2010: *Беларуская арфаграфія*: *апавяданні і гісторыі*, Пачатковая школа, Мінск.

Казакевіч А., 2001: *Пра калёнію*, „Палітычная сфера", 1, с. 44–47, http://journal.palityka.org/wp-content/uploads/2011/04/1911-9.pdf.

Казлоўская-Дода Я., 2015: *Родавыя формы сучаснай беларускай мовы на матэрыялах газеты „Звязда*", [у:] *Беларуска–польскія моўныя, літаратурныя, гістарычныя і культурныя сувязі*, пад рэд. І.Э. Багдановіч, Кнігазбор, Мінск, с. 46–69.

Кароткі гістарычны слоўнік беларускай мовы, 2015: склад. А.М. Булыка, Беларуская навука, Мінск, 1038 с.

Карский Е., 1903: *Белорусы*, том 1, Варшава, http://zapadrus.su/bibli/etnobib/133-qq.html.

Карскі Я., 2001: *Беларусы*, Мінск.

Касьпяровіч М., 2011: *Віцебскі краёвы слоўнік*, Смаленск.

Каўрус А., 2011: *Да свайго слова. Пытанні культуры мовы*, Мінск.

Каўрус А., 2013: *Словаклад*, Мінск.

Кашпур Е., 2005: *Сопоставительное исследование наименований лиц по профессии и социальному статусу во французском и русском языках*, автореферат диссертации по филологии, специальность ВАК РФ 10.02.20, Москва.

Кіпель З., 2010: *Дні аднаго жыцьця... Успаміны, артыкулы, дзёньнікі*, Мінск.

Коўтун В., 2002: *Пакліканыя*, Мінск.

Крамко І., 1993: *Забытыя скарбы*, „Беларуская лінгвістыка”, 41, Мінск, с. 84–86.

Кузё Т., 2006: *Заходняя тэорыя і практыка шматкультурнасьці*: *наколькі яна прыдатная для постсавецкіх дзяржаваў*, „ARCHE”, 11 (51), https://arche.by/item/1898.

Кузьміч Л., 1991: *Жаночыя намінацыі ў мове паэтычнага фальклору*, „Беларуская мова”, 19, с. 36–40.

Купала Я., 2003: *Поўны збор твораў* у 9 т., Т. 9, Кн. 1, Мінск.

Лексіка старабеларускай літаратурна-пісьмовай мовы XIV – сярэдзіны XVI ст., 2016: І.У. Будзько [і інш.], Беларуская навука, Мінск, 558 с.

Лексікалогія сучаснай беларускай літаратурнай мовы, 1994: пад рэд. А. Баханькова, Мінск.

Лёсік А., 1943: *Беларускі правапіс*, Менск.

Лёсік Я., 1994: *Некаторыя ўвагі да беларускае літаратурнае мовы*, „Спадчына”, 2, с. 92.

Лёсік Я., 1995: *Граматыка беларускае мовы. Фонэтыка*, факсімільнае выданьне, Народная Асьвета, Мінск.

Лёсік Я., 2004: *Мы перш за ўсё беларусы*, Мінск.

Лукашэнка А., 2004: *Людзі, якія размаўляюць па-беларуску, не могуць нічога рабіць, акрамя як размаўляць на ёй, таму што па-беларуску нельга выказаць нічога вялікага. Беларуская мова – бедная мова. У сьвеце існуе толькі дзьве вялікія мовы – расейская і ангельская*, http://tbm-mova.by/monitoring.html.

Лыч Л., 1994: *Беларуская нацыя і мова*, Мінск.

Лыч Л., 2000: *Беларуская мова як аб'ект дзяржаўнай дыскрымінацыі*, http://knihi.com/anon/Aniamiennie_Z_kroniki_zniscennia_bielaruskaj_movy.html#chapter8.

Малоха-Крупа А., 2012: *Фемінізація сучасної польської мови*, „Проблеми слов'янознавства", 61, с. 133–134.

Надзея Саўчанка заўтра адновіць галадоўку, 2016: Беларуская служба Польскага радыё, 5.04.2016, http://www.radyjo.net/4/90/Artykul/247433,Надзея-Саўчанка-заўтра-адновіць-галадоўку.

Наркевіч А., 1976: *Назоўнік. Граматычныя катэгорыі і формы*, Мінск.

Насовіч І., 1983: *Слоўнік беларускай мовы*, Мінск.

Нелюба А., 2009: *Обмежувачі у словотвірних процесах: проблема відмежування й типологізації*, зб. наук. праць на пошану проф. К. Городенської з нагоди її 60-річчя, „Мовознавчий вісник", 8, с. 159–167.

Нелюба А., 2009: *Стримувачі у словотвірних процесах української мови*, „Лінгвістичні студії: Збірник наукових праць", 18, с. 135–140.

Нелюба А., 2011: *„Гендерна лінгвістика" і малопродуктивні словотворчі засоби*, „Лінгвістика: Збірник наукових праць", 1 (22), с. 135–142.

Нелюба А., 2011: *Інноваційні зрушення й тенденції в українському жіночому словотворі*, „Лінгвістика: Збірник наукових праць", 2 (23), с. 49–59.

Нелюба А., 2011: *Прихована економія в словотвірній системі української мови (найзагальніші уваги)*, „Лінгвістичні студії: Збірник наукових праць", 23, с. 63–67.

Падручны гістарычны слоўнік субстантыўнай лексікі: у 2 т., склад.: І.У. Будзько [і інш.], 2013: пад рэд. А.М. Булыкі, Беларуская навука, Мінск [Т. 1. – 531 с.], [Т. 2. – 515 с.].

Пазьняк З., 2005: *Беларуска–расейская вайна*, Беларускія ведамасьці, Варшава, http://www.bielarus.net/pdf/ksiazka_2004_rok_srodek.pdf.

Памерла авангардны архітэктар Заха Хадзід, „Наша Ніва", 31.03.2016, http://nn.by/?c=ar&i=167752.

Паўленка М., 1975: *Аднакарэнныя жаночыя Nomina agentis у старабеларускай мове*, „Беларуская лінгвістыка", 8, с. 3–9.

Паўленка М., 1978: *Аднакарэнныя жаночыя Nomina agentis у старабеларускай мове*, „Беларуская лінгвістыка", 8, с. 3.

Паўленка М., 1978: *Жаночыя асабовыя намінацыі на -ица ў беларускай мове XIX – пачатку XX стст.*, „Беларукая мова", 6, Мінск, с. 58–67.

Паўленка М,, 1978: *Нарысы па беларускаму словаўтварэнню. Жаночыя асабовыя намінацыі ў старабеларускай мове*, Мінск.

Паўлышын М., 2005: *Казакі на Ямайцы: праявы посткаляніялізму ў сучаснай украінскай культуры*, „Перекрёстки”, 3–4, http://knihi.com/storage/frahmenty/6pawlyshyn.htm.

Пацюпа Ю., 2001: *Жанчына і мова*, [у:] *Роля жанчыны ў беларускім грамадстве*, Гродна, с. 46–50.

Пацюпа Ю., 2003: *Культура беларускай мовы*, http://old.belcollegium.org/lekcyji/litaratura/pacupa02.htm.

Пацюпа Ю., 2007: *Правапісны сымптом моўнай хваробы*, „ARCHE”, 11 (62), http://arche.bymedia.net/2007-11/paciupa711.htm.

Пашкевіч В., 1974: *Беларуская мова – Fundamental Byelorussian*, Toronto (кніга 1).

Пашкевіч В., 2006: *Ангельска–беларускі слоўнік*, Мінск.

Першай А., 2002: *Колонизация наоборот: гендерная лингвистика в бывшем СССР*, „Гендерные исследования”, 7–8, Харьков, с. 236–249.

Пискун В., 1972: *Женские личные номинации в современном белорусском литературном языке (на материале спортивной лексики)*, автореферат диссертации, Минск.

Піскуноў Ф., 2010: *Гендарная роўнасць і граматычная схема. Да пытання суфіксальнай тыпізацыі назоўнкаў агульнага роду*, „Роднае слова”, 11, с. 44–49.

Піскуноў Ф., 2014: *Мова як сістэма*, Мінск.

Пономарів О., 1992: *Стилістика сучасної української мови*, Київ.

Пономарів О., 2002: *Культура слова. Мовно-стилістичні поради*, Київ.

Праграма *Па-беларуску зь Вінцуком Вячоркам*, Радыё Свабода, 18.07. 2016, http://www.svaboda.org/a/vincuk-viacorka-bielarusica/27863780.html.

Прыгодзіч М., Ціванова Г., 1997: *Старабеларускі лексікон*, Мінск.

Прэзідэнт Эстоніі заручыўся з кіраўніком кібербяспекі Латвіі, „Наша Ніва”, 08.12.2015, http://nn.by/?c=ar&i=161356.

Прэзыдэнт ці прэзыдэнтка?, Беларуская служба Польскага радыё, 1.03. 2012, http://www.radyjo.net/4/93/Artykul/91949,Прэзыдэнт-ці-прэзыдэнтка.

Пузиренко Я., 2000: *До проблеми номінації осіб жіночої статі в українській мові (гендерний аспект)*, „Наукові записки НаУКМА”, Т. 18: „Філологічні науки”, с. 36–42.

Пузиренко Я., 2005: *До проблеми номінації осіб жіночої статі в українській мові (гендерний аспект)*, http://www.lib.ua-ru.net/inode/3027.html.

Пузиренко Я., 2005: *Агентивно-професійні назви осіб жіночої статі в лексикографічному описі та узусі*, автореферат, Київ.

Пузыренко Я., 2009: *Маскулинизация как фактор влияния на агентивно-профессиональную номинацию женщин*, [у:] *Kalba, diskursas, kultūra: problemos ir sprendimai*, с. 219–225.

Рабчук М., 2003: *Імпэрыя як дыскурс*, „ARCHE”, 1 (24), https://arche.by/item/3918.

Рублеўскі С., 2012: *Паспець надыхацца*, Мінск.

Руденко Е., 2014: *Этнолингвистика без границ*, Минск.

Русско–белорусский словарь в 3 т., 2002: Беларуская Энцыклапедыя, Мінск.

Рэгіянальны слоўнік Віцебшчыны, 2012–2014: Віцебск.

Саўка З., 2008: *Моўны мануал*, http://dobrapis.info/files/Manual.pdf.

Сачанка Б., 1991: *Беларуская эміграцыя*, Мінск.

Семенюк С., 2009: *Запозичені форманти в іменниках з модифікаційним значенням жіночої статі (кінець XVIII – початок XXI ст.)*, „Українська мова”, 2, с. 14–20.

Сліж Н., 2015: *Шлюбныя і пазашлюбныя стасункі шляхты ВКЛ у XVI–XVII стст.*, Смаленск.

Сміт Э., 1995: *Нацыяналізм у дваццатым стагоддзі*, Мінск.

Ставіцька Л., 2008: *Українська мова без табу*, Київ.

Станкевіч Я., 1947: *Падручнік крывіцкае (беларускае) мовы. Часьць I–III*, Рэгенсбург.

Станкевіч Я., 1989: *Белорусско–русский (Великолитовско–русский) словарь / Беларуска–расійскі (Вялікалітоўска–расійскі) слоўнік / Byelorussian–Russian (Greatlitvan–Russian) Dictionary*, Lew Sapieha Greatlitvan (Byelorussian) Foundation, New York.

Станкевіч Я., 2002: *Збор твораў у двух тамах*, Том 2, Энцыклапедыкс, Менск.

Страшныя лічбы русіфікацыі: з 2010 года колькасць белмоўных вучняў зменшылася на 43 тысячы, белмоўнае студэнцтва практычна ліквідавана, „Наша Ніва”, 4 ліпеня 2015, http://nn.by/?c=ar&i=152272.

Суліма-Савіч-Заблоцкі В.К., 2015: *Полацкая шляхта*, Мінск.

Сцяцко П., 1970: *Дыялектны слоўнік. З гаворак Зэльвеншчыны*, Мінск.

Сцяцко П., 2000: *Русіфікацыя беларускай мовы як праява лінгвацыду*, [у:] *Аняменне. З кронікі знішчэння беларускай мовы*, Мінск, с. 121–124.

Сцяцко П., 2002: *Культура мовы*, Тэхналогія, Мінск.

Тлумачальны слоўнік беларускай літаратурнай мовы, 1996: Мінск.

Томпсан Э., 2009: *Песняры імперыі. Расійская літаратура і каланіялізм*, Мінск.

„У мяне ёсць руска–бабрыны слоўнік”. Як у школьным дапаможніку называюць беларускую мову, „Наша Ніва”, 26.08.2016, http://nn.by/?c=ar&i=176100.

У Саудаўскай Аравіі абрана першы дэпутат-жанчына, „Наша Ніва”, 13.12.2015, http://nn.by/?c=ar&i=161691.

Улашчык М., 2001: *Выбранае*, Мінск.

Усцінкова З., 1980: *Катэгорыя граматычнага роду назоўнікаў у беларускіх гаворках*, [у:] *Беларуская мова*, Мінск, с. 75–83.

Фішман Дж., 2009: *Не кидайце свою мову напризволяще*, Київ.

Фэмінізацыя мовы: заклік да дыскусіі, Беларуская служба Польскага радыё, 21.12.2011, http://www.radyjo.net/4/91/Artykul/80938.

Цікоцкі М., 1976: *Стылістыка беларускай мовы*, Вышэйшая школа, Мінск.

Ціхінскі Я., 1906: *Biełaruska–polska–rasijski słoŭnik*, Аддзел рукапісаў Бібліятэкі ім. Урублеўскіх Летувіскай АН, Вільня, F21.

Цыхун Г., 2000: *Дэфармацыя ў сістэме беларускай літаратурнай мовы ў гады таталітарызму*, [у:] *Аняменне. З кронікі знішчэння беларускай мовы*, Мінск, с. 102–111.

Шакун Л., 1978: *Словаўтварэнне*, Мінск.

Шатэрнік М., 2015: *Краёвы слоўнік Чэрвеншчыны*, Смаленск.

Шкраба І., 2004: *Варыянтнасць у сучаснай беларускай мове*, Мінск.

Юхо Т., 1980: *Словаўтваральныя варыянты назоўнікаў са значэньнем асобы жаночага полу ў сучаснай беларускай літаратурнай мове*, [у:] *Пытанні беларускага і славянскага мовазнаўства*, Мінск, с. 100–111.

Янко-Триницкая Н., 1966: *Наименование лиц женского пола существительными женского и мужского рода*, [в:] *Развитие словообразования современного русского языка*, Изд. „Наука", 1966, с. 167–210.

Янкоўскі Ф., 1967: *Роднае слова*, Мінск.

A juste titre : guide de rédaction non sexiste, http://www.ontla.on.ca/library/repository/mon/5000/10274518.pdf.

Alarie M.-H., 2012: *Féminisation – On ne peut être neutre ! La règle traditionnelle date du XVIIe siècle*, „Le Devoir", 16 juin, http://www.ledevoir.com/societe/actualites-en-societe/352348/on-ne-peut-etre-neutre.

Arbour M.-E., Nayves H. de, 2014: *Féminisation linguistique : étude comparative de l'implantation de variantes féminines marquées au Canada et en Europe*, „Langage et société", 148 (2), p. 31–51.

Beauvoir S. de, 1974: *Le deuxième sexe*, tome 1, Gallimard.

Béji H., 2008: *Nous, décolonisés*, Arléa, Paris, http://www.evene.fr/livres/livre/hele-beji-nous-decolonises-33545.php.

Boyer H., 2001: *Introduction à la sociolinguistique*, Dunod.

Bourdieu P., 1975: *Le fétichisme de la langue*, „Actes de la recherche en sciences sociales", 4.

Bourdieu P., 1998: *De la domination masculine*, „Le Monde diplomatique", août.

Calvet L.-J., 1974: *Linguistique et colonialisme. Petit traité de glottophagie*, Payot.

Calvet L.-J., 1987: *La guerre des langues et les politiques linguistiques*, Payot.

Calvet L.-J., 1996: *La sociolinguistique*, PUF, http://197.14.51.10:81/pmb/Que%20sais%20je/Communication/La%20sociolinguistique%20-%20Calvet%20Louis-Jean.pdf.

Casanova P., 2015: *La Langue mondiale. Traduction et domination*, Seuil.

Corbeil P., 2004: *Le Québécois*, Ulysse, Montréal.

De la féminisation des titres à la rédaction épicène : regards croisés sur la parité linguistique, 2008: „Recherches féministes", 21 (1), p. 171–182.

Déclaration de l'Académie française, Féminisation des noms de métiers, fonctions, grades et titres, 2002: le 21 mars, http://www.academie-francaise.fr/actualites/feminisation-des-noms-de-metiers-fonctions-grades-et-titres.

Dépelteau F., 2010: *La démarche d'une recherche en sciences sociales*, De Boek.

Du sexe des mots, 2007: entretien avec M. Yaguello, https://www.jstor.org/stable/40620376?seq=1#page_scan_tab_contents.

Dumais H., Khaznadar E., 2008: *De la féminisation des titres à la rédaction épicène : regards croisés sur la parité linguistique*, „Recherches féministes", 21 (1), p. 171–182.

Durand Ch.-X., 2003: *La nouvelle guerre contre l'intelligence*, Editions François-Xavier de Guibert, Paris, http://www.imperatif-francais.org/bienvenu/articles/2003/la-nouvelle-guerre-contre-l-intelligence.html.

Durkheim É., 2010: *Les règles de la méthode sociologique*, Nouvelle Édition, Éditions Flammarion, Paris.

Fanon F., 1961: *Les damnés de la terre*, La Découverte, Paris.

Féminisation et rédaction épicène, 2005: http://bdl.oqlf.gouv.qc.ca/bdl/gabarit_bdl.asp?Th=1&Th_id=274.

Femme, j'écris ton nom... : guide d'aide à la féminisation des noms de métiers, titres, grades et fonctions, 1999: La documentation française.

Guespin L., Marsellesi J.-B., 1986: *Pour la glottopolitique*, „Langages", 21 (83), p. 5–34.

Guide relatif à la rédaction épicène : respect des genres masculin et féminin, 2008: http://www.langue-fr.net/IMG/pdf/universite-sherbroole_guide-redaction-epicene__2008__2600-410.pdf.

Hagège C., 1992: *Le Souffle de la langue : voies et destins des parlers d'Europe*, Odile Jacob.

Hagège C., 2012: *Imposer sa langue, c'est imposer sa pensée*, http://www.lexpress.fr/culture/livre/claude-hagege-imposer-sa-langue-c-est-imposer-sa-pensee_1098440.html.

Hagège C., 2012: *Contre la pensée unique*, Odile Jacob.

Journet N., 1999: *L'hypothèse Sapir-Whorf. Les langues donnent-elles forme à la pensée ?*, „Sciences Humaines", 95, juin, http://www.scienceshumaines.com/l-hypothese-sapir-whorf-les-langues-donnent-elles-forme-a-la-pensee_fr_10888.html.

Karwatowska M., Szpyra-Kozłowska J., 2005: *Lingwistyka płci: ona i on w języku polskim*, Wydawnictwo UMCS, Lublin.

Kedron K., 2014: *Genderové aspekty ve slovanské frazeologii* (*na materiálu běloruštiny, polštiny a češtiny*), https://www.kosmas.cz/knihy/195556/

genderove-aspekty-ve-slovanske-frazeologii-na-materialu-belorustiny-polstiny-a-cestiny/.

Kępińska A., 2007: *Pani prezydent czy pani prezydentka?*, http://www.tkj.uw.edu.pl/objas/obj_paniprezydent.html.

Kłosińska K., 2013: *Język władzy. Kobieta wójt może też o sobie mówić wójtka, wójcina lub wójcini*, http://samorzad.pap.pl/depesze/redakcyjne.rozmaitosci/121868/JEZYK-WLADZY--Kobieta-wojt-moze-tez-o-sobie-mowic-wojtka--wojcina-lub-wojcini.

Krysiak P., 2012: *Projekt słownika i zarys klasyfikacji semantycznej feminatywów*, https://prezi.com/x10u8uvkxmp0/projekt-sownika-i-zarys-klasyfi kacji-semantycznej-feminatywow/.

Łazinski M., 2006: *O panach i paniach. Polskie rzeczowniki tytularne i ich asymetria rodzajowo-płciowa*, Warszawa.

Lenoble-Pinson M., 2008: *Mettre au féminin les noms de métier : résistances culturelles et sociolinguistiques*, „Le français aujourd'hui", 163 (4), p. 73–79.

Leroy M., 1980: *Les grands courants de la linguistique moderne*, Editions de l'Université de Bruxelles.

Letter to a Russian friend, 1979: London.

Lafont R., 1971: *Clefs pour l'Occitanie*, Seghers, Paris.

Małocha-Krupa A. (red.), 2015: *Słownik nazw żeńskich polszczyzny*, Wrocław.

Marsellesi J.-B., 2003: *Glottopolitique : ma part de verité*, „Glottopol", 1, p. 156–158.

Mettre au féminin, guide de féminisation des noms de métier, fonction, grade ou titre, 2014: Fédération Wallonie-Bruxelles.

Miliūnaitė R., 2013: *Ką manote apie nepriesagines moterų pavardes?*, Lietuvių kalbos institutas, Vilnius.

Miodek J., 1998: *Rozmyślajcie nad mową!*, Warszawa.

Philippson R., 1992: *Linguistic Imperialism*, Oxford University Press, Oxford.

Porée-Rongier M.-D., 2011: *La grammaire française pour les nuls*, First.

Said E., 1993: *Culture and Imperialism*, Knopf.

Simon M., 1972: *La civilisation de l'antiquité et le christianisme*, Arthaud.

Symaniec V., 2012: *La construction idéologique slave orientale. Langues, races et nation dans la Russie du XIXe siècle*, Petra.

Symaniec V., Lallemand J.-Ch., 2007: *Biélorussie, mécanique d'une dictature*, Les Petits Matins, Paris.

Vallières P., 1967: *Nègres blancs d'Amérique, autobiographie précoce d'un „terroriste" québécois*, Editions Parti pris, Montréal.

Varlyha A., 1966: *Praktyčnyja naziraňni nad našaĭ žyvoj movaj*, New York.

Viennot É., 2014: *Non, le masculin ne l'emporte pas sur le féminin ! Petite histoire des résistances de la langue française*, Éditions iXe.

Wierzbicka A., 2007: *Słowa klucze. Różne języki – różne kultury*, Wydawnictwa Uniwersytetu Warszawskiego.

Yaguello M., 1992: *Les mots et les femmes*, Payot.

Yaguello M., 1998: *Petits faits de langue*, Seuil.

Дадаткі

Дадатак 1. Маскулінізацыя пэўных асабовых намінацыяў

Як вынік працэсаў эгалітарызацыі, у сучаснай мове побач з тэндэнцыяй да фэмінізацыі пэўных агентыўных назваў паўстае пытаньне маскулінізацыі часткі словаў. Пры гэтым варта зазначыць, што размова ня йдзе аб стварэньні новых, штучных словаў, а аб частковым звароце да мовы размоўнай і дыялектнай, у якіх многія варыянты словаў ужо існуюць. Вось словы, як удалося высьветліць падчас сэмінараў *Мова і гендар*[351], якія выклікаюць найбольшы інтарэс і ўвагу беларускамоўных людзей:

Акушэрка – акушэр

Балерына – балерон, балерын (афіцыйна слова балерон не фіксуецца, але ж люд паспаліты называе мужчынаў-артыстаў балету балеронамі; можа гэта якраз той выпадак, калі парушэньне нормы становіцца нормай?)[352]

Вісьлена – *вісьлен* (тое самае, што й прастытут ці „мужчына па выкліку”)

Выхавацелька – *выхавацель*

Даярка – *даяр*

Жняя – *жнівец*[353]

Какетка – *какет*[354]

Кастэлянка – *кастэлян* (*ці яшчэ кашталянка – кашталян*)

Кветкарка – *кветкар*

Квяцярка – квяцяр

Куртызанка – *куртызан*

Мадыстка – *мадыст*

Манікюрка – *манікюр*[355], *манікюрац*

Наложніца – *наложнік*

Павітуха – *павітун*

Пакаёўка – *пакаёўнік, пакаёвец*[356]

---

[351] *Сэмінар* Мова і пол *па ініцыятыве Інстытуту нямецкіх дасьледаваньняў*, Менск, 09.02.2008, Выступоўцы-лектары – Уладзіслаў Іваноў і Кляўс Ота Шнэльцэр.

[352] Дыяспарная беларуская мова прапануе больш нэўтральны панятак *балетніца–балетнік.*

[353] Я. Ціхінскі, *Biełaruska–polska–rasijski słoŭnik...*, тамсама.

[354] У слоўніку Я. Ціхінскага знаходзім слова *какет*, як сынонім залётніка. Гл. Я. Ціхінскі, *Biełaruska–polska–rasijski słoŭnik*, тамсама, дадатак да літары „А”, с. 16.

[355] Слова-амонім, якое аднагучна працэдуры чысткі і паліроўкі спазногцяў.

Пасудніца – *пасуднік*

Прастытутка – *прастытут*

Прачка – *прачнік, прач*[357]

Прыбіральніца – *прыбіральнік*[358]

Прыбірачка – *прыбірач*

Прыбіралька – *прыбіралец*

Русалка – *русалец*

Старушонка – *старушонак, старушак*[359]

Сынхраністка – *сынхраніст*

Удава, удавіца – *удавец*

Фея – *фей*

Фэміністка – *фэмініст*[360]

Хатняя гаспадыня – *хатні гаспадар*

Цяжарная – *цяжарны*[361]

Швачка – *швач*

Адзначым, што маскулінізацыя мовы не зьяўляецца раўназначнай фэмінізацыі праблемай, бо прыгадаем, што хоць і існуе ў беларускай мове тры роды, але па прычынах перадусім сацыяльнай і палітычнай мужчынскі род пачаў выконваць функцыю генэрычнага, унівэрсальнага ці яшчэ абагульняльнага роду[362]. Падобнае назіраецца ў іншых мовах – напрыклад, у францускай мове, дзе адвольна па жаданьні мужчынаў-граматыкаў у XVII ст. мужчынскі род, як „найбольш шляхетны" стаўся ўнівэрсальным родам[363].

Тым ня менш, большая змаргіналізаванасьць тэмы фэмінізацыі не павінна перакідвацца ў скрайнасьці – ідэя роўнасьці і нават выраўні-

---

[356] У слоўніку Я. Ціхінскага сустракаем мужчынскую форму *пакаёўкі – пакаёвец*, як сынонім камардынара: Я. Ціхінскі, *Biełaruska–polska–rasijski sloŭnik...*, тамсама.

[357] Слова *прач* існавала ў старабеларускай мове, гл. *Гістарычны слоўнік беларускай мовы*, т. 24, Беларуская навука, Мінск 2005.

[358] Слова *прыбіральнік* ці *прыбіральшчык* у наркамаўцы існуе (гл. творы К. Чорнага і іншых пісьменьнікаў), але рэдка задзейнічанае.

[359] Гл. І. Насовіч, *Слоўнік беларускай мовы*, Мінск 1983.

[360] У зьвязку з гэтым словам узгадваецца выказваньне Ж.-П. Сартра аб тым, што першымі фэміністкамі, мажліва, былі фэміністы.

[361] Уяўны маскулінітыў, які ўжываюць у фантастыцы ці ў жартах.

[362] Генэрычны (унівэрсальны, недыфэрынцыяваны ці яшчэ абагульняльны) род – род, які для некаторых мовазнаўцаў выконвае функцыю ўнівэрсалу (мужчынскі род у беларускай мове, напрыклад: грамадзяне! пасажыры! таварышы!) У беларускай мове дадзеная катэгорыя не распрацаваная, таму існуе разнабежыца ва ўжываньні панятку. Я схіляюся да варыянту *генэрычны* ці *ўнівэрсальны род*. (Заўвага аўтара).

[363] É. Viennot, *Non, le masculin ne l'emporte pas sur le féminin ! Petite histoire des résistances de la langue française*, Éditions iXe, 2014. Таксама гл. M.-D. Porée-Rongier, *La grammaire française pour les nuls*, First, 2011, p. 384.

ваньня, закладзеная ў фэмінізацыі мовы, падразумявае выпрацоўкі і задзейнічаньне альтэрнатыўных рэсурсаў – эпіцэнаў, маскулінітываў. У выніку фэмінізацыя можа стацца, сапраўды, удалай спробай эгалітарызацыі, гарманізацыі мовы.

Дадатак 2. Варыянты фэмінізацыі старабеларускай мовы (паводле М. Паўленкі)[364]

Суфіксы	Прыклады
-к-а	арендарка, аптекарка, владарка, звездарка, лекарка, поварка, шинкарка, корчмитка, наймитка, сестрынка, ходотайка і пад.
-иц-а	начальница, посадница, скимница, служебница, спросница, стодольница, челядница, шапочница і пад.
-ниц(*а*), *-льниц*(*а*)	вершительница, правительница, скоморшница, учительница
-ин(*я*), *-чин*(*я*)	боярыня, врагиня, лотриня, монархиня
-их(*а*), *-чих*(*а*)	корчмиха, папежиха, паштарыха, радчиха
-j-а, *-еj-а*, *-ад'jа*	белья, игуменья, рыкунья, ворожея, золоточивея, попадья
-ис(*а*)	абатиса, дьякониса
адзінкавыя на -ш(*а*)	канцлерша
выключэньні	породеля, пороженица, рабаса (ад рабин)

[364] М. Паўленка, *Нарысы…*, тамсама.

Дадатак 3. Прыклады фэмінізацыі беларускай мовы другой паловы XIX – пачатку XX ст. (паводле слоўніка Я. Ціхінскага)

Прыклад 1: Staražoŭka (старажоўка)

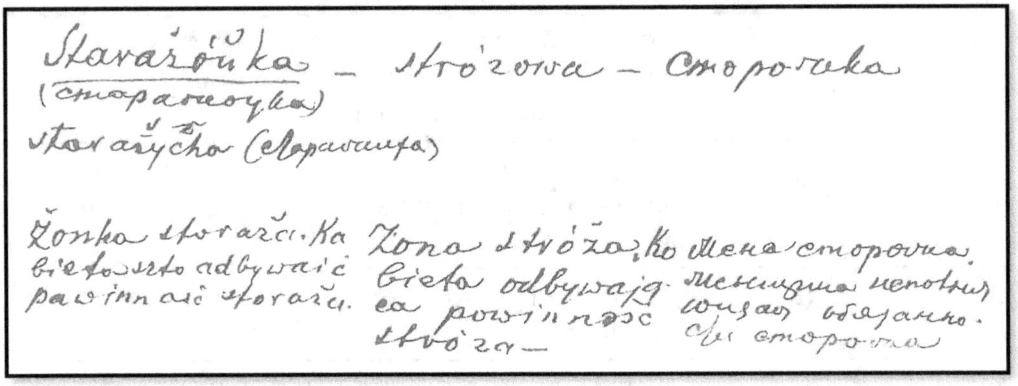

Staražoŭka (старажоўка) — Stróżowa — Сторожка

staražycha (старажыха)

Žonka staražačka (?) Žonka storaža. Kabieta, što adbywaić pawinnaść storaža. — Żona stróża; kobieta odbywająca powinność stróża — Жена сторожа. Женщина исполняющая обязанности сторожа

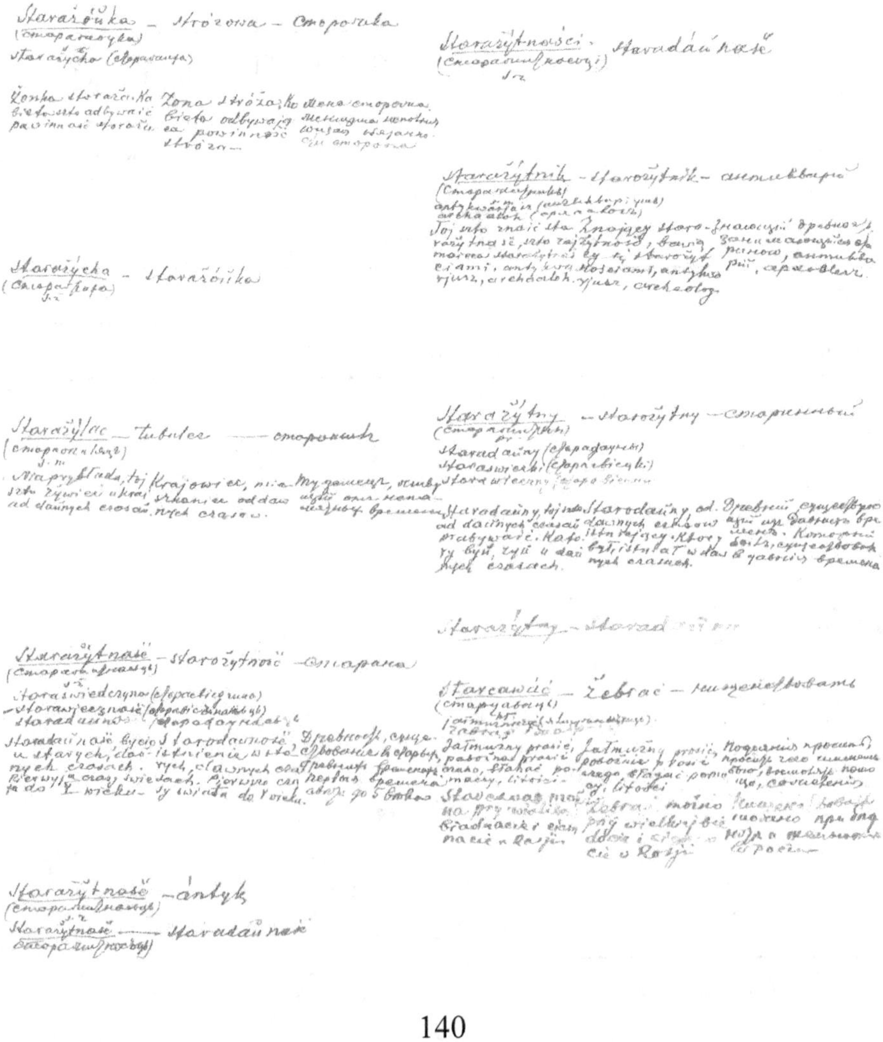

Прыклад 2: Stražnica (стражніца)

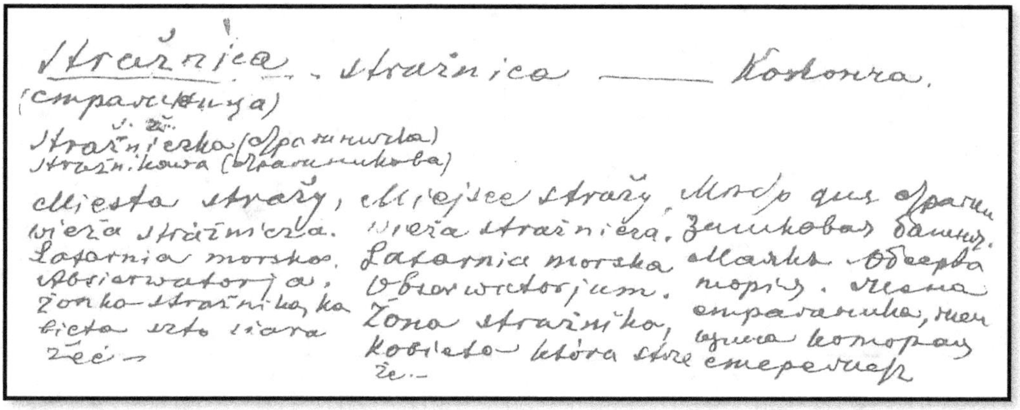

Stražnica — strażnica —— Каланча.
(стражніца)
ж. р.
Stražnicka (стражніцка)
Stražnikowa (стражнікова)
Miesta stražy, Miejsce straży. Место для охраны
wieža stražnicza. Wieża strażnicza. Замковая башня.
Latarnia morska. Latarnia morska. Маяк. Обсерва-
Absierwatorja. Obserwatorjum. тория. Жена
Žonka stražnika, ka- Żona strażnika, стражника, жен-
bieta što ciora kobieta która strze- щина которая
žeć. że. стережет

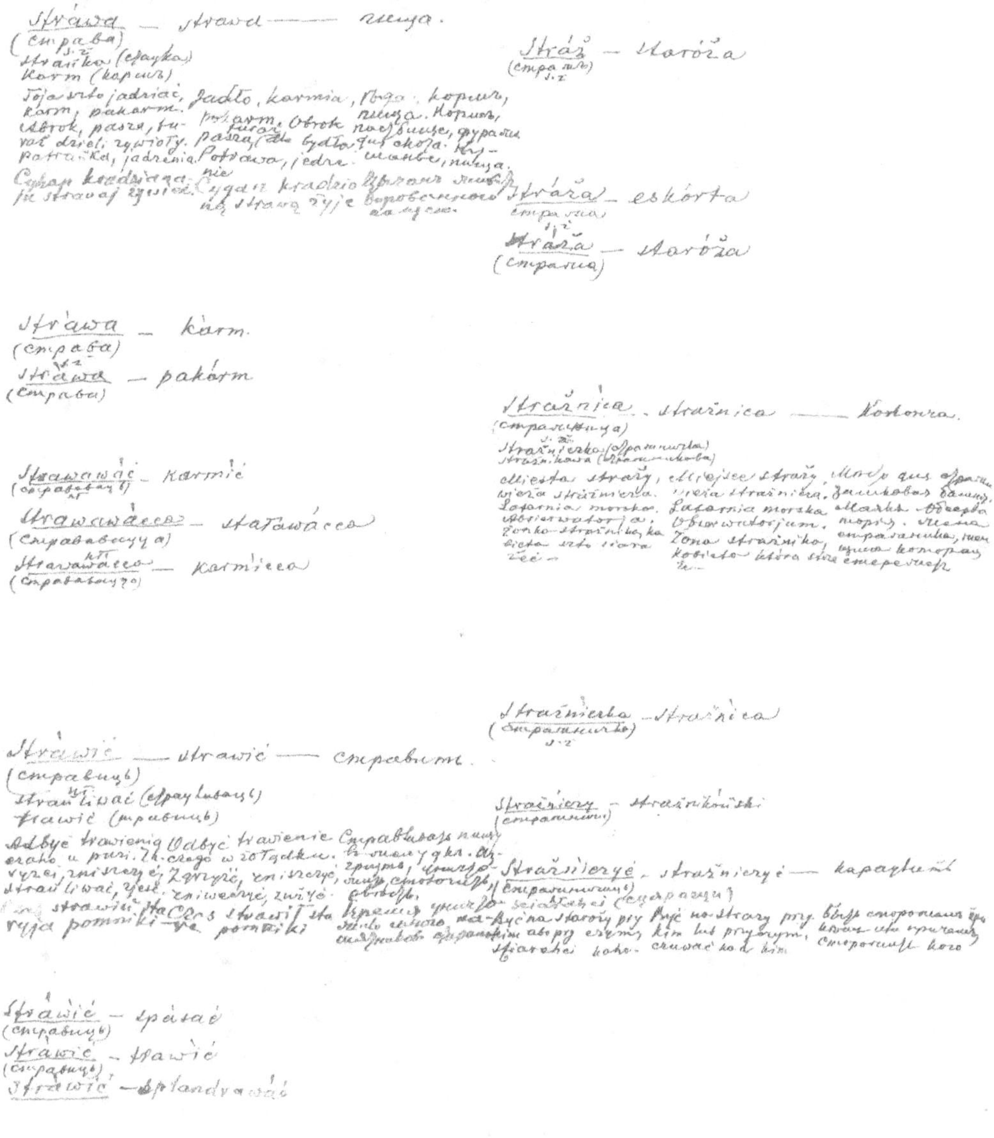

Прыклад 3: Sybila (сыбіла)

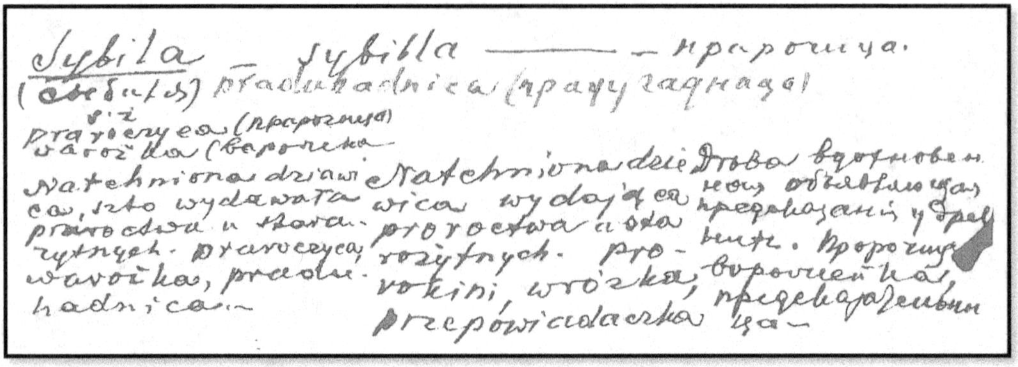

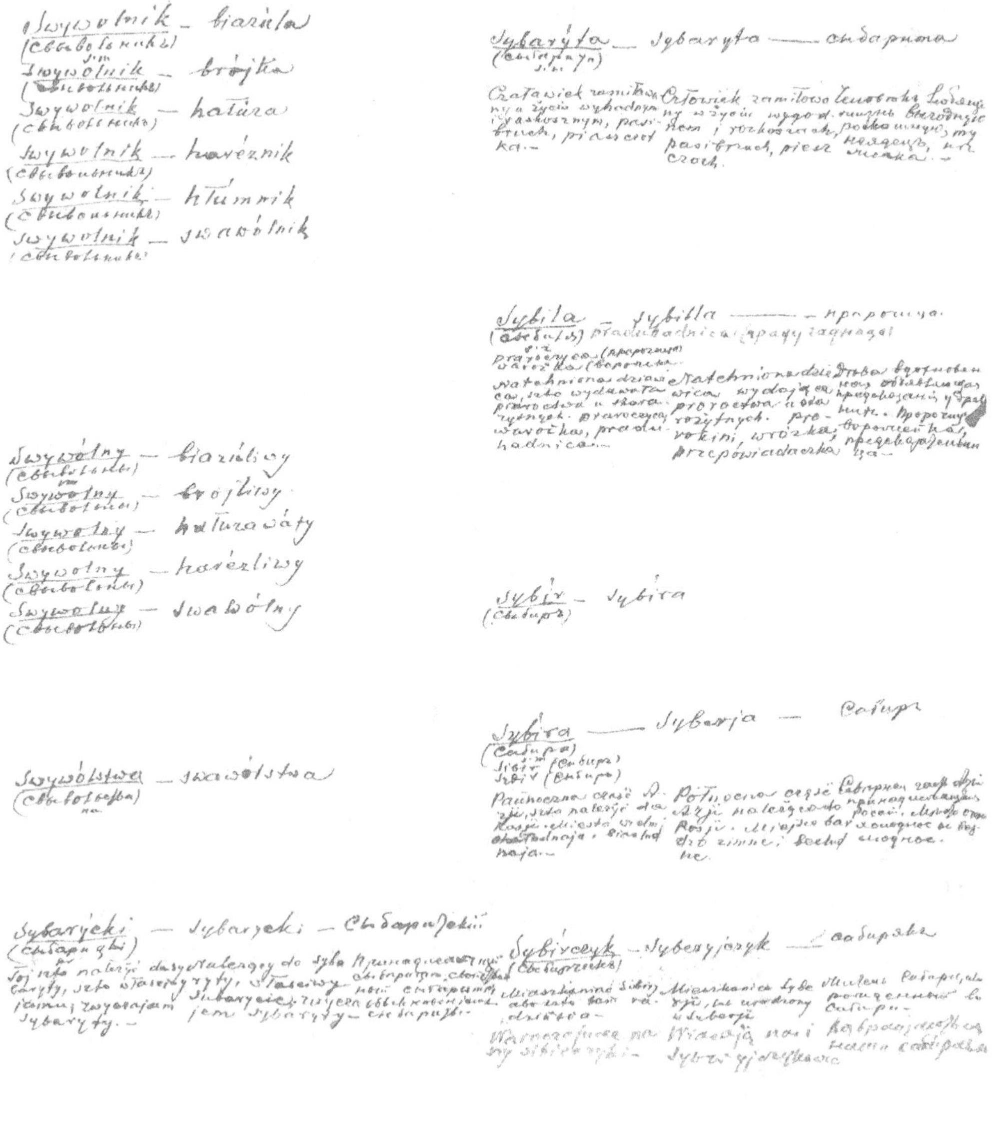

Прыклад 4: Tkaczka i tkacz (ткачка і ткач)

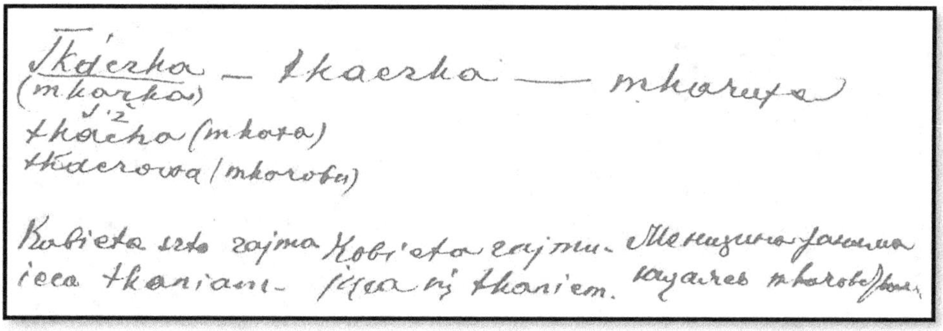

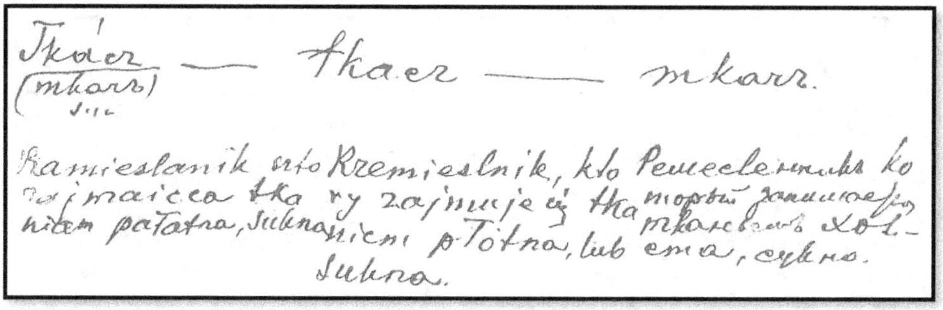

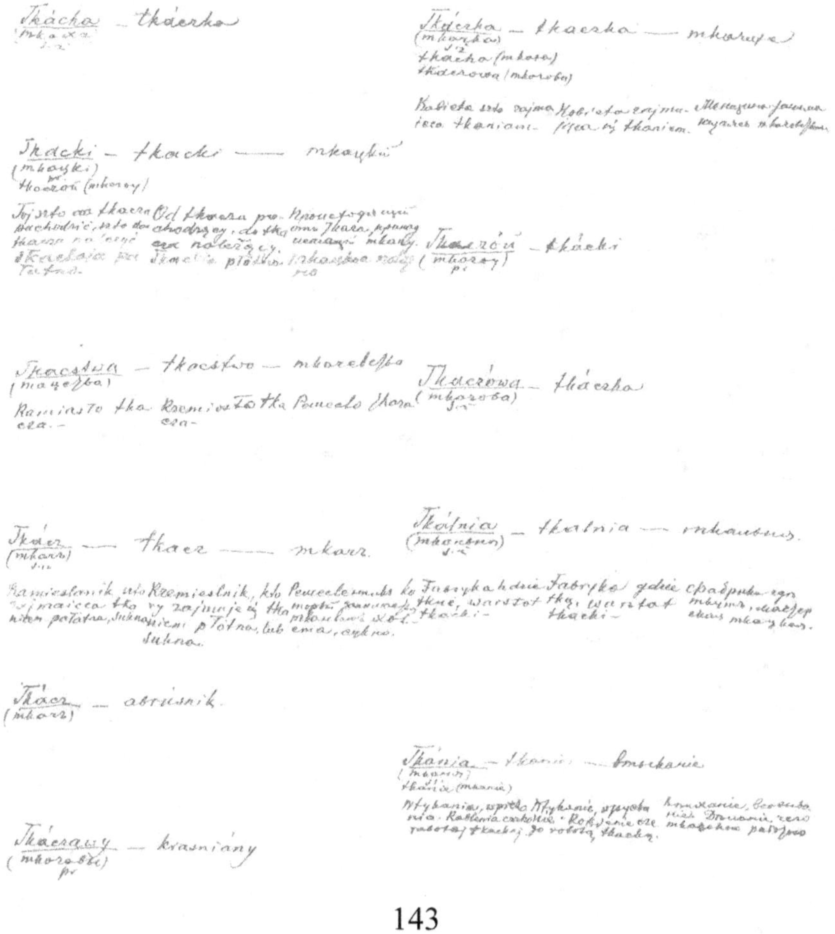

Прыклад 5: Žaŭnierka (жаўнерка)

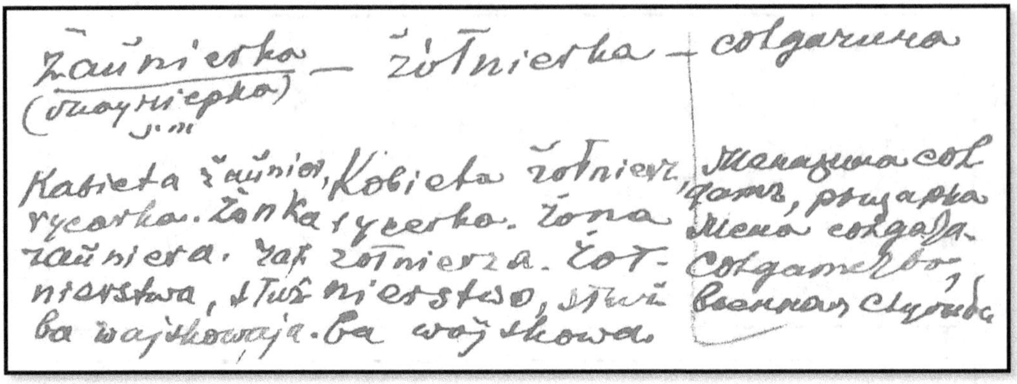

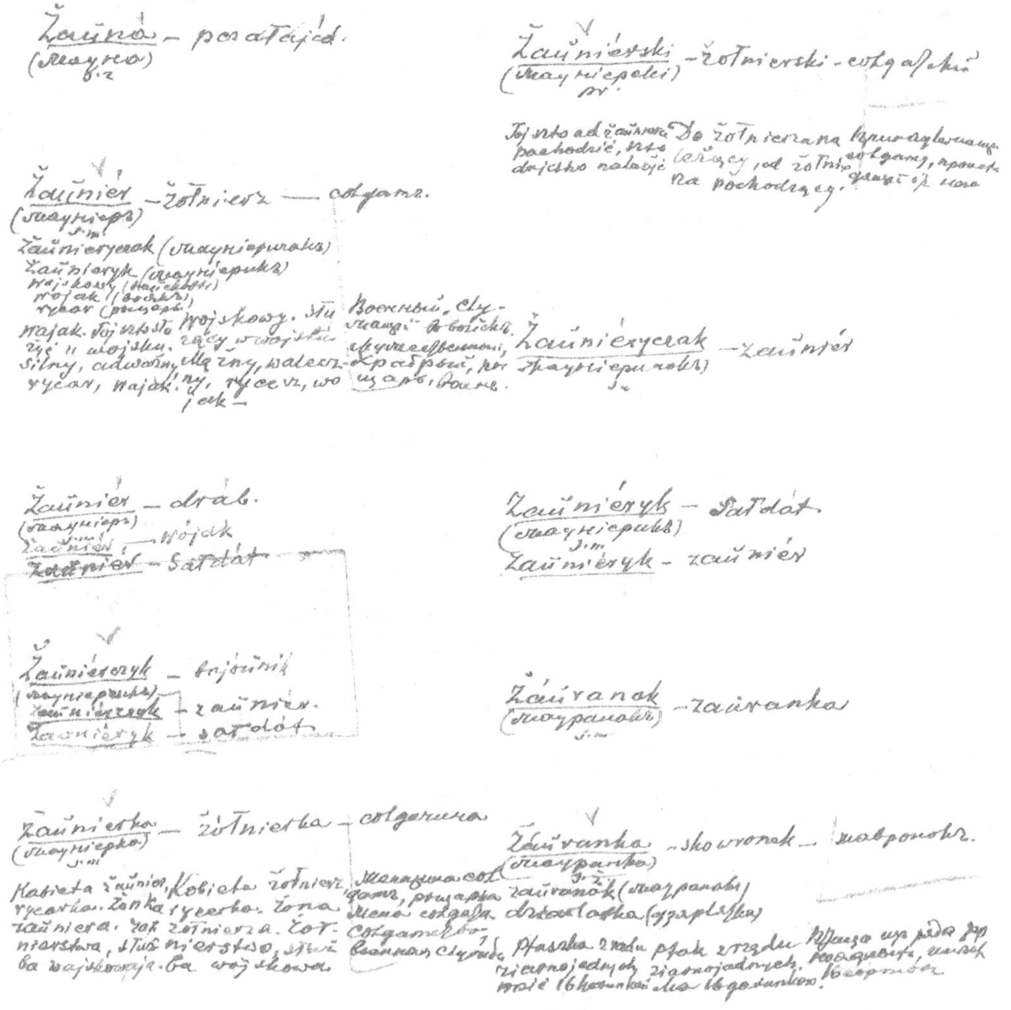

Прыклад 6: Žniaja (жняя)

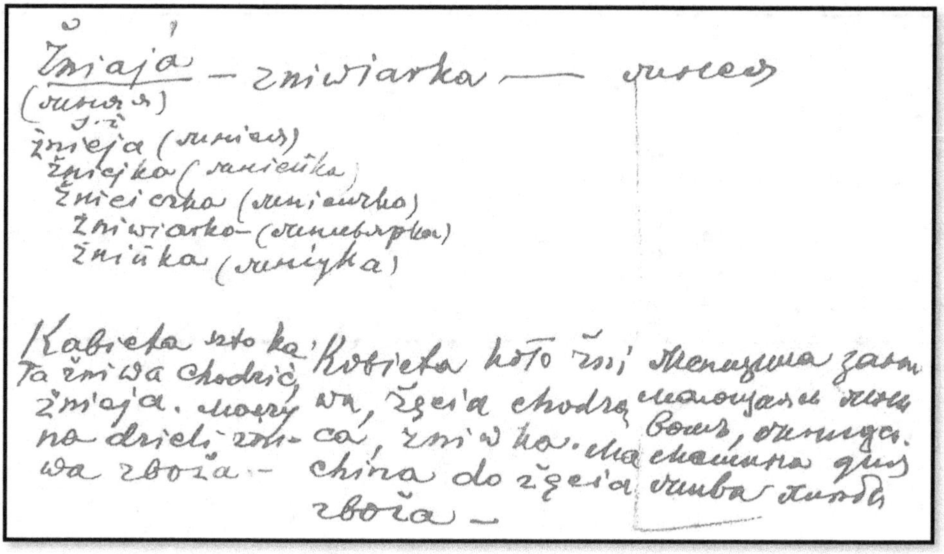

Žniaja — žniwiarka

žnieja

žniejka

žnieiczka

žniwiarka

žniŭka

Kabieta szto ka ta žniwa chodzić, žniaja.

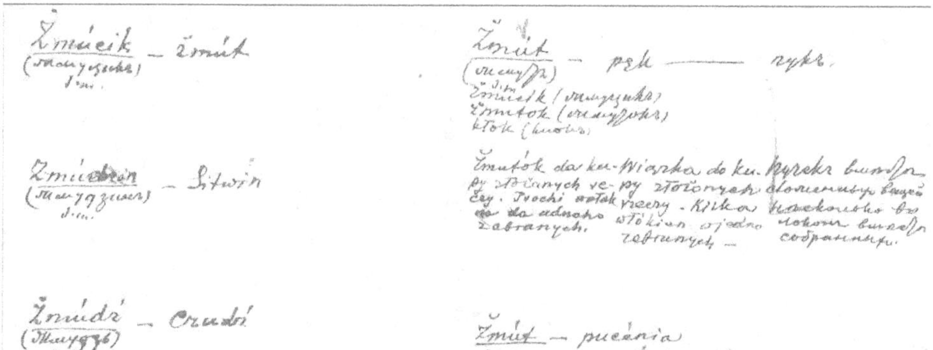

Прыклад 7: Žniwiec (жнівец)

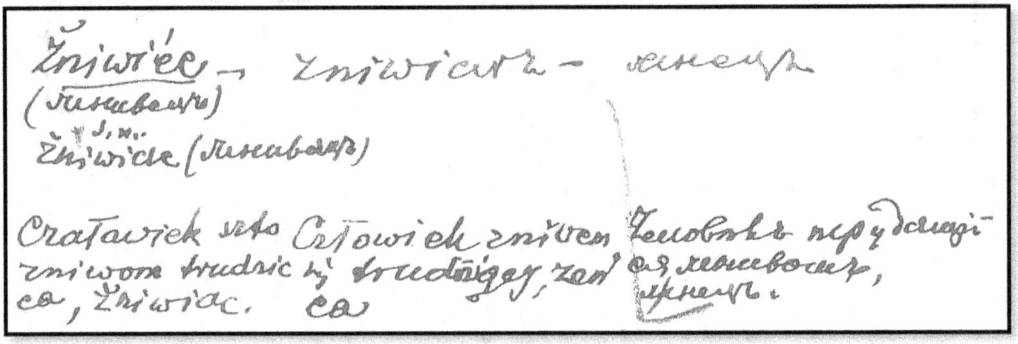
Žniwiec – žniwiarz –

Žniwicie

Czatawiek szto žniwom trudzic-ca, Žniwiac. | Człowiek żniwem trudzący się, żeńca

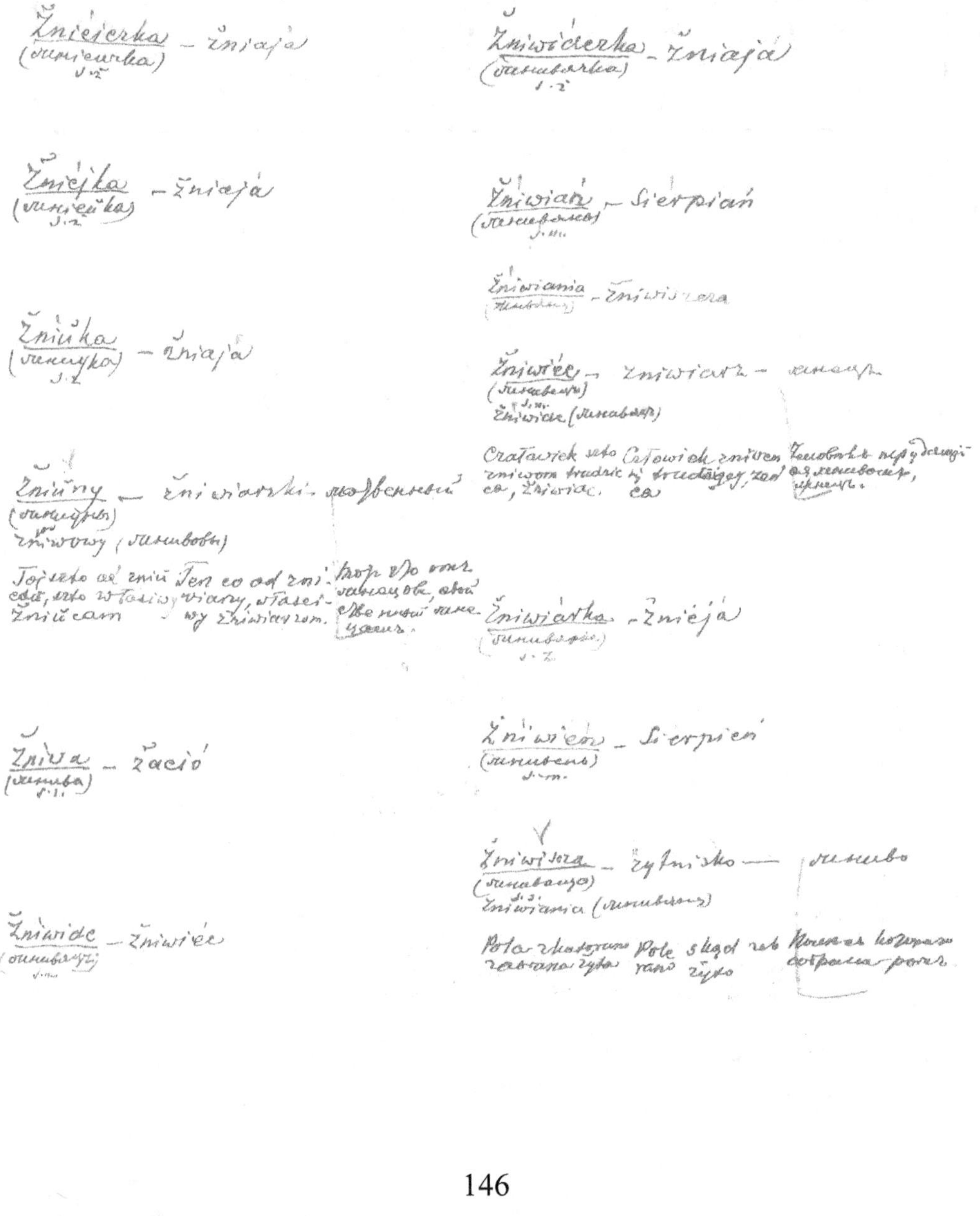
Žnieierka – žniaja

Žniwiderka – žniaja

Žniejka – žniaja

Žniwian – Sierpian

Žniwiania – Žniwiszcza

Žniwiec – žniwiarz –

Žniwicie

Czatawiek szto žniwom trudzic-ca, Žniwiac. | Człowiek żniwem trudzący się, żeńca

Žniuka – žniaja

Žniuny – žniwiarski –

žniwowy

Toj szto ad žniu cda, szto w tasiwy Žniučam | Ten co od żniwiarzy, własciwy żniwiarzom.

Žniwiarka – žnieja

Žniwa – žacio

Žniwien – Sierpien

Žniwiszcza – žytnisko –

Žniwiania

Pola z katorana zabrana žyta | Pole s kąd zebrano żyto

Žniwide – žniwiec

Прыклад 8: Slasarka (сьлясарка)

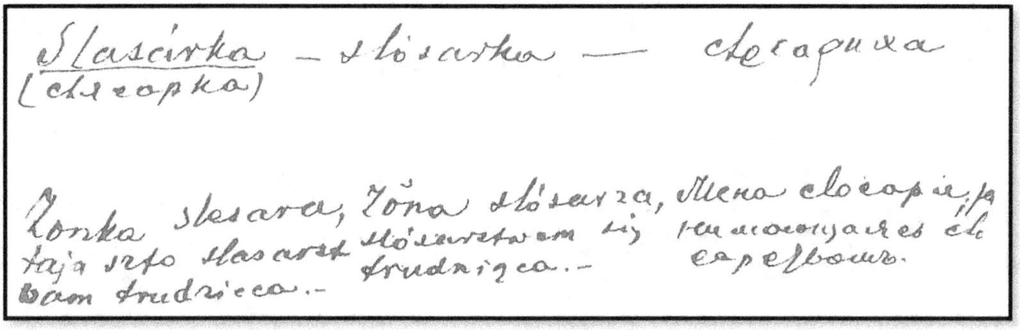

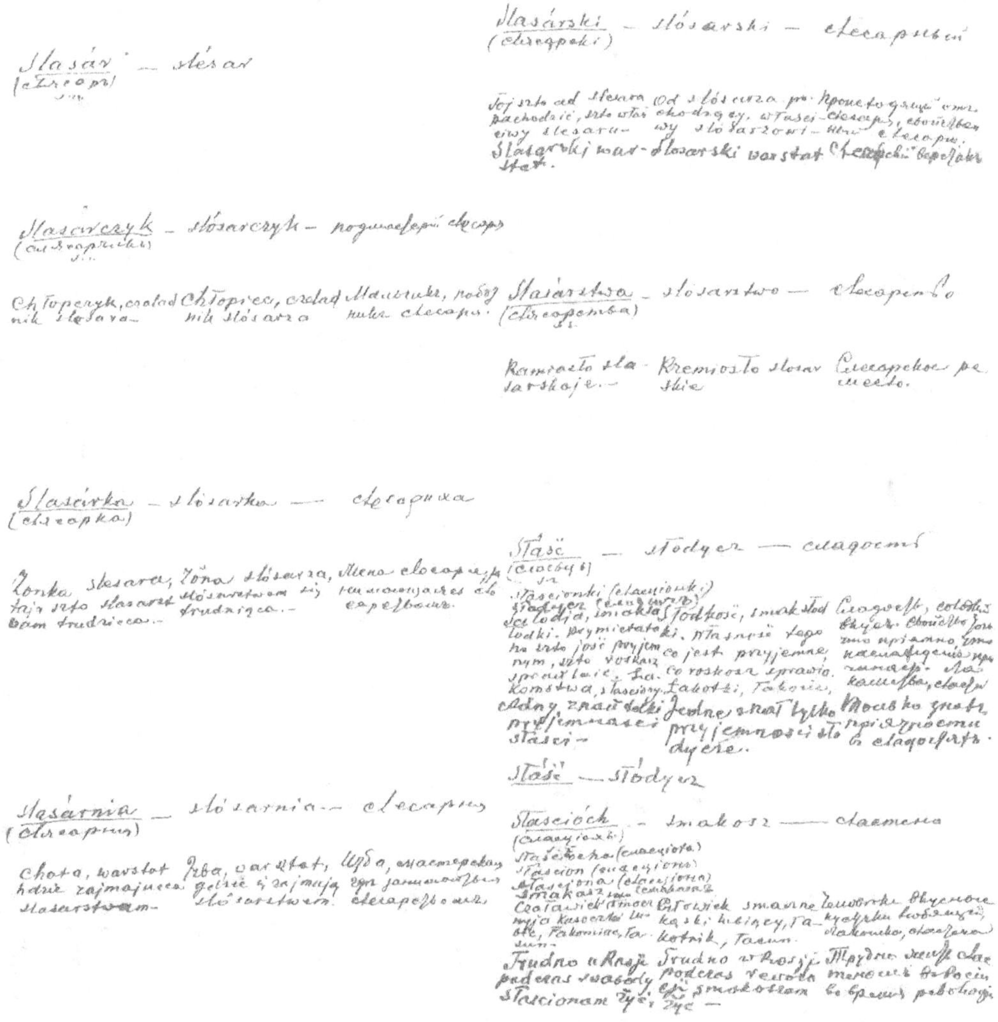

Прыклад 9: Stalarka (сталярка)

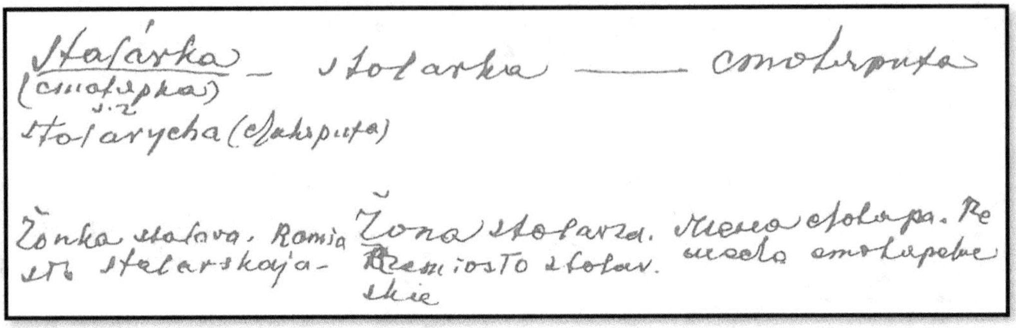

Stalárka (сталярка) — stolarka — столярка
Stolarycha (сталярыха)

Žonka stalara. Ramiastvo stalarskaja — Žona stolarza. Rzemiosło stolarskie — Жена столяра. Ремесло столярное

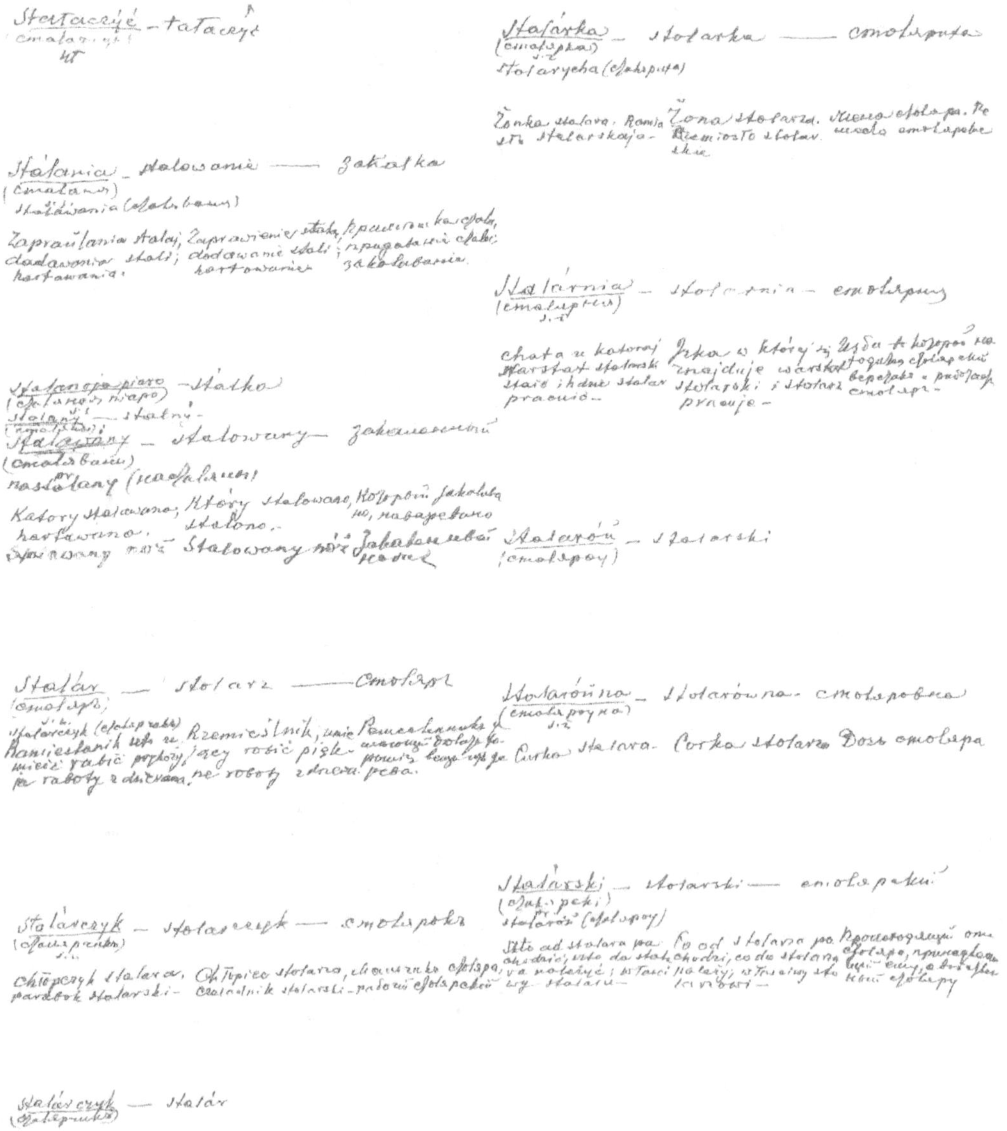

Прыклад 10: Spadarka (спадарка)

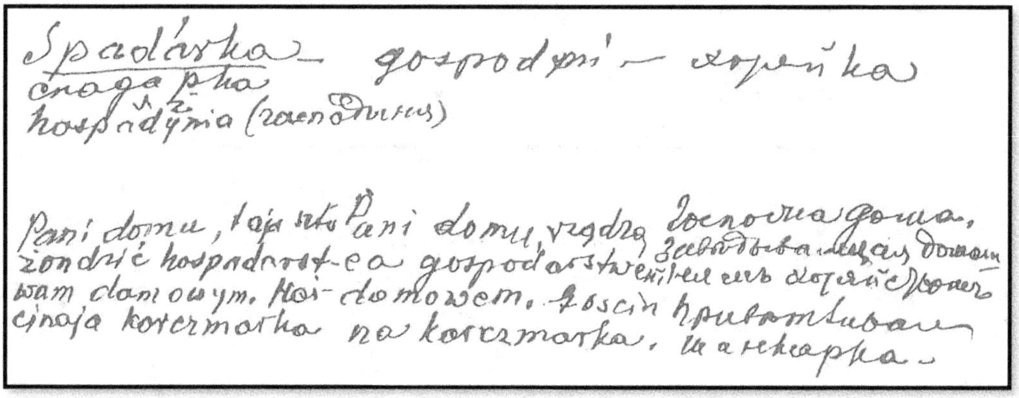
Spadárka — gospodyni — хозяйка
спадарка
hospádyńa (гаспадыня)

Pani domu, toja szto Pani domu, rządzą- Хозяйка дома,
żondzić hospadarst-ca gospodarstwem za- заведывающая домаш-
wam damowym. Hoi- domowem. Gości- ним хозяйством. Коне-
cinaja korczmarka na korczmarka. Шинкарка.

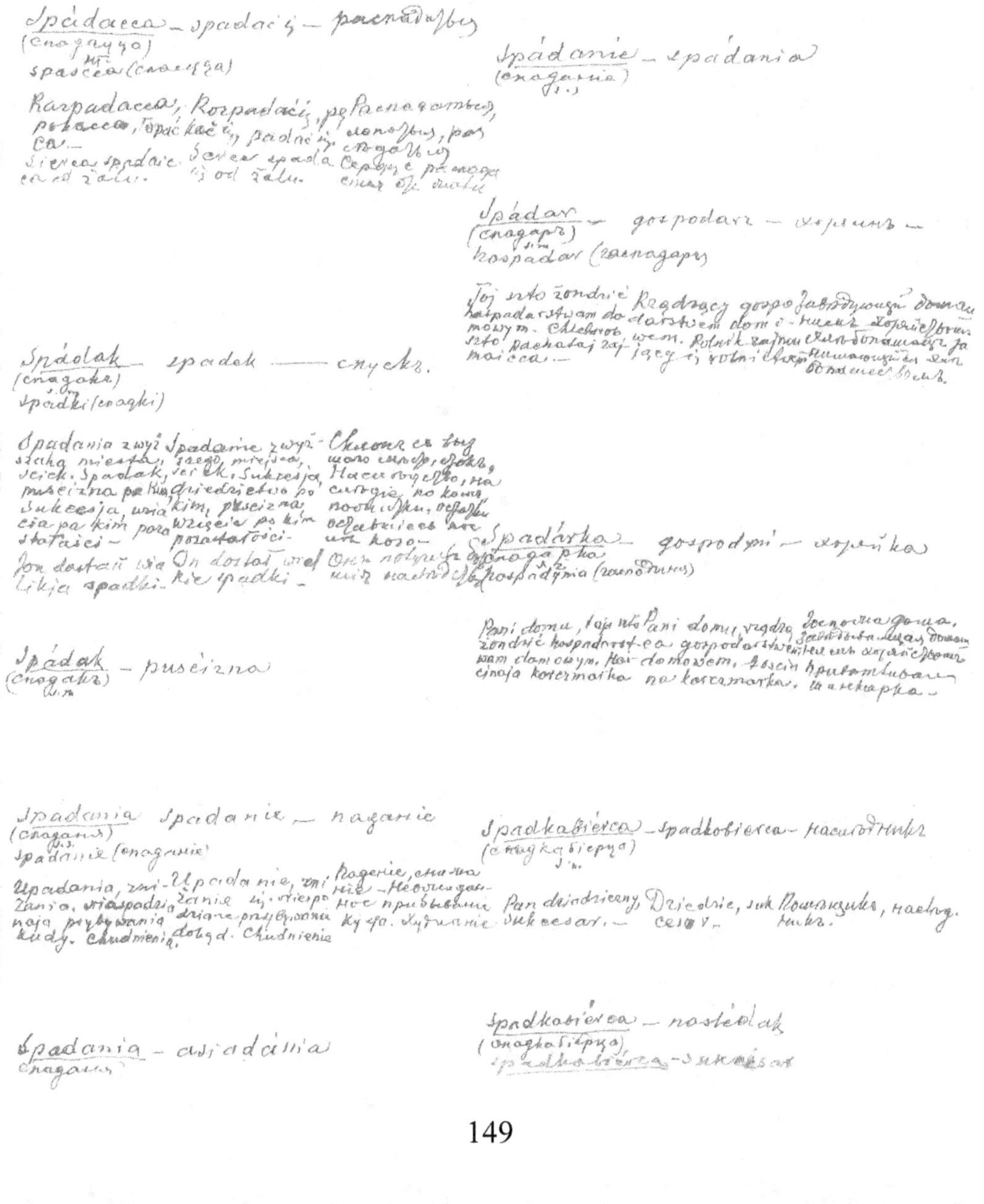

Прыклад 11: Prafesarka (прафэсарка)

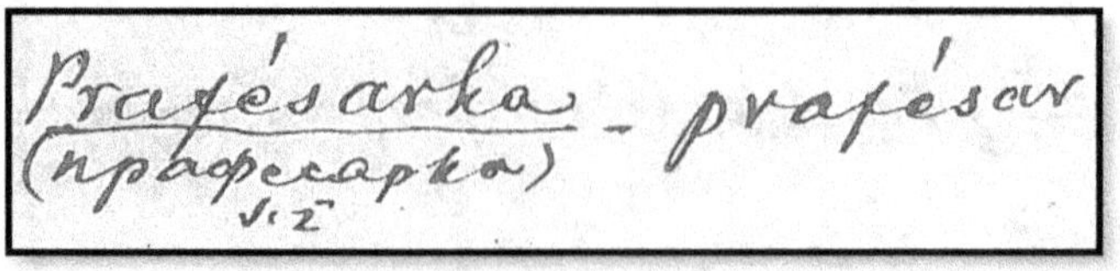

Prafésarka (прафесарка) – prafésar

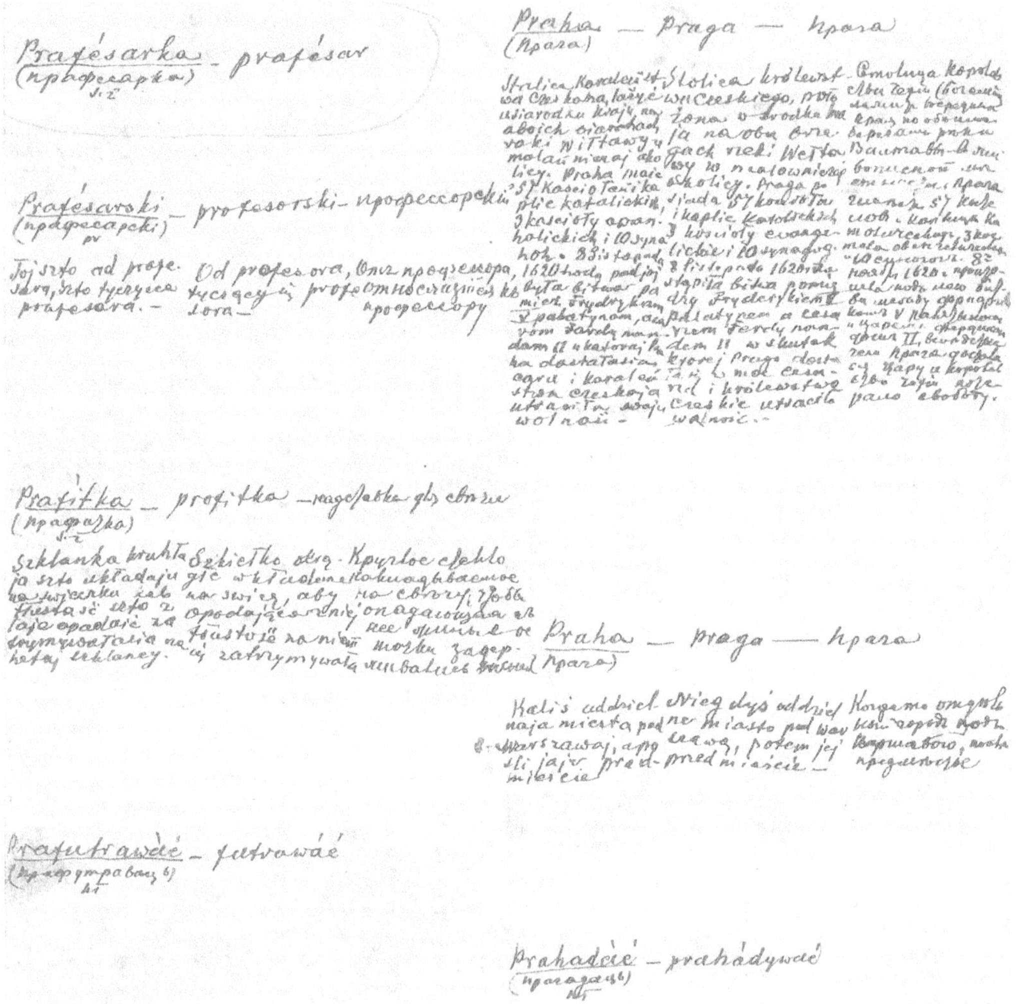

Prafésarka (прафесарка) – prafésar

Praha – Praga – прага (Прага)

Prafésarski (прафесарскі) – profesorski – профессорскі

Prafitka (прафітка) – profitka

Praha – praga – прага (Прага)

Prafutrawáć – futrawáć

Prahadáć – prahádywać

Прыклад 12: Prakurat – prakuratka (пракурат – пракуратка)

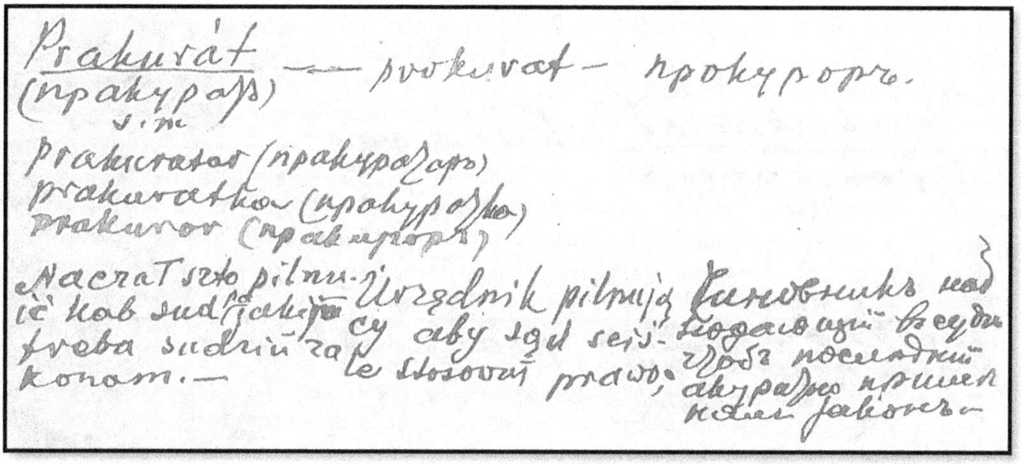
Prakurát (пракурат) — prokurat — прокуроръ.
s.m.
Prakurator (пракуратаръ)
prakuratka (пракуратка)
Prakuror (пракуроръ)
Nacrat szto pilnu-ić kab sud jakija treba sudziŭ za konam. — Urzędnik pilnujący aby sąd sei-le stosował prawo; Чиновникъ надзирающій въ суде чтобъ последній акуратно примен[ялъ] законы —

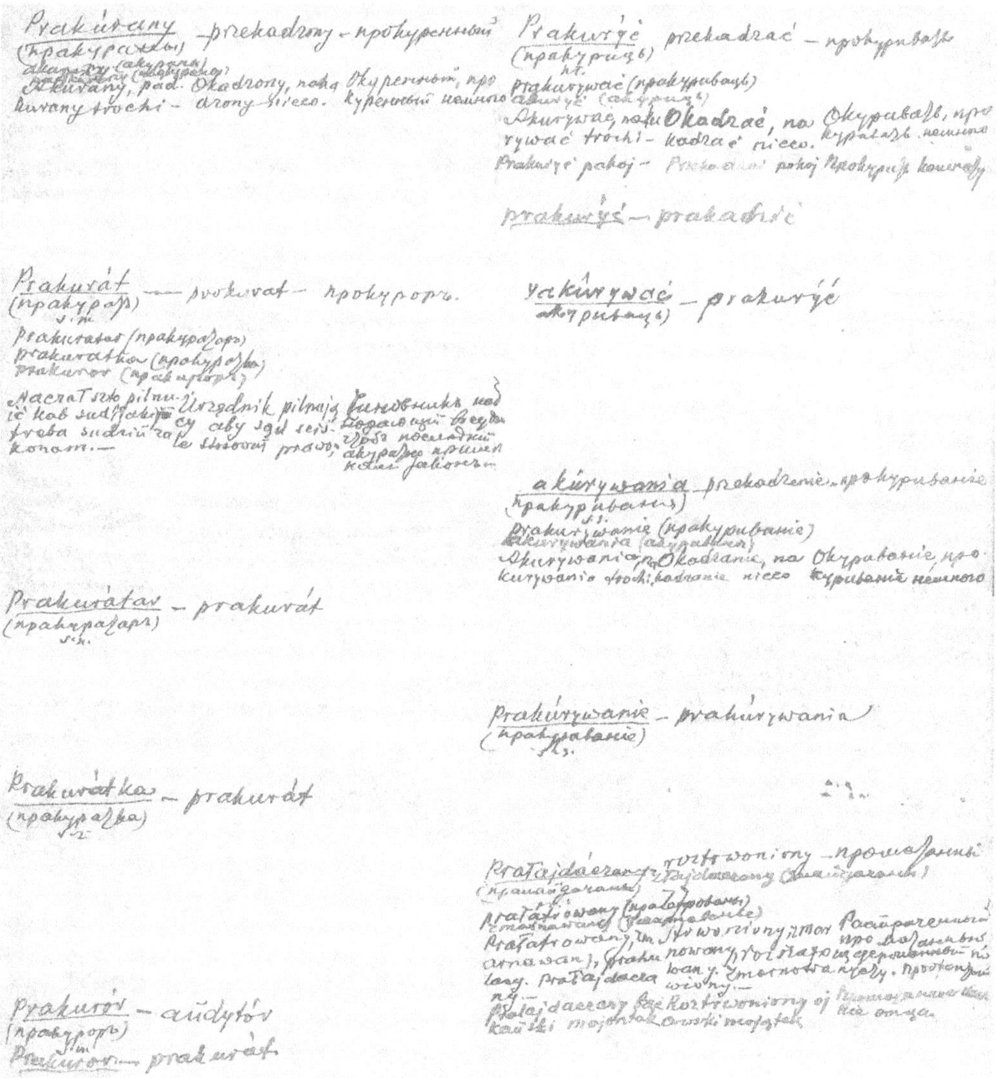
Prakúrany — prekadrony — прокуренный
Prakurýć — prekadrać — прокуривать
Prakurát — prokurat — прокуроръ.
yakúrywać — prakurýć
akúrywania — prekadrenie — прокуриванie
Prakurátar — prakurát
Prakurywanie — prakurywania
Prakurátka — prakurát
Prakurór — aŭdytór
Prakuror — prakurát.

Прыклад 13: Pracz (прач)

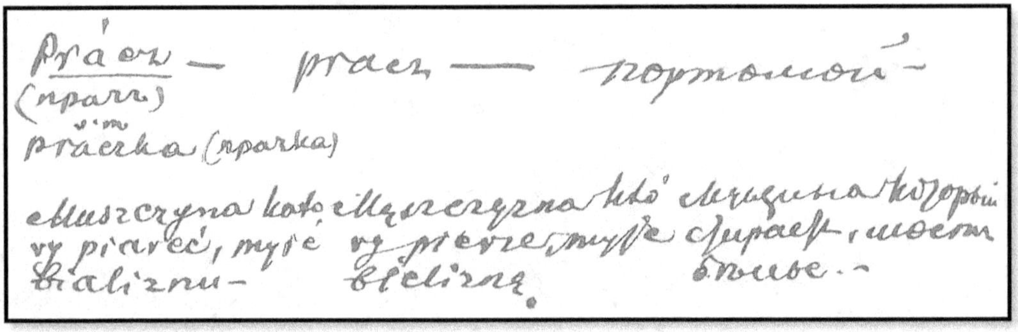

Prácz — pracz — портомой —
(прачъ)
pracka (прачка)
Muszczyna koto Mężczyzna kto мужчина который
vy piarec, myśc vy pierze, myje стирает, моет
bializnu — bieliznę. бѣлье. —

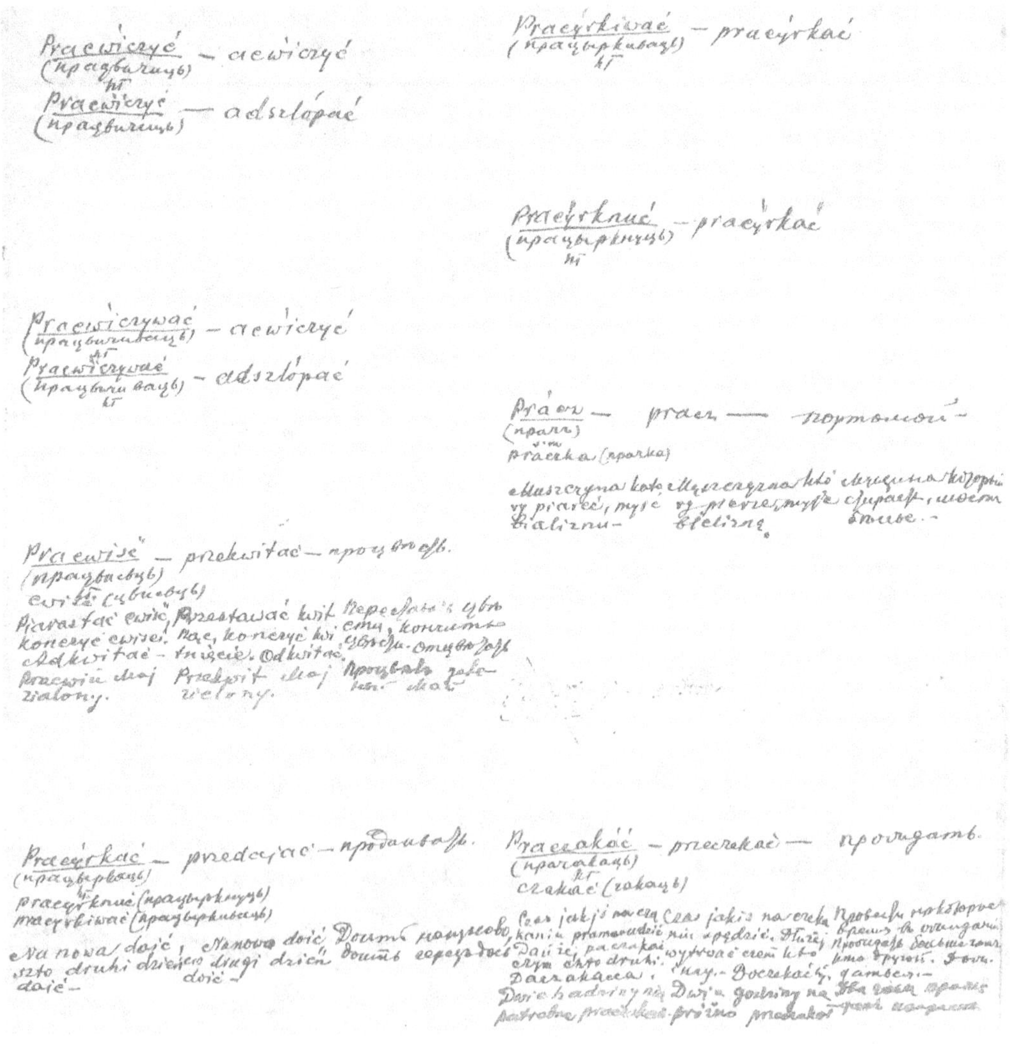

Прыклад 14: Kaprałka (капралка)

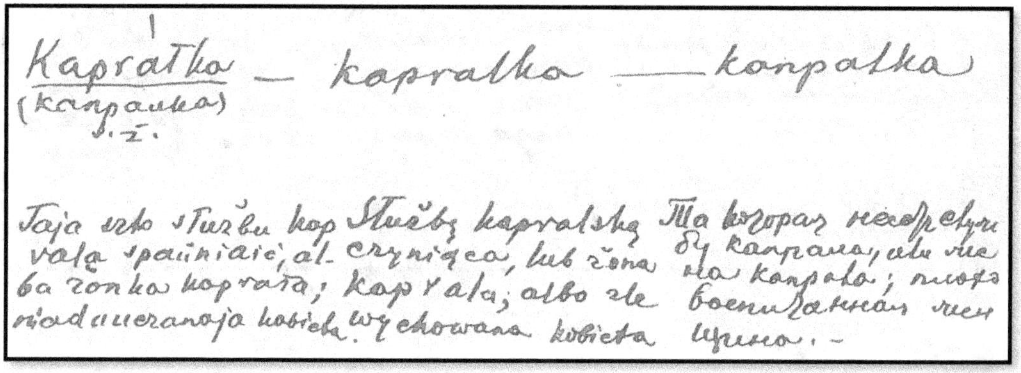
Kapráłka (капралка) s.ž. — kapralka — капалка

Taja szto słužbu kap vałą spaŭniaić, al- ba žonka kaprała; kapťała; albo niadaucianaja kobieta | Służbę kapralską czyniąca, lub żona kaprala; albo źle wychowana kobieta | Та которая несла бы капрала, или же на капрала; плохо воспитанная женщина.-

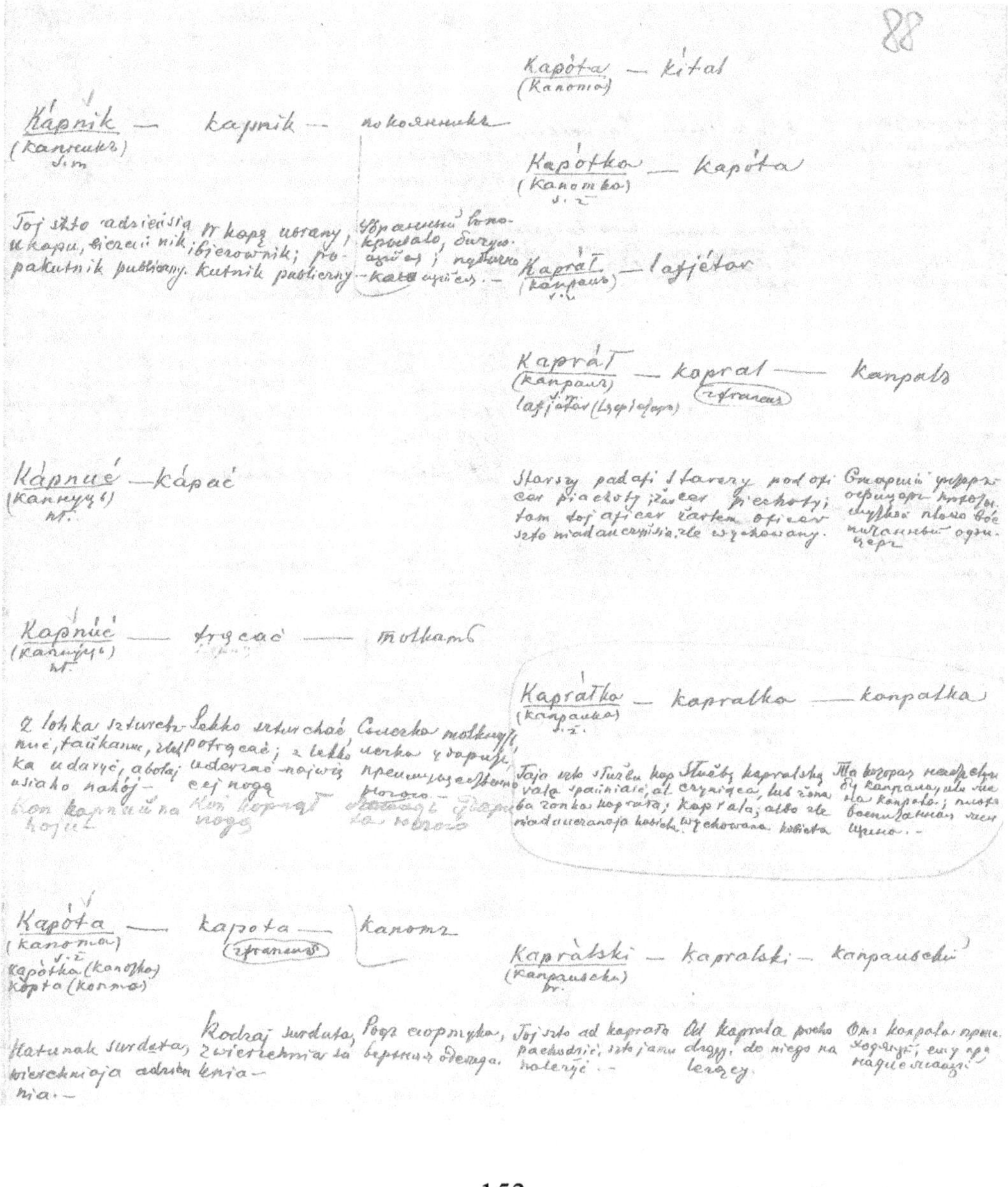

Прыклад 15: Stalmaszycha (стальмашыха)

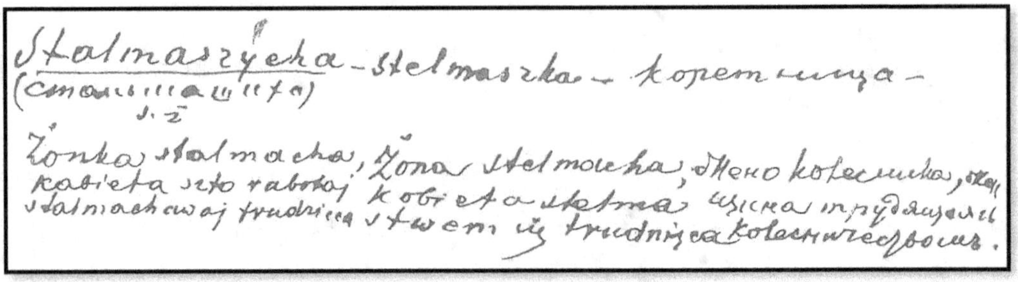
Stalmaszycha – stelmaszka –
(стальмашыха)
ж. р.
Żonka stalmacha, Żona stelmacha,
kabieta szto rabotaj kobieta
stalmachowaj trudzica stwem się trudniąca

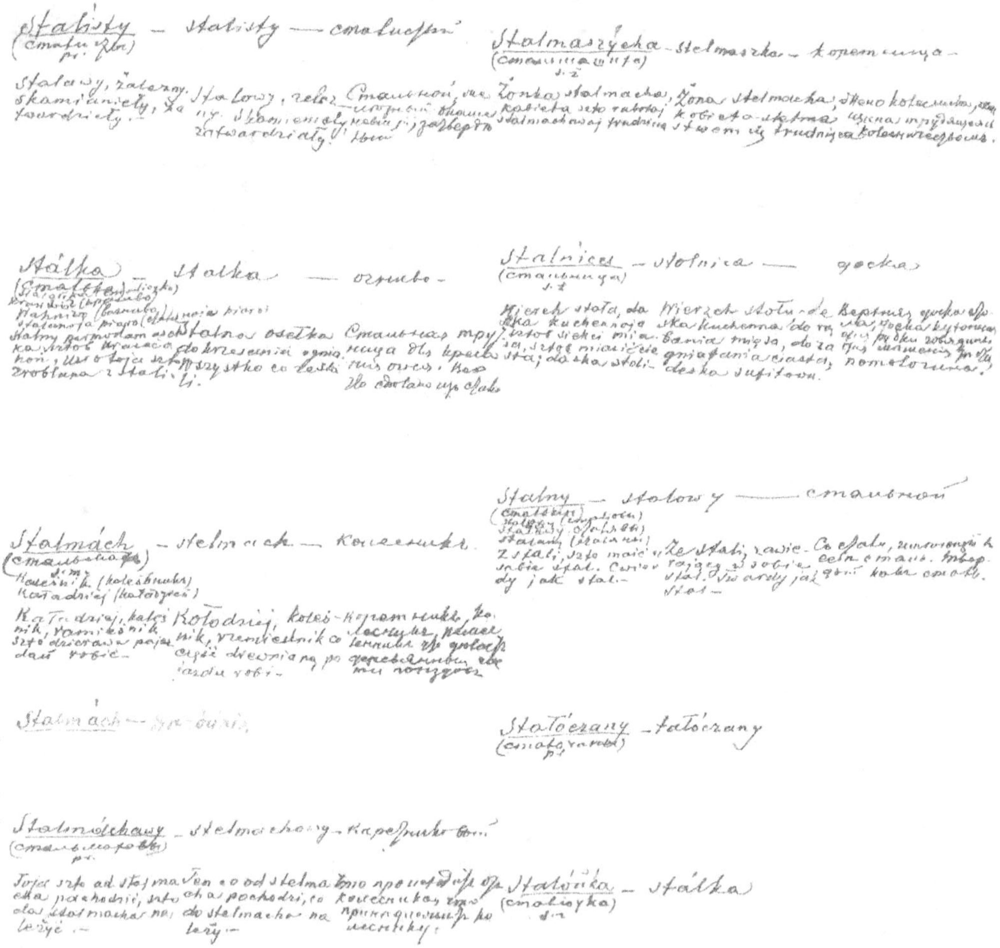

Прыклад 16: Kavalerka (кавалерка)

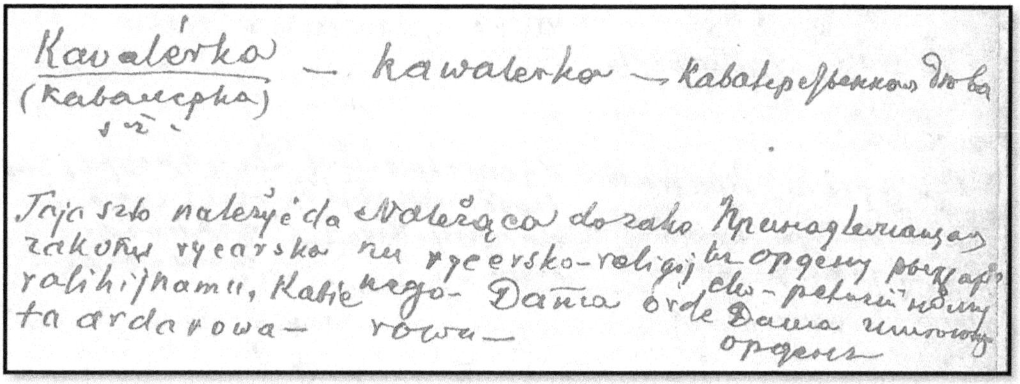
Kavalérka (кавалерка) ж.р. — kawalerka — кавалерственная доба

Taja szto naležyć da zakonu rycarska-ralihijnamu, Kabieta ardarowa- — Należąca do zakonu rycersko-religijnego- Dama orderowa- — Принадлежащая к ордену рыцарско-религиозному Дама ордена

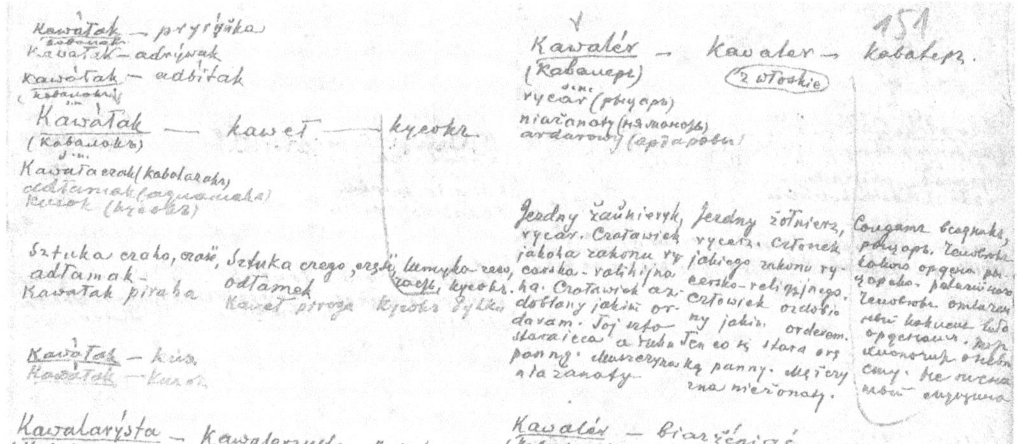
Kawàtak — pryŭdka
Kawàtak — adrywak
Kawàtak — adbitak
Kawàtak (каваλак) ж.н. — kawet — кусок
Kawałaczak (кавалачак), adłamak (адламак), Kusok (кусок)
Sztuka czaho, czoŭ, adłamak- Kawàtak piraha — Sztuka czego, czyś, odłamek, Kawet piroga — Кусок кусок, Кусок пирога
Kawàtak — kus
Kawalarysta (кавалярыста) — kawalerzysta — кавалерист
jazdziec (язьдзец), jezdziec (езьдзец)
Žaŭnieryk jezdny, szto služyć u konnicy. — Żołnierz jezdny, służący w konnicy. — Солдат-ездок, служащий в коннице

Kawalér (кавалер) — kawaler — кавалер (z włoskie)
rycar (рыцар), niažanaty (нежанаты), ardarowy (ардаровы)
Jezdny žaŭnieryk, rycar. Czałowiek jakoha zakonu rycarska-ralihijnaha. Czałowiek azdobleny jakim ordenam. Toj szto staraiecca a ruka panny. Niažanaty — Jezdny żołnierz, rycerz. Członek jakiego zakonu rycersko-religijnego. Człowiek ozdobiony jakim orderem. Ten co się stara o rękę panny. Nieżonaty. — Конный всадник, рыцарь. Член какого ордена рыцарско-религиозного. Человек, украшенный каким-нибудь орденом. Ухажер. Неженатый мужчина
Kawalér (кавалер) — biarščniać
Kawalérja (кавалерия) ж.р. — kawalerja — кавалерия
Konnica (конница), Jazda (язда)
jazda, konnica — Jazda, konnica, кавалерия, конница
Kawàleryk (кавалерык) — kowaleryk — подмастерье кузнеца
Czaladnik, chto piac kawalski. — Czeladnik, chto piec kowalski. — Подмастерье, кузнец

Kavalérka (кавалерка) ж.р. — kawalerka — кавалерственная доба
Taja szto naležyć da zakonu rycarska-ralihijnamu, Kabieta ardarowa- — Należąca do zakonu rycersko-religijnego- Dama orderowa- — Принадлежащая к ордену рыцарско-религиозному Дама ордена

Дадатак 4. Прыклады фэмінітываў з Расійска-крыўскага слоўніка В. Ластоўскага

Абгалосьніца
Вучыцелька
Вязьніца
Загадніца
Заручніца
Заступніца
Зьняверніца (*скептычка*)
Кухарка
Кялетніца (*паслушніца*)
Малачарка (*малочніца*)
Наступніца
Памочніца
Пашаноўніца
Launched
Пераўтворніца (*рэфарматарка*)
Перайстотніца (*рэфарматарка*)
Праступніца
Пасажніца (*пасажная*)
Паслужніца
Прадбачніца
Паплечніца
Пашыршчыца (*прапагандыстка*)
Праўдніца (*справядлівіца*)
Разводніца
Рэзыдэнтка
Родапачатніца
Рукадольніца
Спраўчыца (*рэвізорка*)
Супольніца
Супрацоўніца
Сутаварышка
Сужанка (*і сужаніца*)
Сумысьніца
Спрыяйніца
Спадкаберніца (*спадчыньніца*)
Уласьніца (*і собсьніца*)
Устройшчыца (*арганізатарка*)
Швачка

Дадатак 5. Фэмінітывы з Беларуска–расійскага (Вялікалітоўска–расійскага) слоўніка Я. Станкевіча

Абароньніца
Абараньніца
Абіраньніца (*выбарніца*)
Абраканьніца
Абранка
Абузьніца
Адзоўніца (*апэлятарка*)
Адработніца
Адраджэнка
Адшчапенка
Адвакатка
Адумыслоўка (*спэцыялістка*)
Акторка
Алейніца
Аляндарка
Апякунка
Апліканка (*афрыканка*)
Апраўніца (*кнігаў*)
Апрычоніца
Апрычніца
Аптакарыца
Апушчэніца (*апушчэнка*)
Арабка
Артыстая
Асподніца
Ачышчэньніца (*муж. няма*)
Баба пупарэзная
Бабылка
Багамаленьніца
Багатырка
Баечніца
Баляваньніца
Баліўка
Бальшавіца
Бальшуха (*у тым ліку асіліца*)
Банкетніца
Банкруцелька
Баптыстая
Басчанка (*Баска*)
Батаніка (*жанчына-батаніка*)
Баўгарка
Бэльгіца
Бэрбэрыца
Бязьверка
Бітуха
Блявузганьніца
Бразылка
Брамніца
Брытанка
Буддыстая
Бунтаўніца
Буратка
Бюракратка
Гадаванка
Гадавічка
Гайсуха
Галячка
Гумзуха
Гародніца
Гасподніца
Гаспадарыня
Гаваруха
Гідрографка
Гішпанка
Гісторыца
Глебаведка
Глядзеньніца
Грабеньніца
Грамадзянка
Грапіня (*графіня*)
Грачыца
Ґарсэтніца
Ґеоґрафка
Ґімназыстая
Ґімнастыца
Хадоўка
Хадуха
Ханіца
Харватка
Хаўрусьніца

Хінка
Хрысьцянка
Хрышчэніца
Хвальчарыца
Хвілязопка (*філёзафка*)
Дольніца
Дойка
Дабраволка
Даглядніца
Дахтарыца
Дазорніца
Даказьніца
Даматурка
Дамаха (*дамавіца*)
Дамаверка
Дастаўніца
Даўжбітка
Дэлегатка
Дэманстратка
Дыплёматка
Дысэртантка
Ягадніца
Язычніца
Дзеяньніца (*дзяячка*)
Дзельніца (*майстрыха*)
Заходка
Заказьніца
Закладніца
Закліньніца
Заручонка
Заступніца
Заводніца
Збавіцелька
Згодніца
Збродніца
Згубніца
Злосьніца
Злакаманка
Злыдніца
Змусьціцелька
Зрадніца (*здрадніца*)
Зводніца
Звадзіцелька
Зьменьніца
Жыдзіца
Ігрыца
Ідэйніца
Казаньніца
Калантырка (*калантырніца*)
Каманьдзерка
Камуністая
Кароўніца
Карагодніца
Караліца
Карміцелька
Картыжніца
Каталічка
Кірмашніца
Кіраўніца
Князіня
Кнігарка
Крамніца
Крыўдніца
Кухарка
Кухаварка
Кужальніца (*кужэльніца*)
Кутніца
Лаціньніца
Ляндарка
Лятуха (*лётніца*)
Майстроўка
Макароньніца
Малочніца
Малярка
Маскоўка
Міністрыха
Мусульманка
Мыцьцёха
Назіраньніца
Наружніца
Навакшчонка
Навышняя
Наўчыцелька
Начлежніца
Нэгрыца
Немка (*немая*)
Непатрэбніца
Непрыяцелька

Нялюдніца
Няверніца
Паганка
Падгаспадніца
Пазоўніца (*пазыўніца*)
Пазычэньніца (*крэдыторка*)
Пакаёўка
Палоцьця
Палячка
Памачніца
Памыйніца
Паплечніца
Папрадуха
Пральля
Парабчанка
Парахвянка
Парадніца
Парадзіха
Паручніца
Пасолка
Паслужніца
Пастацянка
Пастушка
Павітуха
Паўнамачніца
Пачынальніца
Пераймальніца
Перакладніца
Пернічніца
Пяюльля (*пяюха*)
Пісьменьніца
Прочніца
Праскурня
Праўніца
Праўная пасадніца
(*юрыстка-консулка*)
Прыгоньніца
Прыгледніца (*прыглядніца*)
Прыродаведка
Прыраджэнка
Прыстой-работніца
(*забастоўніца*)
Пташніца
Пупарэзьніца
Работніца
Разумніца
Расказьніца
Русінка
Рымлянка
Рыштантка
Сабечаніца
Сакратарка
Сацыялістая
Скакуха
Скарбніца
Смалянка
Спагоньніца
Спэктарка (*інспэктарка*)
Сумесьніца
Супраджанка
Сьвінярніца
Шаптуха
Швачка (*шыцюха*)
Талачанка
Ткальля
Варэўніца
Верніца
Варажбітка
Вучыцелька
Выбавіцелька
Выбежніца (*экскурсантка*)
Угодніца
Удаваньніца
Упалая (*банкруцелька*)
Цялятніца
Чараўніца
Чужаземка
Чужка
Чытаньніца (*лектарка*)
Чытаньніца (*чытарка*)

ДАДАТАК 6. ВАРЫЯНТЫ ФЭМІНІЗАЦЫІ СУЧАСНАЙ БЕЛАРУСКАЙ МОВЫ

Суфіксы	Прыклады
-к-а	аптэкарка, бугальтарка, дацэнтка, лектарка, прэзыдэнтка, сьвятарка
-ух-а/-юх-а	бягуха, каўзуха, скакуха
-ніц-а	будаўніца, чараўніца
-іц-а/-ыц-а	генэтыца, караліца, пэдагогіца, царыца
-ін-я/-ын-я	графіня, княгіня, майстрыня, варагіня
-эс-а/-ес-а	баранэса, вікантэса, крытыкеса, папэса, паэтэса
-оўк-а/-аўк-а	бізнэсоўка, вайскоўка, дынамаўка, спартоўка, яхтоўка
-істая (*паводле мадэлі субстантывацыі*)	адказная, анархістая, беспрацоўная, вучоная, дзяжурная, драматыстая
асобныя выпадкі	жняя, удава, хаджая

Дадатак 7. Экспрэс-інтэрвію з польскай лінгвісткай, прафэсаркай Эльжбетай Смулковай

Фэмінізацыя мовы – гэта зусім натуральная моўная зьява, я так яе ўспрымаю. І тут зусім нічога сьмешнага няма. Але разглядаючы гэтую праблему, трэба мець на ўвазе пэўныя культурныя традыцыі. Калі я параўноўваю фэмінізацыю беларускай мовы і польскай, то мне падаецца, што беларуская мова, спэцыяльна тарашкевіца, больш падатная на гэта, для беларускай мовы розныя словы, утвораныя пры дапамозе некалькіх суфіксаў, больш характэрныя, чым для польскай мовы. Тое, што я магу сказаць па-беларуску, я не скажу па-польску. Я сама нават пад уплывам вашай працы задумалася, чаму гэта так, чаму, напрыклад, не фэмінізуюцца так лёгка прафэсіі, якія былі традыцыйна зьвязаныя ўсё ж такі з мужчынамі? Я маю на ўвазе і амбасадара, і міністра, і сакратара ў сэнсе навуковага, не сакратарка проста ў канторы. Таму гэтыя нелінгвістычныя прычыны вельмі важныя. Была ў нас у польскай мове такая спроба ў мінулым урадзе, дзе адна з жанчын – пані Муха ўвяла жаночую форму слова *minister*. Гэта для мяне было сьмешна, гэта не прымецца абсалютна. Варта сказаць *Pani minister* і ўсё, і ўсё ўжо зьвязана, сказана. Напрыклад, *profesor* і *profesorka*, у нашай традыцыі ўнівэрсытэцкай не прынята гаварыць *profesorka*, *Pani profesorka* – толькі *Pani profesor*. Ёсьць форма *profesorka* па-польску, але яна датычыць настаўніцы сярэдняй школы: *profesorka chemii* і пад. Але ўжо да мяне ніхто так ніколі не зьвяртаўся. Па-беларуску пані прафэсарка, пані пасолка можна, гэта для мяне нармальна. Так і з словам *posłanka*, па-польску афіцыйна можна сказаць так, але практычна *Pani poseł*. Я заўсёды думаю аб тым, што ёсьць пэўныя традыцыі і з гэтым трэба пагаджацца. Але нельга сьмяяцца з гэтага, ані нэгаваць фэмінізацыі мовы, бо гэтая цяпер такая тэндэнцыя. І калі вы параўноўваеце мовы, то можаце адразу ўзяць пад увагу тое, што ў славакаў і чэхаў вельмі пашыраныя фэміністычныя формы, там ніхто інакш як пані дацэнтка ці пані прафэсарка не зьвяртаецца да кабеты, гэта для іх зусім нармальна, а для нас усё такі яшчэ не. Але пашыраюцца гэтыя формы і я нават сяньня бачыла на вашым дакладзе літаратуру польскую па гэтай тэме, якая ня ўся мне вядомая. Магчыма там ёсьць больш навейшых поглядаў, чым я магу прэзэнтаваць. **Але параўнаньні на карысьць беларускай мовы з польскай у пытаньні фэмінізацыі для мяне выразныя**.

Цікава, што калі я працавала амбасадаркай у Беларусі, да мяне часта пазьбягалі зьвяртацца і пані абмасадарка, і пані амбасадар, толькі пані Эльжбета Смулкова. Дарэчы, кніжка, якая была напісана пра мяне, так і называлася „Пані Эльжбета”, а не пані амбасадарка. Я нават памятаю пачатковы шок, калі ў Беларусі да мяне зьвярталіся па тэлефоне чужыя людзі проста на імя „*пані Эльжбета*”.

1 сьнежня 2016, Варшава

Дадатак 8. Экспрэс-інтэрвію з летувіскай лінгвісткай Рытай Мілюнайце, жнівень 2016

1. *Наколькі мне вядома, у летувіскай мове не існуе праблемы вакол фэмінізацыі назваў прафэсіяў. У летувіскай мове амаль усе прафэсіі фэмінізуюцца (narė, prezidentė, profesorė і г.д.). Як так сталася ў летувіскай мове?*

   Назвы прафэсіяў мужчынскага і жаночага роду зьяўляюцца сыстэмнай нутранай часткай летувіскай мовы. Жаночыя формы назваў прафэсіяў ствараюцца на рэгулярнай аснове з мужчынскай формы. Існуюць толькі некалькі выключэньняў, якія паўсталі з прычыны экстралінгвістычнай ці з прычыны ўплыву іншых моваў. Такім парадкам, у летувіскай мове мажліва стварыць рознымі шляхамі любы жаночы агентыў. Напрыклад, у *Слоўніку сучаснай летувіскай мовы* да 2006 году (шостае выданьне) немажліва было знайсьці фэмінітыў ад слова *antstolis* (*судовы прыстаў*), бо пасаду займалі выключна мужчыны. Але ад 2006 году моўная камісія стварыла фэмінітыў *antstolė* (*судовая прыставіца ці прыстаўка*), бо яшчэ раней кабеты пачалі працаваць у такім званьні. Слова войдзе ў новае выданьне слоўніка. Дакладна тое ж можна сказаць пра „жаночыя" прафэсіі ці заняткі, якія выконваюць мужчыны, у выпадку неабходнасьці яны лёгка маскулінізуюцца ў летувіскай мове: *auklė* (*няня*) – *auklis* („*нянь*" *ці мужчына-няня*); таксама ў вольным стылі можам сустрэць *žvaigždė* (*зорка эстрады*, напрыклад) – *žvaigždinas* (*зорка-мужчына*). Асобна стаіць гісторыя з словамі *narys* (*чалец*), *narė* (*чаліца*). З-за ўплыву расейскай мовы ў савецкі пэрыяд першапачаткова выкарыстоўваўся толькі маскулінітыў *narys* (*чалец*) нават у дачыненьні да кабетаў. Але па хуткім часе па рэкамэндацыі мовазнаўцаў была вернута жаночая форма слова *narė* (*чаліца*) – і гэта не было выклікана фэмінісцкімі памкненьнямі, а выключна нормамі, правіламі летувіскай мовы.

2. *Ці ёсьць у летувіскай мове назвы прафэсіяў, якія па пэўнай прычыне не фэмінізуюцца?*

   Граматычна няма такіх абмежаваньняў. Можа быць толькі экстралінгвістычнае абмежаваньне, напрыклад, калі прафэсія зьяўляецца абсалютна чужой жанчынам: так было доўгі час з прафэсіяй *antstolė* (*судовая прыставіца ці прыстаўка*). Хоць не было кабетаў-катак, аднак у слоўніку падаецца жаночая форма гэтага занятку: *budelė* (*катка*) ад *budelis* (*кат*).

3. *Як быць, напрыклад, з словам modelis (мадэль)?*

   Гэты выпадак трохі адрозьніваецца ад маіх папярэдніх прыкладаў. Першапачаткова слова *modelis* (*мадэль*) не зьвязана з жывым чалавекам – ані з мужчынам, ані з жанчынаю, таму слова падыходзіць як для мужчынаў, так і жанчынаў. Тым ня менш, у летувіскай мове была прадпрынятая, хоць і маргінальная, спроба фэмінізацыі гэтай прафэсіі: *modeliukė* (*мадэлька*).

4. *І, наадварот, як быць з мужчынскім варыянтам слова „хатняя гаспадыня"?*
   Namų šeimininkė (*хатняя гаспадыня*) у летувіскай мове – гэта, як правіла, жанчына. Каб назваць мужчыну за хатнюю гаспадыню, то трэба рабіць гэта апісальна. *Namų šeimininkas* (*хатні гаспадар*) мае іншае значэньне – гэта той, хто даглядае за домам, а не сядзіць ці працуе ўнутры яго.
5. *Калі ў летувіскай мове няма праблемаў з фэмінізацыяй назваў прафэсіяў, ці азначае гэта, што ў мове няма гендарных праблемаў?*
   У летувіскай мове XX-га стагодзьдзя існавала праблема зь перадачай суфіксаў жаночых прозьвішчаў на *-ienė* (*-uvienė*). Але гэта ня так моўная праблема, як праблема грамадзкая, праблема летувіскай патрыярхальнасьці і нэгатыўнага стаўленьня грамадзтва да непабратай кабеты.
6. *Раскажыце, калі ласка, аб вашай кнізе аб праблемах вакол жаночых формаў прозьвішчаў. Ці вырашана пытаньне аб усячэньні канчаткаў у жаночых прозьвішчах і аб выбары жанчынамі такіх формаў прозьвічша, якія б не прывязвалі іх да сямейнага статусу? Якія цяпер існуе выбар у летувісак?*
   Мая кніга *Ką manote apie nepriesagines moterų pavardes?* (*Што вы думаеце аб жаночых бяссуфіксных прозьвішчах?*) прысьвечаная тэме летувіскіх жаночых бяссуфіксных прозьвішчаў, як яны мяняліся ў часе і адлюстроўвалі статус жанчыны – пабратая яна ці не, напрыклад. Вядома, што жаночыя суфіксы *–ienė* (*-uvienė*) у прозьвішчах указваюць на тое, што кабета ёсьць ці была пабратая і носіць прозьвішча мужа. Пры гэтым ёсьць шмат кабетаў з дзявочымі прозьвішчамі на *-aitė*, *-ytė*, *-ūtė*, па якіх цяжка меркаваць пра сямейны статус жанчыны. Але пад уплывам фэмінізму ў Летуве была штучна, на маю думку, створаная праблема нібы дыскрымінацыі кабетаў. Цяпер у выніку рэформаў летувіска можа мяняць, усякаць прозьвішча (напрыклад, *Bunkė*, *Vaitkevičė* замест ранейшых *Bunkienė*, *Vaitkevičienė* і пад.), каб не было бачна па ім, ці пабратая яна, ці не. Насамрэч, глыбінна гэта нічога не зьмяніла: старыя традыцыйныя формы не былі скасаваныя, проста да іх былі дададзеныя новыя. Вось аб чым мая кніга.
7. *Якія, на вашу думку, існуюць гендарныя актуальныя пытаньні, праблемы ў летувіскай мове, якія неабходна вырашаць, якія могуць дапамагчы ў пытаньні роўнасьці палоў?*
   На мой погляд, такім праблемаў у летувіскай мове не існуе. Мужчынскія формы, калі і выкарыстоўваюцца часьцей за жаночых у мове, то ў тых сітуацыях, калі яны выконваюць генэрычную функцыю, то бок апісваюць як мужчынаў, так і жанчынаў.

Гендарная роўнасьць ці няроўнасьць, як правіла, не стварае моўных формаў, а хіба чалавечыя адносіны, якія часам спрабуюць вырашыць шляхам „моўнай рэформы”.

Дадатак 9. Экспрэс-інтэрвію з экспэртамі мовы Пэрспэктывы фэмінізацыі беларускай мовы

0. У чым палягае ваша моўная, мовазнаўчая праца?
1. Якія мовазнаўчыя аўтарытэты, крыніцы, аўтараў ці аўтарак вы вызнаеце? На што, на каго абапіраецеся, калі раптам сумняецеся падчас пісаньня ці рэдагаваньня па-беларуску?
2. Зь якой беларускай мовай працуеце (узус)? Ці прыходзілася/прыходзіцца працаваць на наркамаўцы? На тарашкевіцы?
3. Як вырашаеце пытаньне гендарнай роўнасьці ў беларускай мове? Ці фэмінізуеце, напрыклад, назвы пасадаў наагул? Канкрэтных блізкіх вам кабетаў?
4. Чаму, на вашу думку, лёгка і сьмела фэмінізуюцца такія прафэсіі, як прыбіральніца, прадавачка? І, наадварот, зь цяжкасьцю прафэсіі папрэстыжней (*акадэміня*, *канцлерка*, *міністарка*, *прэзыдэнтка* й пад.)?
5. Чаму тарашкевіца актыўна фэмінізуе назвы пасадаў, а наркамаўка рэдка/радзей?
6. Ці ёсьць будучыня ў фэмінізацыі беларускай мовы?

Адказ 1. Ігар Іваноў, выдаўца, рэдактар, перакладнік, бібліятэкар

0. Некалі я багата перакладаў на беларускую мову – з польскай і ангельскай. Таксама рэдагаваў і часам рэдагую беларускія тэксты і пераклады зь беларускай на ангельскую.
1. *Тлумачальны слоўнік* Судніка, slounik.org, радзей – слоўнік Станкевіча.
2. Раней – толькі тарашкевіца, але апошнім часам стараюся трымацца наркамаўкі/сучаснага зацьверджанага правапісу. Клясычны правапіс становіцца ўсё менш прымальным, асабліва ў выданьнях у Беларусі, а таксама складанасьць з даведнікамі; захоўваеццца часта – разнабой у нормах.
3. Калі памятаю – фэмінізую. Мая беларуская – збольшага вывучаная з напісаных тэкстаў, а не з жывой гаворкі. Адпаведна, вуха менш завостранае на фэмінізацыю, чым магло б быць. У прынцыпе, нефэмінізаваныя формы рэжуць вуха.
4. Я ня ўпэўнены, што згодны з гэтым пасылам. У сытуацыі, калі беларускамоўныя – параўнальна добра адукаваная частка грамадзтва, яны цалкам здольныя заставацца пасьлядоўнымі ў фэмінізацыі. Калі ж гаворка пра „тожа-беларускія” выданьні, то гэта проста брак асэнсаванага і пасьлядоўнага ўжываньня.

5. Тарашкевіца менш фармалізаваная і залежная ад расейскіх уплываў. Там багата магчымасьцяў для экспэрымэнтацыі і захаваньня маргінальных, хай сабе і натуральных, зьяваў.
6. Канешне – мілагучныя формы будуць перамагаць.

Адказ 2. Юрась Пацюпа, мовазнаўца, пісьменьнік

0. Паэт, літаратуразнаўца. Філёляг па адукацыі. Філёзаф па пакліканьні. Прыйшоў да культуры мовы ад эстэтыкі, філязофіі мовы.
1. Я. Станкевіч раней быў вялічынёй па-за крытыкай. Цяпер, канечне, як кожны крытычны спэцыяліст, сьляпых аўтарытэтаў ня маю, бо і аўтарытэты ці сьвятыя маюць хібы. Станкевіч быў дарагі тым, што спалучаў падыходы ў моўнай інжынэрыі (навуковае і асабістае, улічваў і падаваў розныя традыцыі ў пытаньні культуры мовы). Таксама трэба вылучыць Ф. Янкоўскага, Я. Скрыгана, асабліва і асобна В. Ластоўскага, таксама К. Чорнага, П. Глебку, П. Сьцяцко, А. Каўруса, В. Вячорку ў 90-ыя гады мінулага стагодзьдзя.
2. Працую і на наркамаўцы, і на тарашкевіцы. Але важны пэўны кампраміс, захаваньне мовы: на працы афіцыйны правапіс, вядома, дома, так бы мовіць, у прыватным пісьме, канечне, адыходжу ад афіцыйнага правапісу. У „Мастацкай літаратуры" ў моўным пляне вальней былося-жылося, у Акадэміі навук усё ў рамках, усё жорстка. Часта мне прыпісваюць пацюпіцу, бо я, сапраўды, шукаю пэўны кампраміс паміж наркамаўкай і тарашкевіцай, гэты кампрамісны варыянт умоўна называюць *пацюпаўкай.*
3. Максымальна фэмінізую мову, назвы пасадаў то дакладна. Але, бачу, што існуе рызыка таго, што фэмінізацыя можа перакінуцца на граматыку.
4. Культурны і геапалітычны чыньнікі фэмінізацыі дыяспарнай мовы: там ёсьць традыцыя фэмінізацыі, заходні ўплыў да ўсяго. У Беларусі ж існуе праблема з культурай мовы наагул, у тым ліку з фэмінізацыяй. Фэмінізацыя павінна стаць справай звычкі, як на Захадзе, як у дыяспары.
5. Гл. Пункт 4.

У фэмінізацыі беларускай мовы павінна быць будучыня, хоць і ёсьць сілы супраць гэтага. У 90-ыя годы дзякуючы фэмінізацыі я пабачыў, зразумеў арыгінальнасьць, пэрспэктыўнасьць, хараство беларускай мовы.

0. Выкладчыца біблістыкі, спэцыялізуюся ў Старым Запавеце. Выкладаю ў Лёнданскім унівэрсытэце. Паралельна рэдагую тэксты, перакладаю з ангельскай на беларускую. І дапамагаю выкладаць беларускую літаратуру. Складаю беларуска–французскі слоўнік.
1. Усе слоўнікі ў цэлым. Слоўнік (артаграфічны, на тарашкевіцы) „Нашай Нівы", слоўнік Крапівы (але яго трэба „вычэсваць"), Ю. Бушлякоў, В. Вячорка, група пад кіраўніцтвам І. Дубянецкай, асабліва З. Саўка (найвялікшы аўтарытэт, жывы кантакт), канечне, мова старой дыяспары, напр. Аляксандар Надсан, Лёля Міхалюк, Івонка Сурвіла, Вольга Жынгель (палескія інтанацыі).
2. Карыстаюся тарашкевіцай у мяккай форме, але па працы мушу працаваць на наркамаўцы. Але мая ўласная мова – гэта тарашкевіца.
3. Не было выразнай пазыцыі ў гэтым пытаньні. Бо я жыву адарвана ад беларускай мовы, а ў ангельскай мове праблемы няма. Хаця я, канечне, выкладчыца, калі па-беларуску. Проста гэта пытаньне не паўстала для мяне сур'ёзна. Фэмінізацыя ў мове адлюстроўвае фэмінізацыю ў грамадзтве. З улікам павелічэньня ролі жанчынаў у грамадзтве павялічваецца і моўная прысутнасьць кабетаў. Іншая праблема канцылярызмаў, ад якіх мне цяжка было пазбавіцца, бо канцылярызмы, насамрэч, перашкаджаюць разьвівацца фэмінізацыі мовы.
4. Гл. пункт 3.
5. Гл. пункт 3.
6. Натуральная тэндэнцыя, у гэтым кірунку рухаецца увесь сьвет. Няма сумневу, ёсьць, бо фэмінізацыя ў мове адлюстроўвае фэмінізацыю ў грамадзтве. З улікам павялічэньня ролі жанчынаў у грамадзтве павялічваецца і моўная прысутнасьць кабетаў. Галоўнае – каб захавалася мова.

Адказ 4. Кацярына Кедрон, мовазнаўца

0. Навуковыя даследаванні ў галіне гендаралогіі: семантыка, фразеаграфія, фразеалогія.
1. Перш за ўсё слоўнікавая літаратура, у асноўным ТСБМ
2. З тарашкевіцай я не працую.
3. Калі дазваляюць магчымасці мовы, то абавязкова ўжываю жаночы эквівалент, калі мова не мае слова ці наватвор не гучыць натуральна, то не карыстаюся ім. Мова развіваецца спантанна і любыя спробы штучна змяніць яе мне падаюцца малым актам гвалту. Змены адбываюцца, усё прыйдзе, не трэба спяшацца.

Звяртаю ўвагу студэнтаў на неабходнасць карыстацца фемінінамі замест форм агульнамужчынскага роду. Спадзяюся ўключыць у праграму прадмет Уводзіны ў гендарныя даследаванні.

4. На маю думку, гэта звязана не з прэстыжнасцю, а з экстралінгвістычный рэчаіснасцю, гістарычным вопытам або са стэрэатыпнымі прадстаўленнямі пра тую ці іншую прафесію. Гандляркі існавалі заўсёды, прыбіральніцамі часцей бываюць жанчыны, таму існуюць словы для іх азначэння, і гэта не залежыць ад прэстыжнасці іх працы. Але на большасць прафесій мужчыны доўгі час трымалі манаполію. Таму з аднаго боку – экстралінгвістычны фактар, з другога боку – унутраныя моўныя фактары (актыўнасць суфіксаў, традыцыйнае ўжыванне/неўжыванне жаночых форм у афіцыйных тэкстах і г.д.).
5. Гэта пытанне для ўдумлівага навуковага артыкула. Спадзяюся знайсці адказ у тваіх працах і назіраннях. Або можна падумаць разам :)
6. Канешне, ёсць (і вельмі важна тое, што, гледзячы па матэр'ялах тваіх працаў, беларуская мова мае ўнутраны патэнцыял дзеля гэтага). Між іншым, на маю думку, важную ролю можа мець папулярызацыя гэтага пытання навукоўцамі.

Адказ 5. Вольга Гапеева, паэтка, перакладніца

0. Па адукацыі я лінгвістка, абараніла кандыдацкую дысертацыю па супастаўляльным мовазнаўстве. Цяпер пішу доктарскую таксама па лінгвістыцы. Пішу даследчыя артыкулы, склала слоўнік, падрыхтавала па тыпалогіі англ. і бел. моваў сумесна з яшчэ 2 каляжанкамі. Планую напісаць некалькі кніжак па лінгвістычных тэматах. Таксама я пісьменніца і паэтка – таму мова зноў жа мой інструмент тут, трэцяя іпастась – перакладчыца – дзе зноў жа я працую з мовамі.
1. Звязваюся з калегай, якая рэдагуе ўсе мае кніжкі, яна сама таксама к.ф.н. і беларусістка (лінгвістка), яшчэ адна калега, таксама магу да яе звярнуцца, яна таксама к.ф.н., але літаратуразнаўка. Слоўнікі – аўтарытэты (але менавіта іх сукупнасць, на нейкі адзін не абапіраюся, яны працуюць толькі ў сукупнасці, штосьці тут – штосьці там), кніжка Скурко *Культура маўлення*.
2. Раней у творчасці выкарыстоўвала толькі тарашкевіцу, у акадэмічным дыскурсе карыстаюся наркамаўкаў. Цяпер прыходжу да таго, што і ў творчасці карыстаюся наркамаўкай, праўда не такой „жорсткай і кандовай", як у акадэміі.
3. Так, фемінізую, але калі гаворка пра акадэмічнае пісьмо ў межах Беларусі – то не ўсё – бо ведаю, што карэктары/ркі, рэдактары/ркі не прапусцяць і выправяць. Таксама ва ўласных творах ці тэкстах, якія ідуць не ў дзяржаўныя часопісы акадэмічныя, я ўжываю праз слэш

ён/яна, ці праз „ці”, таксама бывае пішу жаночы канчатак да мужч. па форме назоўнікаў.

Не зусім зразумела, што ты маеш тут на ўвазе. У прынцыпе фактар блізкасці не грае ролі, ці фэмінізаваць ці не – проста бывае, што некаторыя людзі (жанчыны) просяць потым прыбраць фемін. суфікс. Ці фэмінізуеце ўласны занятак, прафэсію? як? Так, паэтка, лінгвістка, мыслярка, пісьменніца, перакладчыца.

4. Каб я не займалася гендарам і мовай, можа мой адказ быў бы цікавы, а так я лічу, што для твайго даследавання гэта нерэлевантана, бо я – уключаная асоба. Ну для „птушачкі” адкажу: Таму што гэтыя пасады звязаныя з уладай і фінансамі, а ў патрыярхальным свеце мужчыны ніколі не аддадуць уладу проста так, мова гэта ілюструе і супраціўляецца зменам.
5. Тут ужо глыбока трэба капаць, я не люблю разважаць проста каб паразважаць, тут трэба сядаць і праводзіць даследаванне. Проста ёсць такая аблуда падумаць, што вось, маўляў, тарашкевіца фемінізуе – таму яна больш „гендарна чуллівая”, а наркамаўка – не. Тут не так усё проста.
6. Ёсць.

Адказ 6. Адам Севасьцяновіч, перакладнік, славіст–славеніст

Калі пра апытанку, то мне цяжка адказаць на некаторыя пытаньні – таму, што беларушчынай у працы ўвогуле не займаюся. Усё роўна паспрабую.

0. Я судовы перакладнік славенскай мовы на польскую.
1. Абапіраюся перадусім на ўласную інтуіцыю і на гаворку сваіх бацькоў. Ведаю і карыстаюся артаграфічным слоўнікам „Нашай Нівы”, хоць некаторыя прапанаваныя ім рашэньні мне гучаць штучна.
2. Актыўна ніколі ня ўжываю наркамаўкі, дрэнна яе ведаю. Найхутчэй карыстаюся мяшанкай тарашкевіцы і роднай гаворкі.
3. Для мяне як мовазнаўца такое пытаньне ўвогуле не паўстае. Род гэта проста граматычная катэгорыя, як час ці лік. Нельга ж казаць пра роўнасьць часоў альбо лікаў. Назвы пасадаў пераважна фэмінізую, хоць не прынцыпова, а проста на аснове практыкі ў той мове, якая мяне акружае.
4. Пытаньне само па сабе тэндэнцыйнае, зьмяшчае тэзу, зь якой я не пагаджаюся, таму не магу адказаць.
5. На маю думку таму, што тарашкевіца абапіраецца на жывую, арганічную мову, на натуральны сыстэм, а наркамаўка штучна створана пад уплывам пазамоўных (ідэалягічных, палітычных) чыньнікаў.
6. Паняцьце „фэмінізацыі мовы” для мяне ў той жа меры штучнае, ідэалягічнае, як і наркамаўка. З аднаго боку, выкарыстаньне жаночых назваў падаецца мне прыроджанай рысай беларускай мовы, з другога,

навязваньне тых жаночых формаў, якія непасьведчаны ў узусе, зьяўляецца гвалтам на мове ня меншым за рэформу 33 года. Таму перакананы, што „фэмінізацыя" будзе пашырацца, але аб гэтым вырашаць самой мове, самаму моўнаму сыстэму і ягоным паўсядзённым карыстальнікам.

Адказ 7. Тацьцяна Шапуцька, паліталягіня, журналістка, грамадзкая дзяячка

0. Працуючы журналістам беларускамоўнага друкаванага выдання, рэгулярна выкарыстоўваю беларускую мову розных стыляў – найчасцей, ужываю гутарковы ды публіцыстычныя стылі.
1. Пры патрэбе выкарыстоўваю разнастайныя слоўнікі, у тым ліку, электронныя (напрыклад, slounik.org ды belazar.info), рэсурсы моўных курсаў – у прыватнасці, сайт movananova.by. На працы ў газеце ўсе артыкулы вычытваюцца карэктарам ды рэдактарам, таму за імі заўжды апошняе слова ў справе стылістыкі артыкула.
2. На дадзены момант працую з наркамаўкай, паколькі на дадзены момант тарашкевіца забаронена да ўжывання ў зарэгістраваных у Беларусі газетах. Раней, калі рэдагавала сайт моладзевай арганізацыі „Малады Фронт", зарэгістраванай у Чэхіі, карысталася тарашкевіцай. У асабістых перапісках таксама паступова перайшла на наркамаўку, бо тарашкевіцай (асабліва, вуснай) валодаю горш, і часта мне рабілі заўвагі з нагоды памылак.
3. Заўжды ўжываю жаночы род, калі чалавек, пра якога я пішу, з'яўляецца жанчынай у незалежнасці ад пасады. Лічу гэта натуральнай з'явай – па-першае, гэта ўзбагачае мову, па-другое, чытачу прасцей зразумець, пра мужчыну ці жанчыну вядзецца гаворка (асабліва калі прозвішчы фігурантаў артыкула замежныя, і выключна па імёнах і прозвішчах род вызначыць цяжка).
4. Можа быць таму, што ў нашай краіне менш жанчын (у параўнанні з мужчынамі), якія займаюць такія прэстыжныя прафесіі, а вось сярод прадавачак і прыбіральніц дамінуюць якраз жанчыны. Акрамя гэтага, гэта пакуль проста нязвычна, але мяркую, што паступова сітуацыя будзе змяняцца (як, напрыклад, ужо стала традыцыйным ужываць слова „намесніца").
5. Тарашкевіца ў пэўным сэнсе з'яўляецца больш прагрэсіўным правапісам і менш зважае на сувязі беларускай мовы з рускай, а таксама на камуністычную спадчыну, калі было прынята называць большасць прафесій выключна мужчынскім родам.
6. Відавочна, будучыня ёсць, і гэты працэс ужо актыўна ідзе. Фемінізацыя мовы – гарманічная з'ява, якая дапамагае ўрэгуляваць некаторыя недахопы існуючых традыцый пісьменства.

Адказ 8. Алесь Герасіменка, журналіст, палітоляг

0. Такім чынам, я рэдагаваў навінныя і публіцыстычныя артыкулы для публікацыі ў інтэрнэце для моладзевай пераважна аўдыторыі (да 2014 году).
1. З часам аўтарытэты мяняліся. У першы перыяд, недзе да 2011, ім быў слоўнік руска–беларускі пад рэдакцыяй Коласа і гд (не памятаю дакладна пералік аўтараў там – трохтомнік знакаміты). З развіццём Інтэрнэту і яшчэ ў час карыстання класічным правісам аўтарытэтамі былі сайты навінныя, якія друкаваліся гэтым правапісам, пазней – выданні кшталту „Звязды". Агулам Інтэрнэт і партал slounik.org. У апошні перыяд з рэформай правапісу адпаведны даведнік новага правапісу і таксама слоўнік паводле яго (не памятую аўтараў) стаў дастатковым аўтарытэтам. Але галоўным аўтарытэтамі былі для мяне старэйшыя сябры нашай каманды, якія прафесійна карысталіся беларускай і вучыліся ў людзей кшаталту Вячоркі і Саўкі ў пачатку 2000-х.
2. З тым і тым правапісам працаваў, адпаведна з рэдакцыйнай палітыкай каманды/выдання. Пазней наркамаўкай. Асабістыя тэксты (прыватныя) я амаль заўжды пісаў афіцыйным правапісам – як у школе вывучыў. А тарашкевіцу я дарэчы ніколі не вучыў, і кніжку Вячоркі і іншых, напрыклад, ніколі не прачытаў.
3. Заўжды імкнуўся фемінізаваць пасады і г.д., асабліва ў пазнейшы перыяд, калі ў мове я стаў пачувацца болей упэўнена.
4. Можа быць праз уплыў расейскай мовы. Таксама, вядома, адлюстраванне гендэрных стэрэатыпаў пра прафесійную сферу грамадства, і палітычную, тут таксама мае месца.
5. Тарашкевіца, магчыма, агулам выглядае зручнейшым полем для больш наватарскага выкарыстання мовы. Таксама, ёсць такі спадзеў, тыя людзі, што карыстаюцца гэтым правапісам, больш адкрытыя да зменаў у тым, як мы бачым узаемаадносіны паміж мужчынамі і жанчынамі ў грамадстве, і гэта адлюстроўваецца на мове, якой яны карыстаюцца.
6. Безумоўна. Гэта цікавы шлях, які можа зрабіць таксама беларускую мову больш прывабнай для тых беларусаў, што імкнуцца да развіцця больш роўнага грамадства.

Адказ 9. Ананімны адказ, паэт, перакладнік

0. Я пішу вершы, напэўна гэта і ёсць мая мовазнаўчая праца.
1. Ластоўскі, Лёсік, Байкоў, Некрашэвіч. Шмат дыялекталагічных слоўнікаў. Русско–белорусский словарь в трех томах 1993 г. Увогуле – аўтарытэтаў няма, бо лічу, што на сёньняшні момант няма такога

мовазнаўцы, які б вырашыў усе тыя праблемныя пытанні, якія да гэтага часу існуюць у бел. мове. Нявырашаных праблем(?) (праблемаў?) так шмат, што кожны раз прыходзіцца думаць самому і выбіраць той варыянт, які падаецца больш удалым.

2. Працую з (перакладаю з/на) абодвума варыянтамі.
3. Не фэмінізую. Я супраць фэмінізацыі і палітычнай карэктнасці. З-за велізарнага ўплыву расейскае мовы, мне здаецца, што фэмінізаваныя назвы прафэсій і пасадаў зьяўляюцца зневажальнымі і вульгарнымі. Па-другое – мне не хочацца губляць час і пісаць напрыклад „аўтараў ці аўтарак” – магчыма ў анкеце гэта яшчэ прыймальна, але калі я бачу такое ў літаратурным творы, мне здаецца, што гэта стылістычна вельмі няправільна. Дарэчы, „мовазнаўчыя аўтарытэты” – а чаму няма „аўтарытэткі”? :)
4. Сярод прыбіральшчыцаў і прадавачак традыцыйна большасць жанчынаў, таму натуральна назвы гэтых прафэсій гучаць у фэмінізаванай форме больш естественно. Гэта непрэстыжныя прафэсіі – і тут ізноў уплыў расейскае мовы, дзе такія фэмінізаваныя назвы як раз і зьяўляюцца прыніжальнымі. Таму дысанансу не ўзнікае. Калі ж мы кажам пра прэстыжныя прафэсіі, дык з-за таго ж уплыву рускай мовы ніяк немагчыма сказаць міністарка, бо на падсвядомым узроўні немагчыма спалучыць прэстыжную прафэсію і зневажальную форму слова.
5. Наркамаўка – русіфіцыраваны варыянт, таму ў ім адлюстраваны прынцып, які існуе ў рускай мове, дзе слова напрыклад „докторша” зьяўляецца фамільярным і зневажальным.
6. На сёняшні момант – не. З-за ўплыву рускай мовы. Тое ж самае, напрыклад, з словам „жыд” – у польскай і чэскай гэта нейтральнае літаратурнае слова, калісьці яно было нейтральным і ў бел. мове, але зараз з-за ўплыву рускай мовы гэтае слова немагчыма ўжваць у бел. мове. Магчыма, калі ўсё зменіцца ў лепшы бок, калі будзе прапаганда бел. мовы на дзяржаўным узроўні, тады можа быць і ўдасца растлумачыць усім, што жыд – гэта не абраза, што фэмінізаваныя назвы прафэсій – гэта нармальна і не зневажальна, але пакуль ёсць такі вялізны ўплыў рускай мовы гэта амаль недасяжна.

Адказ 10. Віктар Марціновіч, пісьменьнік, выкладнік

0. Я пішу раманы. Як любы пісьменнік, уводжу новыя словы, сінтаксічныя структуры, метаніміі, каб сказаць каротка – наўпрост уплываю на мову.
1. У мяне дома той самы знакаміты двухтомны слоўнік, а ў тэлефоне – байкоў-некрашэвіч ды іншыя хуткія падказкі. У стылі арыентуюся на Дубоўку, якім вельмі захоплены.

2. Пішу раманы ды эсэі на будзьму на наркомаўке, дагэтуль ствараў тэксты для Радыё Свабода на тарашкевіцы.
3. Я не фемінізую назвы пасадаў, хаця, дарэчы, можа і трэба было б. Трэба над гэтым грунтоўна падумаць. Дарэчы Цётка ў Мове фемінізавалася, то часам, калі гэта патрабуе структура тэксту, я гэта ўводжу ў нарацыю. Проста ведаеце ў мяне няма пэўнасці што Ярмошыну (у адрозненне ад Цёткі) можна назваць дырэктаркай выбаркаму. Бо яна менавіта такая традыцыйная савецкая дырэктар. Але гэта не гендар, гэта асоба і стыль.
4. А ці фемінізуюцца яны? Я па шчырасці дагэтуль вагаюся, ці легітымна мы пераклалі прадавачку ў Сфагнуме – у тым сэнсе, што сапрацоўніца глускага райпо можа быць хіба што прадаўцом. Тая ж праблема – у перакладзе Возера.
5. Вось гэта дакладна! Толькі не тарашкевіца як сістэма, а яе носьбіты – цікавіцца варта іх асобамі і матывамі.
6. Будучыня ёсць у ўсяго. Вось толькі часцяком будучыня для пэўных – вельмі светлых і разумных – з'яў не наступае, бо час мае ўласцівасць рушыць у адваротны бок.

Адказ 11. Ільля Заранок, грамадзкі актывіст, рэдактар

0. Пастаянна стараюся ўдасканальваць веды ў граматыцы і пунктуацыі. Пэрыядычна па працы ўзьнікаюць патрэбы ў словах, якіх мне бракуе ў маім слоўнікавым запасе. Для гэтага зьвяртаюся да слоўнікаў (шукаю там адпаведнікі да рускіх або ангельскіх варыянтаў словаў, якія мне патрэбныя па працы) або да людзей, якія пастаянна карыстаюцца беларускай мовай і вывучаюць яе.
1. slounik.org, гляджу ўжываньне словаў праз пошук у гугл, значна радзей – гляджу праз пошук на сайтах варыянты ўжываньня выразаў, словаў (svaboda.org, „Новы час", „Зьвязда", nn.by). Рэдка зьвяртаюся да папяровых даведнікаў або слоўнікаў пад аўтарствам Крапівы, яшчэ радзей – Байкова, Некрашэвіча, Санько, Вячоркі, Іванова (па фэмінізмы).
2. У 80% выпадкаў з наркамаўкай, у 20% з тарашкевіцай.
3. Дзякуючы эсэі *Фэмінізацыя беларускай мовы* Уладзіслава Іванова стаў больш гендэрна адчувальным у гэтым пытаньні (сур'ёзна). Аддаю перавагу фэмінізмам як у наркамаўцы (з асцярогай), так і ў тарашкевіцы (разьняволена).
4. Цяжкасьць палягае, перадусім, у тым, што фэмінізацыя што тых, што гэтых назваў прафэсіяў не зьяўляецца агульнапрынятай нормай.
5. Таму што ў наркамаўцы ёсць строгі канон, нарматыўнасьць, якая выключае ўласныя інтэрпрэтацыі, у тарашкевіцы ж вялікая варыятыў-

насьць (на мой погляд гэты варыянт беларускага правапісу знаходзіцца ўсё яшчэ на дыскутыўнай стадыі).

6. Лічу гэты кірунак вельмі важным і патрэбным для пашырэньня і разьвіцьця, бо гэта ня толькі карэктна з пункту гледжаньня гендэрнай роўнасьці, але і важна з пункту гледжаньня захаваньня (або разьвіцьця?) адметнасьцяў беларускай мовы.

Адказ 12. Ірына Герасімовіч, перакладніца

0. Я перакладчыца.
1. Самыя розныя слоўнікі. На www.slounik.org часта розныя варыянты параўноўваю. Найчасцей бяру варыянты з Байкова-Некрашэвіча, калі ёсць розныя. Зборам новых правілаў карыстаюся. *Лінгвістычным кампендыумам* Плотнікава і Антанюк. Рознымі падручнікамі, параўноўваючы інфармацыю, абіраючы тое, што мне пасуе. Вельмі часта абапіраюся проста на сваё інтуітыўнае адчуванне і на тое, „як у нас сказалі б або не" (у нас, у Пастаўскім раёне). Гэта абумоўлена тым, што часта мне падтрэбная жывая, непадручнікавая мова.
2. Цяпер часта працую з новым правапісам. Я лічу вельмі слушнай спробу ўніфікаваць мову і хачу такім чынам гэтую спробу падтрымаць. На тарашкевіцы вельмі няўпэўнена адчуваю сябе ў арфаграфіі. Але часта здараецца так, што мне трэба было б цалкам змяняць структуру сказаў або лексіку, калі тэкст мае быць на наркамаўцы. Я аддаю перавагу таму, каб пакідаць свае структуры і лексіку і пры дапамозе рэдактаркі пераводзіць тэкст у арфаграфію тарашкевіцы. У выніку большасць маіх тэкстаў на сённяшні дзень да чытача ідуць менавіта на тарашкевіцы. Калі выданне карыстаецца наркамаўкай, то я таксама прыкладаю ўсе намаганні, каб захаваць свае структуры і лексіку, нават калі гэта будзе „няправільная" наркамаўка. Зноў атрымліваецца, што для мяне важнае маё, індывідуальнае, суб'ектыўнае ў мове. Я ўспрымаю розныя сістэмы правапісу досыць гнуткімі. Лічу, што ў беларускай мове (у мастацкіх тэкстах) цалкам апраўдана прагінаць іх пад індывідуальнае. Для мяне гэта развіццё мовы. Я супраць пазіцыі, калі ўсё стэрыльна па падручніках, „па-філфакаўску", як я кажу.
3. 1) Фемінізую практычна заўсёды аўтаматычна, калі толькі ёсць больш-менш ужывальнае слова. Не фемінізую зазвычай, калі фемінізаванае слова нязвыклае (тая ж акадэміца) і таму бярэ на сябе занадта шмат увагі ў тэксце. Пакідаю акадэмік. Ніколі не карыстаюся наркамаўскімі жанчына-акадэмік і г.д., з эстэтычныя прычын.
   2) Так, заўжды. Перакладчыца або перакладніца.
4. Тут мова адлюстроўвае сацыяльныя варункі, калі жанчына тэндэндыйна займала менш прэстыжныя пасады. На жаль, мова змяняецца ў

гэтым сэнсе павольней за рэчаіснасць. Магчыма, варта і штучна паскорыць.

5. Мне складана адказаць на гэтае пытанне. Мяркую, каб адказ не быў чыстай спекуляцыяй, патрэбнае сур'ёзнае даследаванне. Так, вядома, можна сказаць, што наркамаўка нясе на сабе адбітак савецкай „роўнасці" паміж мужчынам і жанчынай, савецкага функцыянальнага стаўлення да чалавека, калі не знаходзяць моўнага выразу індывідуальныя аспекты асобы кшталту полавай прыналежнасці. Можна сказаць, што ў гэтыя ключы тарашкевіца ў рэчышчы агульнаеўрапейскім больш уважліва ставіцца да асобы і імкнецца гэта адлюстраваць у мове. Але гэта чыстай вады спекуляцыя з майго боку ўсё ж.
6. Безумоўна.

Адказ 13. Надзея Шакун, мовазнаўца

0. Выкладчыца беларускай мовы, даследчыца ў галіне гісторыі беларускай мовы.
1. Апошняя інстанцыя – гэта прыватныя кансультацыі з рэальнымі носьбітамі мовы+прафесійнымі лінгвістамі ў адной асобе (Волкава, Раманоўскі), слоўнікі: ТСБМ, Байкоў-Некрашэвіч.
2. Акадэмічны правапіс. (Раней працавала з „нашаніўскай" тарашкевіцай).
3. Часам. Сама рэдка бываю ініцыятарам – стваральнікам новых формаў (напісала аўтаматычна „-ам" – не „ініцыятаркай", а вышэй напісала спачатку „выкладчык", зараз выправіла на „выкладчыца" – гэта ўсё і ілюструе). Фемінізую блізкіх знаёмых, для каго гэта важна: Гапееву, напрыклад.
4. Напрыклад, „тэхнічка"? Таму што тэхнічкі-прыбіральшчыцы-прадавачкі ў маім дзяцінстве былі выключна жаночыя прафесіі. Затое не помню ва ўрадзе БССР жанчынак (можа і былі, але не памятаю).
5. Не думаю, што так ёсць на самой справе. Хацела б я зірнуць у тэксты 20-ых гадоў.
6. Безумоўна.

Адказ 14. Янка Запруднік, палітоляг, гісторык, пісьменьнік, дыяспарны дзяяч

1. Маімі аўтарытэтамі ў мове былі спачатку (канец 1940-х) настаўнікі Беларускай гімназіі імя Янкі Купалы ў Нямеччыне: Аўген Каханоўскі, Станіслаў Станкевіч і Антон Адамовіч. Пасьля, калі я працаваў у беларускай рэдакцыі радыё „Вызваленьне/Свабода" рэдактарам маіх рэпартажоў, гістарычных гутарак і літаратурна-мастацкіх праграмаў

быў Антон Адамовіч (у пэрыядзе 1958–1988 гадоў). А Станіслаў Станкевіч рэдагаваў газэты „Бацькаўшчына” (у Мюнхэне) і „Беларус” (у Нью-Ёрку), дзе публікаваліся мае матэрыялы.

2. Я пішу тарашкевіцай, але ня маю праблемаў з наркамаўкай ані ў чытаньні, ані ў пісаньні (калі неабходна).
3. Гендарная роўнасьць – зьява заканамерная там, дзе яна спрыяе ўдакладненьню выказванай думкі. Адно з важных заданьняў у гэткім удакладненьні – захаваць мілагучнасьць слова, лёгкасьць вымаўленьня яго. Мноства „фэмінізаваных” назоўнікаў (тэрмін „фэмінізаваны” ў дачыненьні да шмат зь іх чыста рэтраспэктыўны) створаны натуральна як неабходны элемэнт яснасьці маўленьня (прыкладам, *даярка*, *кухарка*, *манашка* й г.д.).
4. Фэмінізацыя „постфактум”, якою займаюцца сучасныя моватворцы, удакладняе сэнс слова (*дэнтыстка*, *адвакатка*, *рэпартэрка*), і працэс гэты варта працягваць. Але такая гендэрызацыя назоўнікаў не заўсёды магчымая, як прыкладам у „друкар – *друкарка*”, „сьлёсар – *сьлёсарка*”, „капач – *капачка*”. Фэмінізацыя тут мяняе сэнс слова. Рэч у тым, што мова ў сваёй прыродзе – прадукт стыхійнай творчасьці, і ня ўсё ў ёй падуладна лёгіцы й задняй думцы.
5. Тарашкевіца фэмінізуе больш, чымся наркамаўка таму, што яна не падпарадкоўваецца Міністэрству адукацыі так, як гэта ў выпадку з наркамаўкай. У выніку гэтай непадпарадкаванасьці ў ёй пануе самаволя й хаос.
6. Будучыня ў фэмінізацыі такая ж, як і будучыня ў стандартызацыі літаратурнай мовы як цэласьці. Гэта значыць, што пакуль у беларускай дзяржаве ня будзе інтэлектуальнай свабоды й дзяржаўнага дбаньня аб разьвіцьці нацыянальнай мовы, датуль у нас будзе пашыраны тэрміналягічны й правапісны разнабой, зь якім трэба змагацца.

АДКАЗ 15. АНАНІМНЫ АДКАЗ, МОВАЗНАЎЦА

0. Займаюся вывучэннем беларускай мовы.
1. Пры правядзенні сваіх даследаванняў звяртаюся да работ папярэднікаў і сучаснікаў (замежнікаў і суайчыннікаў), прысвечаных той праблеме, якая цікавіць мяне. Пры ўзнікненні пытанняў падчас напісання таго ці іншага слова звяртаюся да акадэмічных слоўнікаў у першую чаргу, таксама шукаю інфармацыю ў інтэрнэце на спецыялізаваных сайтах. Калі ж слова няма ў слоўніках, спрабую прааналізаваць частотнасць формаўжыванняў у інтэрнэце, раюся з калегамі, сябрамі, асобамі, якія непасрэдна працуюць у пэўнай сферы (гэта звычайна пры неабходнасці перакладу).
2. Карыстаюся сучаснай беларускай літаратурнай мовай. Даводзілася працаваць на тарашкевіцы.

3. Пытанне гендарнай роўнасці ў беларускай мове мяне не цікавіла. Спецыяльна нічога не фемінізавала. Назвы пасад не фемінізую. Не.
4. Думаю, гэта звязана 1) з традыцыяй ужывання, функцыянавання слова ў мове; 2) уласна з гісторыяй паняцця, якое перадаецца словам.
5. Пытанне да актыўных карыстальнікаў тарашкевіцы. Мой адказ глядзі ў пункце 4.
6. Толькі час пакажа. Ці будзе народ пашыраць і ці прыме тыя ці іншыя формы.

Адказ 16. Юрась Ліхтаровіч, журналіст, палітоляг, перакладнік

0. Мовазнаўчай працы не вяду. Мая моўная праца палягае ў падрыхтоўцы матэрыялаў для радыё, у перакладзе на беларускую мову тэкстаў ды працоўных дакумэнтаў з польскай мовы.
1. Мае арыентыры ў мове – Б. Тарашкевіч, З. Саўка і П. Сьцяцко.
2. Працую на тарашкевіцы на радыё. У тэкстах для Беларусі даводзілася працаваць наркамаўкай.
3. Імкнуся фэмінізаваць назвы пасадаў ды прафэсіяў, што, праўда, не заўсёды падтрымлівае ўся рэдакцыя.
4. Дзьве перашкоды на шляху фэмінізацыі: па-першае, моўныя звычкі даволі моцныя і людзі па сваёй натуры ў мове кансэрватыўныя, па-другое, у больш прэстыжных прафэсіях колькасьць жанчынаў меншая, толькі нядаўна пачала павялічвацца, мова не пасьпявае рэагаваць на гэтыя зьмены.
5. Тарашкевіца больш адкрытая і яе цяпер разьвіваюць самі людзі, больш моладзі, больш адкрытыя да роўнасьці і інавацыі, гэта такі беларускі *open source*. Наркамаўка – афіцыйная, пад кантролем дзяржавы, дзе зьмены ідуць вельмі марудна.
6. Пэрспэктывы ў фэмінізацыі ёсьць. Разам з ростам колькасьці жанчынаў ва ўсіх сфэрах чалавечай дзейнасьці будзе расьці і запатрабаваньне на адпаведныя назвы, у тым ліку на жаночыя варыянты пасадаў і прафесіяў.

Streszczenie

W językoznawstwie i socjolingwistyce od dawna istnieje potrzeba teoretycznego uporządkowania i uniformizacji, harmonizacji różnorakich tendencji w opisywaniu nazw działalności zawodowej i epicenów (słów rodzaju wspólnego) w języku białoruskim. Jest to spowodowane wewnętrznymi i zewnętrznymi czynnikami rozwoju języka, a przede wszystkim istotną zmianą roli i statusu kobiety w społeczeństwie na przestrzeni ostatnich stuleci. Tradycyjne językoznawstwo nie nadąża z reakcją na ważne wyzwania społeczno-polityczne. Jednak krytyczny krąg alternatywnie ukierunkowanych językoznawców, socjolingwistów i innych humanistów od dawna konstatuje, analizuje rozbieżności pomiędzy niezmiennością, zamknięciem, zideologizowaniem postaw oficjalnych instytucji a otwartością alternatywnych, choć i marginalizowanych uzusów (na przykład taraszkiewicy) w kwestiach równości genderowej w języku. Dodatkowo analiza historyczna otwiera i pokazuje wielki potencjał feminizacji języka starobiałoruskiego, wykorzystany już w XVI–XVII w. i aktywnie wspierany w XIX w. i na początku XX w.

Warto na początek określić szeroki i wąski zakres znaczeniowy przeprowadzonego badania. Przede wszystkim feminizacja *Nomina agentis* – jest wąskim, chociaż bardzo ważnym i charakterystycznym sposobem feminizacji języka. Przy tym zauważono, że feminizacja języka nie ogranicza się do żeńskich nazw zawodów (feminatywa agentywne). Poza nimi w kontekście feminizacji rozpatrywane są seksizmy językowe, funkcjonowanie leksemów rodzaju wspólnego (epicenów), problem poprawności językowej – wypracowania i używania neutralnych form, poprawnych politycznie, dominacja patronimów i rzadkie obecnie używanie matronimów itp. A zatem feminizacja języka obejmuje kompleks kwestii i działań dotyczących opisywania i reprezentacji płci – kobiet i mężczyzn – w języku. Innymi słowy, feminizacja języka jest pewną sytuacją genderową w języku: jednocześnie językową, ale też społeczną, ekonomiczną, historyczną. Stan opisu genderowego i reprezentacji w języku zawsze odzwierciedla stan stosunków społeczno-ekonomicznych między płciami, klasami, narodami, językami, religiami itp. Byłoby to szersze rozumienie kwestii feminizacji języka. W pracy skupiono się na wąskim rozumieniu feminizacji języka (nazw zawodów i stopni), ale podczas analizy porównawczej mowa jest także o feminizacji języka w szerokim znaczeniu (kwestia epicenów jako próba wykorzystania wewnętrznych zasobów języka oraz rozwiązywania problemów poprawnego i uniwersalnego opisu kobiet i mężczyzn, kwestia żeńskich nazwisk).

Novum naukowe: Po raz pierwszy w językoznawczym i socjolingwistycznym obszarze Białorusi podjęto globalną, wielokierunkową i interdyscyplinarną próbę systematyzacji i poszerzenia wiedzy o feminizacji języka. Zjawisko feminizacji nazw zawodów rozpatrywane jest nie tylko pod względem językowym, lecz także pod względem wpływu nań czynników zewnętrznych, pozajęzykowych.

Obiektem badań są teksty językoznawcze, leksykograficzne, literackie, publicystyczne i społeczno-polityczne, dyskursy różnych uzusów języka białoruskiego (taraszkiewica, narkomówka, dziejasłowica, dialekty) oraz sposób oddawania w nich zawodowych nazw żeńskich i epicenów. W celach porównawczych w polu badawczym znalazły się także teksty o podobnej tematyce w takich językach jak ukraiński, polski, rosyjski, litewski i francuski.

Przedmiotem badań są konkretne poziomy, klastry feminizacji języka i równości genderowej w języku, a szerzej ujmując:

1. żeńskie formy *Nomina agentis* języka starobiałoruskiego i współczesnego, ich stan, funkcjonowanie i tendencje rozwoju;
2. epiceny i ich stosowanie w różnych uzusach.

Celem pracy jest zbadanie kręgu problemów, związanych zarówno z opisem leksykograficznym, słowotwórczym, jak i społecznym (społeczno-politycznym, glottopolitycznym) oraz uzasadnienie występowania i funkcjonowania zawodowych nazw żeńskich (*Nomina agentis*) i epicenów (słów wspólnego rodzaju) w języku starobiałoruskim oraz w dwóch uzusach języka współczesnego (taraszkiewicy i narkomówce)przy uwzględnieniu czynników językowych i pozajęzykowych. Poza tym w kręgu badań znajduje się szersze ujęcie genderowej równości językowej – kwestia wypracowania poprawnego języka pod względem rozwoju feminitywów oraz problem kulturowej niższości płci żeńskiej.

Zadania:

1. Ekscerpcja i prezentacja zawodowych nazw żeńskich zaczerpniętych ze słowników, z gazet, tłumaczeń, utworów literatury pięknej, tekstów przemówień w języku starobiałoruskim i dwóch uzusach współczesnego języka białoruskiego.
2. Ustalenie głównych czynników językowych i pozajęzykowych, które wpływają na stan i dynamikę rozwoju żeńskich form *Nomina agentis*.
3. Uzasadnienie terminologicznego statusu zawodowych nazw kobiet w języku.
4. Ustalenie zasad i przyczyn ujmowania lub nieujmowania żeńskich form *Nomina agentis* w słownikach, tekstach, przemówieniach w języku białoruskim oraz ukraińskim, polskim, rosyjskim, litewskim i francuskim.
5. Określenie głównych tendencji w funkcjonowaniu i rozwoju systemu żeńskich form *Nomina agentis* w języku starobiałoruskim i współczesnej białoruszczyźnie drogą analizy socjolingwistycznej (glottopolitycznej), rekonstrukcji historycznej i wywiadów z ekspertami.
6. Wypróbowanie teoretycznych założeń badania w trakcie eksperymentalnych gier z rodzimymi użytkownikami, a także w trakcie wywiadów.

7. Przedstawienie wyników w Słowniku feminizacji nazw zawodów oraz w Słowniku epicenów i maskulinizacji nazw zawodów i niektórych innych kategorii.

Teoretyczne podstawy pracy

W pracy wykorzystano liczne podejścia i koncepcje socjolingwistyczne, wśród których na szczególną uwagę zasługują następujące:

Społeczna koncepcja języka (zaczynając od takich autorytetów, jak Emile Durkheim, Antoine Meillet, Charles Bally aż po Pierre'a Bourdieu), gdzie punktem wyjściowym dla badań socjolingwistycznych jest rozumienie języka jako faktu społecznego.

Podejście glottopolityczne (Jean-Baptiste Marsellesi, Louis Guespin) uwzględnia wpływy, jakie społeczeństwo świadomie bądź nieświadomie wywiera względem języka: jest to zarówno polityka na wysokim szczeblu, ale także lekceważenie, naśmiewanie się z języka mniejszościowego, co wywołuje wstyd przed rozmawianiem w danym języku publicznie itp.

Pojęcie dyglosji na Białorusi obejmuje zarówno wewnętrzny wymiar języka białoruskiego (konflikt na wzór grecki, opisany przez Yannisa Psycharisa), obejmujący taraszkiewicę i narkomówkę, jak i wymiar zewnętrzny, obejmujący języki białoruski i rosyjski, rozwijające się we wzajemnej rywalizacji, konflikcie – jeden jako język dominujący (rosyjski), drugi jako język ulegający, marginalizowany, niszczony czy zaznający dopiero erozji (białoruski). Mamy zatem do czynienia ze złożoną podwójną dyglosją obejmującą dwa uzusy języka białoruskiego i dwa języki w kraju.

Metody i źródła badań

W przeprowadzonych badaniach wykorzystano następujące metody zbierania i analizy informacji:

1. **Metoda szybkiej sondy** *Perspektywy feminizacji języka* przeprowadzona wśród specjalistów w dziedzinie danego języka (pisarze, tłumacze, redaktorzy i językoznawcy). Celem szybkiej sondy jest przede wszystkim ustalenie problemów i perspektyw feminizacji języka. W gronie specjalistów znaleźli się przedstawiciele różnych zawodów: tłumacze (3), językoznawcy (5), redaktorzy (2), pisarze (6), inni humaniści (3).
2. **Analiza treści** (*analiza kontentu*) pod względem feminizacji języka (gazety „Бацькаўшчына", „Беларус", „Беларускі Голас", „Звязда", „Настаўніцкая газета", „Наша Ніва", „Ніва", „Чырвоная Змена", czasopisma „Баявая Ўскалось", „Работніца і Сялянка", „Чырвоная Беларусь" + analiza treści wiadomości białoruskiej rozgłośni „Свабода"). Do analizy treści wybrano gazety i strony internetowe tworzone zarówno w taraszkiewicy, jak i w narkomówce.
3. **Metoda porównawcza** (porównanie stopnia feminizacji nazw zawodów w językach pokrewnych i odległych). Do tego celu wykorzystano sześć języków: białoruski, polski, ukraiński, rosyjski, a także litewski i francuski. Języki porównywano pod względem feminizacji nazw zawodów, jak również analizowano inne aspekty genderowe, wskazujące na brak rów-

ności w tym czy innym języku. Metodę porównawczą ściśle powiązano z historyczną perspektywą feminizacji.

4. **Gra–eksperyment** w słowotwórstwo, w feminizację i maskulinizację języka. W czasie seminariów *Język a gender* (marzec 2008, Mińsk), a także w ramach kursu wykładów *Polityka a gender* (2014–2016) studentom zaproponowano grę *Feminizacja i maskulinizacja języka* (która później otrzymała nazwę *Perspektywy feminizacji języka*).
5. **Modelowanie i rekonstrukcja historyczna**: kształtowanie w oparciu o gramatykę historyczną, historię rozwoju języka modeli możliwych feminitywów i przenoszenie dziedzictwa historycznego do współczesnego kontekstu (na przykład wykorzystywanie mechanizmów feminizacji języka w przeszłości – model z rozpowszechnieniem sufiksu *-іц-а* czy model substantywowanych rzeczowników typu *анархістая*, *арфістая* itp., albo wykorzystywanie słów z języka starobiałoruskiego i nadawanie im dziś nowego, szerszego znaczenia (*рабаса* – dawniej 'żona rabina', teraz 'rabinka', *ваяводзіна*(*я*) – dawniej 'żona wojewody', teraz 'kobieta wojewoda' itp.)).

Hipotezy:

1. Feminizacja *Nomina agentis* właściwa była dla języka starobiałoruskiego i występuje we współczesnym języku białoruskim, chociaż zjawisko to nie rozwinęło się w pełni z powodu braku równego statusu społecznego kobiet.
2. Kwestia językowej równości genderowej, w tym feminizacji nazw zawodów rozwijała się na Białorusi przede wszystkim w środowisku językoznawczym, a nie feministycznym, społecznym czy politycznym.
3. Doświadczenie języka starobiałoruskiego, dialektów i taraszkiewicy, a nawet w pewnym stopniu narkomówki świadczy o tym, że zasoby słowotwórczej feminizacji języka są aktywnie wykorzystywane przez jego użytkowników oraz specjalistów. Taraszkiewica jest bardziej otwarta na feminizację nazw zawodów, ponieważ w odróżnieniu od narkomówki, pozostającej pod wpływem języka rosyjskiego i rosyjskiego sposobu myślenia, czerpie z dialektów i źródeł sprzed reformy pisowni, otwartych na feminizację *Nomina agentis*.
4. W warunkach rusyfikacji i utraty kompetencji językowych przez większość ludności następuje erozja językowa, rozmywają się granice między językiem rosyjskim a białoruskim (szerzy się zjawisko zwane trasianką). W rezultacie utraty kompetencji językowych feminizacja *Nomina agentis* zaczyna być odbierana jako odstąpienie od normy, jako zjawisko właściwe dla mowy potocznej, a czasem jest po prostu ignorowana. Użytkownicy języka w warunkach zagrożenia językowego rezygnują z naturalnych zasobów, zastępując je normą języka dominującego (rosyjskiego). Przykład feminizacji nazw zawodów w języku białoruskim jest linią rozłamu, papierkiem lakmusowym ingerencji rosyjskiej normy językowej, jej wpływu na normę białoruską.

5. Zresztą, analiza sytuacji białoruskiej na tle innych języków (ukraińskiego, polskiego, rosyjskiego, litewskiego i francuskiego) wyraźnie świadczy o tym, że problemy i przeszkody na drodze do feminizacji oraz językowej równości genderowej na ogół znajdują się nie w języku i czynnikach językowych, lecz funkcjonują poza językiem (czynniki polityczne, ideologiczne).

Struktura pracy

Praca składa się z trzech części.

Część pierwsza obejmuje teoretyczno-metodologiczne pole badań.

Część druga składa się z analizy różnych dyskursów dotyczących feminizacji języka: historii języka białoruskiego, dialektologii, wymiaru socjolingwistycznego, a także analizy feminizacji przez pryzmat dwóch standardów języka: taraszkiewicy i narkomówki. Dodatkowo feminizację omówiono w aspekcie komparatystycznym – porównano feminizację zawodów w językach białoruskim, ukraińskim, rosyjskim polskim, litewskim i francuskim.

W części trzeciej rozpatrywany jest socjolingwistyczny, polityczny i genderowy aspekt zagadnienia, które analizowane jest przez pryzmat kolonializmu czy imperializmu językowego (wpływ języka rosyjskiego) oraz patriarchalności (męskiej dominacji).

Zakończenie

Jak wynika z historii rozwoju języka białoruskiego, analizy utworów literatury pięknej oraz badań socjolingwistycznych, feminizacja była i nadal pozostaje ważnym i naturalnym komponentem języka białoruskiego na przestrzeni ostatnich sześciu stuleci. Jej obecna marginalizacja na Białorusi jest przede wszystkim skutkiem dominacji języka rosyjskiego oraz wynika z niepewnej demograficznej sytuacji użytkowników białoruszczyzny. Na Białorusi z inicjatywy władzy i elit państwowych odbywa się, jak krytycznie zauważył Pierre Bourdieu, „fetyszyzacja języka oficjalnego", gdy są ograniczane, marginalizowane czy nawet zakazywane wszystkie alternatywne tendencje, warianty języka oficjalnego, ponieważ pewne grupy, klasy, elity są albo nie są w posiadaniu kapitału kulturowego, symbolicznego i lingwistycznego i dlatego mają monopol na język, na ten jego wariant, który został przez nie sfetyszyzowany. W białoruskim przypadku wersją oficjalną pozostają zreformowane zasady pisowni (narkomówka), natomiast klasyczne (taraszkiewica) nie stanowią kapitału i są traktowane symbolicznie i politycznie jako błędne, marginalne, obce itp.

Wychodząc z założenia o przewadze czynników pozajęzykowych (społecznych, politycznych) nad czynnikami językowymi w funkcjonowaniu i rozwoju każdego języka, należy podkreślić raz jeszcze, że brak równości językowej i marginalizacja feminizacji nazw zawodów na Białorusi stały się możliwe nie w rezultacie wewnętrznych właściwości języków białoruskiego i rosyjskiego, lecz wskutek polityki językowej prowadzonej zarówno wewnątrz

Białorusi, jak i w sąsiedniej Rosji, zakładającej umniejszanie roli języka białoruskiego, wręcz jego ignorowanie oraz celowe wspieranie języka rosyjskiego. Obok wpływu języka rosyjskiego na marginalizowanie feminizacji języka białoruskiego na poziomie oficjalnym oddziałuje również lokalny konserwatyzm i patriarchalność społeczeństwa białoruskiego (zarówno użytkowników języka, jak i lingwistów).

SUMMARY

The linguistics and sociolinguistics have witnessed the necessity of theoretical conceptualisation and uniformisation, harmonisation of diverse trends in the description of professional agent nominations and epicene words in Belarusian. It has been determined by external and internal factors of the language development, a significant shift in the woman's role and status in the society in the recent centuries. The traditional linguistics is unable to keep track of, to react to the significant socio-political challenges to the society and to the language. However, a critical, alternative circle of linguists, socio-linguists, and other experts in the humanities have long stated, analysed differences between the conservative, closed, ideological nature of the stance of the official linguistics institutions and openness of alternative, although marginalised, usages (e.g., Taraškievica (pre-reform language variant – the political reform of Belarusian in 1933)) concerning gender equality in the language. Besides, a historical analysis of Belarusian uncovers and demonstrates the significant potential of feminisation of Old Belarusian (Chancery Slavonic) which was utilized in the 16–17th centuries already and actively supported in the 19th – early 20th centuries.

The author would like to provide a broad and a narrow meaning of the concept and would like to define which meaning is examined in the work. In the first place, feminisation of *agent nouns* is a narrow, although extremely important and indicative, meaning of language feminisation. At the same time, the author would like to note that feminine names of occupational titles (feminine agent nouns) do not cover the concept of language feminisation: besides names of occupational titles per se, such issues as sexist language, functioning of epicenes, creation of a politically correct language and use of neutral, politically correct forms, asymmetric or discriminatory rendering of female surnames, domination of patronymics and currently rare use of matronymics etc. are examined from the perspective of feminisation. In other words, language feminisation is understood as a set of issues and measures covering description, representation of the male and female genders in a language. Alternatively stated, language feminisation is a certain gender situation in a language: linguistic as well as social, economic, and historical. The situation of gender description and representation in a language is always a socio-economic and political situation of relations among sexes, classes, peoples, religions etc. This is a broad definition of the concept of language feminisation. In this work, the author explores the narrow definition of language feminisation (names of occupational and other titles), however, the broad definition (the issue of epicenes as an attempt to use the internal resource of a language and settle the issue of a politically correct and universal description of woman and man; the issue of female surnames) would also be applied in the analysis and comparison.

Originality: It is the first global, multi-faceted and interdisciplinary attempt to organise and expand the knowledge and understanding of language feminisation in the Belarusian linguistics and sociolinguistics. For the first time ever, the phenomenon of feminisation of occupational title names is considered as an issue which is not only and primarily linguistic but also as an issue of extralinguistic factors.

The research target includes linguistic, lexicographic, literary, journalistic, and socio-political works, texts, discourses of different usages of Belarusian (Taraškievica, Narkamaŭka (post-reform language variant), Dzejaslovica (intermediate language variant between Taraškievica and Narkamaŭka), dialects) and how they reflect professional agent nominations of women as well as how they consider the issue of epicenes in the language. In the comparative perspective, the research target includes also texts, works of the same orientation in the following languages: French, Lithuanian, Polish, Russian, and Ukrainian.

The research topic covers certain levels, clusters of language feminisation and linguistic gender equality in a broader perspective:

1) Feminine forms of agent nouns in Old Belarusian and Belarusian, their standing, functioning, development trends;
2) Epicenes in different usages.

The research objective is to analyse a range of issues related to lexicographic, derivational as well as social (socio-political, glottopolitical) description and rationalisation of professional agent nominations and epicenes, their functioning in Old Belarusian and the two usages of the current language (Taraškievica and Narkamaŭka) taking into consideration linguistic and extralinguistic factors. Besides, the scope of the work covers a broader understanding of linguistic gender equality: the issue of creating a politically correct and gender-sensitive language as well as the so-called issue of the maiden names in the language and in the society.

Research tasks:

1. To explore and select professional agent nominations of women in dictionaries, newspapers, translations, literary works, public speeches in Old Belarusian and in the two usages of the contemporary Belarusian.
2. To examine and select the major linguistic and extralinguistic factors which influence, determine the standing, and evolution trends of feminine agent nouns.
3. To rationalise the terminology status of feminine agent nouns in Belarusian.
4. To detect principles of and reasons for including/excluding feminine agent nouns in/from dictionaries, texts, public speeches in Belarusian as well as in French, Lithuanian, Polish, Russian and Ukrainian.
5. Applying the sociolinguistic (glottopolitical) analysis, historical reconstruction, and interviews with linguists, to determine the major trends in

functioning and development of the system of feminine agent nouns in Old Belarusian and in Belarusian.
6. To put to an evaluation test the research theory during experimental games with native speakers as well as during the interviews.
7. To record the results in a dictionary of occupational title names feminisation as well as in a dictionary of epicenes and masculinisation of occupational title names and of certain other categories.

Conceptual framework of the work

In the work, the author uses numerous sociolinguistic approaches and concepts, especially noting and rationalising the following ones: **social concept of language** (from Émile Durkheim, Antoine Meillet, Charles Bally to Pierre Bourdieu) in which the starting point of sociolinguistic research is understanding of language as a social fact. Émile Durkheim in social sciences, Antoine Meillet in linguistics set the trend in protosociolinguistics: language is a social creation located at the crossroads of science and politics, of the social and ideological. The **glottopolitical approach** (Jean-Baptiste Marsellesi, Louis Guespin) includes all of the known approaches, influences which the society uses in relation to language consciously or unconsciously: it is a language policy, ridicules, insults in relation to a marginal or minority language, a selection of texts to read in a literature course, and shame to speak a certain language in public etc. **The concept of diglossia.** In Belarus, the concept covers the internal dimension of Belarusian (a conflict in the Greek fashion described by Ioannis Psycharis which concerns Taraškievica and Narkamaŭka) as well as the external dimension which includes Belarusian and Russian evolving as competitors in a conflict – one as the dominant language (Russian) and the other as the subordinate, marginal, language at the extermination or erosion stage (Belarusian). Thus, the issue in question in the current Belarusian situation is a complicated double diglossia which includes the two usages of Belarusian and the two languages of the country.

Research methods and sources

In the research, the following methods of information collection and analysis were used:

1. **Snap poll method** *Prospects of Language Feminisation* (interviewing language experts (writers, translators and interpreters, editors, and linguists). The objective of the snap poll is to detect issues and prospects of language feminisation from the point of view of experts, in the first place. The experts were selected from different circles: translators (3), linguists (5), editors (2), other humanities researchers (3), writers, and poets (3).
2. **Content analysis** taking into consideration language feminisation (the newspapers of Baćkaŭščyna, Bielaruś, Bielaruski Holas, Zviazda, Nastaŭnickaja hazieta, Naša Niva, Niva, Čyrvonaja Zmiena, the magazines of Bajavaja Ŭskaloś, Rabotnica I Sialianka, Čyrvonaja Bielaruś and the anal-

ysis of the news content of Radyjo Svaboda). To analyse the content, newspapers and web pages in Taraškievica and Narkamaŭka were selected.

3. **Comparative method** (comparison of the situation of feminisation of occupational title names in related and unrelated languages). In total, six languages were used in the work: Belarusian, Polish, Russian, Ukrainian as well as French and Lithuanian. The languages were compared as to feminisation of occupational title names, other gender aspects of inequality inherent in a certain language. Besides, the comparison considers the historical perspective of feminisation shortly (whether the phenomenon is new or was known earlier). The current practices of feminisation of occupational title names are compared, in particular such feminine names of such occupational titles which were inaccessible to women previously ("канцлерка" (female chancellor), "акадэміня" (female academician), "маршалка" (female marshal), "генэралка" (female general) or "япіскапка" (bishopess)). Using the comparative method, experimental comparison with Wikipedia was carried out – the so-called **Wikipedia comparison of feminine nouns**. The nature of this type of comparison is that Wikipedia includes the newest approaches, lexical norms. The feature of Wikipedia is that young generations of experts – administrators, editors etc. – work there. This comparison enables not only to detect the current lexical, terminological best practices of different languages, in particular presence and usage of feminine nouns, but also to find out how important and central feminisation is to young, virtual native speakers.
4. An **experimental game** of word creation, language feminisation and masculinisation (**word creation or neologisation experiment**). During the seminars of *Language and Gender* (March 2008, Miensk) as well as in the course of *Politics and Gender* (2014–2016), the participants, students were offered a game of *Language Feminisation and Masculinisation* (it was later renamed into *Language Feminisation Prospects*).
5. **Simulation and historical reconstruction**: creation of words, models of possible feminisation on the basis of the historical grammar records, the works of language historians and transfer of the past heritage to the current context (e.g., use of methods, mechanisms of language feminisation in the past: a model with the suffix of *-іц-а* or a model of nominalised adjectives such as "*анархістая*" (*female anarchist*), "*арфістая*" (*female harp player*) etc. or use of the words of Old Belarusian and their meaning extension ("*рабаса*" was a rabbi's wife, now a female rabbi in her own right, "*ваяводзіна*(*я*)" was a governor's wife, now a female governor etc.)).

Hypotheses:

1. Feminisation of agent nouns was inherent in Old Belarusian and remains as such in Belarusian today, although it should be admitted that the phenomenon has not evolved completely until now due to the unequal social status of the woman.

2. The issue of linguistic gender equality, in particular of feminisation of occupational title names, evolved following the linguistic track and not the feminist, civic or political one.
3. The experience of Old Belarusian, of current dialects, and of Taraškievica (and of Narkamaŭka to a certain degree) demonstrates that the resource of feminine word creation is actively used by the native speakers as well as by experts (linguists and writers, in the first place). Taraškievica is more open to feminisation of occupational title names, uses the resource of language feminisation more often and more actively because it draws upon dialects and pre-reform sources open to feminisation of *agent nouns* unlike Narkamaŭka which has suffered and continues to suffer from the significant influence of Russian and of the Russian thinking pattern.
4. In the situation of Russification and loss of language competence by a majority of the population, language erosion occurs, the limits between Belarusian and Russian become blurred (expansion of the phenomenon of Trasianka (Belarusian–Russian mixed speech)). As a result of loss of language competence, feminisation of agent nouns starts to be perceived as an irregularity, deviation from the norm, a phenomenon inherent in the conversational style, and it is ignored in certain cases. The native speakers of Belarusian reject the natural resource and replace it with the norm of the dominant language (Russian) in the situation of language danger or doubt. The example of feminisation of occupational title names in Belarusian is a fault line, litmus test of interference of Russian into the norms of Belarusian.
5. However, the analysis of the Belarusian situation and comparison to other languages (French, Lithuanian, Polish, Russian, and Ukrainian) clearly demonstrates that problems, hindrances to feminisation and linguistic gender equality are not in language and linguistic factors but in the extra-linguistic (political, ideological) factors, in the first place.

Composition of the work

The work consists of three chapters.

The first chapter covers the theoretical and methodology part of the research. The second chapter consists of the analysis of different (linguistic, literary, feminist) discourses concerning language feminisation. It also includes specific linguistics aspects of the language feminisation research: historical grammar, dialectology, sociolinguistics as well as the analysis of feminisation from the perspective of the two standards of Belarusian: Taraškievica and Narkamaŭka. Besides, the second chapter includes the comparative approach to feminisation: feminisation of occupational title names is compared in Belarusian, French, Lithuanian, Polish, Russian, and Ukrainian.

The third chapter examines the sociolinguistic, political, and gender aspects of the issue analysed from the perspective of colonial studies or linguistic imperialism (influence of Russian) and patriarchy (male dominance).

Conclusion

According to the results of the historical, literary, sociolinguistic analysis, feminisation has been an important and natural component of Belarusian for the last six centuries. Its current marginalisation in the country is determined, in the first place, by the factor of dominance of Russian, results from the influence of the above factor of Russian, and stems from the fragile demographic, physical situation of the native speakers of Belarusian. At the discretion of the elites in power, as Pierre Bourdieu noted critically in relation to any of such situations, "the official language fetishisation" is taking place in Belarus when all alternative tendencies, variants of the official language are constrained, marginalised, if not prohibited, because certain groups, classes, elites have or do not have cultural, symbolic, and linguistic capital and thus monopolise the language, its variant which they have fetishised. In the situation of the official Belarus, it is Belarusian (*Narkamaŭka*), and the pre-reform Belarusian (*Taraškievica*) is not considered as capital but interpreted as negative, mistaken, marginal, foreign etc. both symbolically and politically.

On the basis of the premise of prevalence of determinant extralinguistic (social, political) factors over linguistic ones in the functioning of each and every language, changes in it, the author emphasises once again that linguistic inequality and marginalisation of feminisation of occupational title names has been possible in Belarus not as a result of certain linguistic features of Belarusian and Russian but as a result of a certain policy in relation to Belarusian (marginalisation, disregard) and Russian (special support) in the country as well as in the neighbouring Russia.

Résumé

La féminisation est d'une part la création de terme désignant au féminin des métiers, titres, grades et fonctions et d'autre part la féminisation des textes, ou techniques d'introduction explicite des marques du féminin lors de la rédaction de textes (rapports, formulaires, articles de journal ou de revue, etc.). Si d'un point de vue linguistique la féminisation de la langue c'est juste une question de procédé consistant à marquer des formes féminines de noms ou d'adjectifs, d'un point de vue sociolinguistique la féminisation de la langue c'est une question de marginalisation historique des formes féminines. Actuellement la sociolinguistique s'intéresse à la féminisation des noms de métiers, titres, grades et fonctions, mais aussi à de nombreuses pratiques qui permettent un usage systématique, symétrique, certainement conjoint et éventuellement réciproque, des deux genres dans la rédaction de la langue.

Dans le contexte bélarussien la féminisation de la langue s'inscrit à la logique générale de la (dé)marginalisation du féminin (par exemple, la (dé)marginalisation des noms de métiers: *міністар**к**а – міністар*, *япіскап**к**а – япіскап*, *рэктар**к**а – рэктар*, *акадэм**іня** – акадэмік*, etc.). Pourquoi la démarginalisation ? Car des études historiques de la langue (Paúlenka, Stankievič) ont montré qu'avant – jusqu'au 17e siècle, la langue bélarussienne (le vieux-bélarussien) avait des formes féminines correspondant à des formes masculines pour pratiquement tous les termes servant à désigner des métiers, titres, grades et fonctions, car du haut en bas de l'échelle sociale, les femmes étaient présentes et leurs activités énoncées par des termes qui rendaient compte de leur sexe. Elle usait pour ce faire de la dérivation: au Moyen-Âge, les femmes pouvaient être doctoresses, médecines, médecineuses, peintresses, physiciennes, chanoinesses, etc. Même plus tard à l'époque de la marginalisation et de la prohibition du bélarussien par les autorités polonaises et russes au 18-e et au 19-e siècle, la langue orale continuait féminiser de nombreux noms de métiers et créaient de nouveaux féminitifs (voir *Le dictionnaire du bélarussien* de I. Nasovič, mais aussi le manuscrit du dictionnaire de J. Cichinski : *атаманка, кавалерка, камандорка, капралка, крытычка, лаўчыня, мысьлярка, прафэсарка, спраўчыня*, etc.).

Le 20-e siècle devint la période de la création de la langue littéraire moderne et une période très propice à la propagation des féminitifs : vers la fin du 20-e siècle le bélarussien comprend plus de 2500 féminitifs *Nomina agentis*. Avec cela un autre problème surgit – celui de la russification du bélarussien et du dérapage de la féminisation au sein du bélarussien dus au conservatisme, à la domination masculine, bien sûr, mais avant tout dus à la domination russe, au conservatisme des pratiques langagières du russe.

Donc, la thèse comprend trois grandes parties. La première porte sur l'actualité du thème et sur la méthodologie. La deuxième se construit autour de la présentation et de l'analyse de différents discours (linguistiques, sociolinguistiques, féministes, esthétique et littéraires) qui traitent le sujet. Et la troisième partie constitue une analyse proprement dite sociolinguistique qui montre la spécificité du cas bélarussien : d'un côté, la féminisation naturelle de la langue de diaspora et, de l'autre côté, la féminisation minimale au sein du bélarussien officiel fortement russifié. Et cette différence des pratiques s'explique parfaitement dans le cadre de l'analyse proposée par des approches colonialistes et postcolonialistes : dans cette perspective la langue bélarussienne est vue comme une langue marginalisée par la langue dominatrice (le russe). Ce qui est important est que la féminisation de la langue devient un indicateur effectif de la manifestation de cette logique colonialiste dans la langue bélarussienne (tout au long du 20-e siècle on constate que petit à petit la norme antiféministe du russe pénètre dans le bélarussien et les pratiques tout à fait naturelles du bélarussien de féminiser les noms de métiers s'effacent). En plus la comparaison de deux standards du bélarussien moderne – la *taraškievica* (l'orthographe classique) et la *narkamaŭka* (l'orthographe russifiée) en matière de la féminisation montre une rupture de principe de la tradition de féminisation propre à la taraškievica. Et cette rupture commence avec deux réformes (1933 et 1957) du bélarussien entreprises en URSS et connues comme deux réformes de russification de la langue bélarussienne.

En guise de conclusion il faut souligner que malgré la fragilisation du bélarussien au 21-e siècle les pratiques de féminisation sont de retour. Si avant c'était grâce aux classiques, mais aussi au bélarussien de diaspora, maintenant c'est grâce aux féministes, à de jeunes générations de bélarussophones que la féminisation de noms de métiers devient une norme et une pratique de plus en plus visible, presque officielle.

www.ingramcontent.com/pod-product-compliance
Lightning Source LLC
Chambersburg PA
CBHW080025130526
44591CB00037B/2670